O GRANDE DEBATE

Yuval Levin

O GRANDE DEBATE

Tradução de
ALESSANDRA BONRRUQUER

1ª edição

2017

CIP-BRASIL. CATALOGAÇÃO NA PUBLICAÇÃO
SINDICATO NACIONAL DOS EDITORES DE LIVROS, RJ

L645g

Levin, Yuval
O grande debate: Edmund Burke, Thomas Paine e o nascimento da esquerda e da direita / Yuval Levin; tradução de Alessandra Bonrruquer. - 1ª ed. - Rio de Janeiro: Record, 2017.

Tradução de: The great debate: Edmund Burke, Thomas Paine and the birth of right and left
Inclui bibliografia e índice
ISBN: 978-85-01-10905-7

1. Burke, Edmund, 1729-1797. 2. Paine, Thomas, 1737-1809. 3. Direita e esquerda (Ciência política). 4. Ciência política - Filosofia. I. Bonrruquer, Alessandra. II. Título.

17-39812

CDD: 320.1
CDU: 321.01

Título original em inglês: The great debate

Texto revisado segundo o novo Acordo Ortográfico da Língua Portuguesa.

Direitos exclusivos de publicação em língua portuguesa para o Brasil adquiridos pela
EDITORA RECORD LTDA.
Rua Argentina, 171 – 20921-380 – Rio de Janeiro, RJ – Tel.: (21) 2585-2000,
que se reserva a propriedade literária desta tradução.

Impresso no Brasil

ISBN 978-85-01-10905-7

Para Cecelia, com amor

Sumário

Prefácio

Na superfície, a política americana atual pode parecer absurdamente complicada. Somos confrontados com uma desconcertante variedade de problemas relacionados a políticas públicas, cada um deles impenetravelmente convoluto em si mesmo e amplamente desconectado dos outros. Quem poderia simultaneamente compreender a complexidade de nosso código tributário, as ineficiências de nosso sistema de subvenção, as inadequações de nossa infraestrutura de transportes, os desafios morais apresentados pelo debate sobre o aborto, e as idas e vindas das dezenas de outras questões públicas proeminentes que exigem nossa atenção?

Ganho a vida como combatente nesses debates políticos. Sou editor de um jornal trimestral sobre política interna e um acadêmico *think tank* que estuda o sistema de saúde, a reforma das subvenções, o orçamento federal e outros assuntos similarmente extravagantes. Trabalhei nessas questões como membro da equipe política da Casa Branca (sob George W. Bush) e com vários membros republicanos do Congresso. Ao fazê-lo, descobri que compreender esses debates exige mais que uma imersão nos detalhes técnicos. Exige uma noção de como os diferentes dilemas políticos que confrontam nossa sociedade se relacionam uns aos outros e por que nos dividem tão frequentemente.

A maneira como nos dividem, afinal, dificilmente é arbitrária. Não é por coincidência que as pessoas que tendem a concordar em uma questão (digamos, como lidar com o déficit) em geral também concordam em outra (como a maneira de reformar a educação americana, por exemplo), embora ambas não pareçam obviamente conectadas. Com certeza há exceções, mas, de modo muito consistente, conservadores e liberais — e, consequentemente, muitas vezes republicanos e democratas — se veem em lados opostos de debates contenciosos em uma variedade muito ampla de assuntos, como políticas econômicas e sociais, ambiente, cultura e incontáveis outras questões públicas. A direita e a esquerda parecem genuinamente representar pontos de vista distintos, e nossa vida nacional parece, quase que intencionalmente, trazer à superfície questões que as dividem.

Há muito fico intrigado com as fontes e a natureza desses pontos de vista distintos. E, dado que o âmago da luta nem sempre é o melhor lugar para compreender o que move nossa política, em determinado momento a busca por respostas me afastou de Washington por algum tempo, a fim de obter um Ph.D. em Filosofia Política na Universidade de Chicago. Ao estudar a obra de grandes pensadores ocidentais, persuadi-me de que os complicados debates políticos que ocorrem na superfície de nossa política são criados não apenas por paixões partidárias ou interesses econômicos, mas por questões mais profundas que, talvez ironicamente, podem ser muito mais acessíveis ao cidadão comum. Esses debates apresentam questões morais e filosóficas sobre o que cada um de nós acredita ser verdadeiro e importante em relação à vida humana e como isso influencia nossas expectativas em relação à política. Podemos não pensar explicitamente nessas questões mais profundas todas as vezes que abordamos um problema político contemporâneo, mas é o modo como respondemos a elas que molda os grandes debates políticos de nossos dias.

Que tais questões sejam subjacentes à nossa vida política, todavia, não explica por que os cidadãos de nossa república se unem em torno de dois conjuntos de respostas claramente discerníveis e razoavelmente coerentes. Por que, então, há uma esquerda e uma direita em nossa política? Este livro espera oferecer o início de uma resposta. Esse início é tanto histórico quanto filosófico e, portanto, o livro também o é.

É histórico porque procura entender onde estamos ao considerar de onde viemos. E, em nossa tradição política particular, considerar de onde viemos frequentemente significa começar a busca no fim do século XVIII — aquela extraordinária era da Revolução Americana e da Revolução Francesa que, juntas, ajudaram a moldar o mundo moderno.

É filosófico porque afirma que o que podemos aprender com aquela era é, acima de tudo, uma maneira de pensar os mais básicos e atemporais dilemas da sociedade e da política. Consequentemente, este livro olha para a política anglo-americana durante a era da fundação dos Estados Unidos — um assunto que causa justificável e infinita fascinação — de um ângulo pouco comum e tenta expor algumas de suas características menos familiares.

Nesse caso, o histórico e o filosófico se cruzam não de modo abstrato, mas nas vidas reais de duas pessoas cujos pensamentos e ações ajudaram a definir a direita e a esquerda em suas origens. Este livro conta a história de suas vidas e de seu tempo e considera cuidadosamente suas ideias e argumentos. Edmund Burke e Thomas Paine viveram em uma era definida por uma sucessão aparentemente interminável de intensas crises políticas e ambos estiveram profundamente envolvidos em muitas delas, tanto como pensadores quanto como atores. Nesse processo, expuseram uma visão de mundo e, especialmente, uma maneira de pensar sobre a mudança política. Em alguns aspectos importantes, Burke e Paine estabeleceram os primórdios da direita e da esquerda, respectivamente. Desse modo, o implícito e frequentemente explícito debate entre eles nos oferece um relance das origens de nossas divisões políticas. Este livro é um estudo de caso sobre como as ideias modificam a história e de onde vieram algumas das ideias-chave que modificaram e ainda modificam nossa própria história.

Indicar as raízes históricas e filosóficas de nossos debates políticos não significa ficar separado ou acima deles. Ao contrário, fui atraído para as questões que animam este livro precisamente porque desempenhei modesto papel em alguns desses debates. Sou conservador e não tentei deixar minha visão de mundo do lado de fora da porta ao explorar as fundações de nossa ordem política. Mas um conservador precisa se interessar pelas tradições de sua própria sociedade, e nossas tradições políticas sempre contiveram tanto a esquerda quanto a direita — cada uma delas defendendo apaixonadamente seu entendimento do bem comum. Logo, sou um conservador profundamente interessado em compreender a esquerda e a direita como realmente são e, aqui, tento contar suas histórias de uma maneira que tanto os liberais quanto os conservadores de hoje reconheçam como significativas e verdadeiras e com as quais ambos possam aprender algo sobre si mesmos e sobre seus adversários políticos.

As origens da divisão esquerda-direita, é claro, não são as mesmas de sua encarnação atual. As diferenças entre as divisões políticas de hoje e aquelas da era de Burke e Paine são, no mínimo, tão fascinantes e numerosas quanto suas similaridades. Espero encorajar ambos os lados de nossa divisão política a refletirem sobre o caminho que percorreram. O que podemos aprender sobre nossos progenitores políticos (e os de nossos oponentes) e que insights cruciais podemos ter esquecido com o tempo, mas faríamos bem em lembrar? Acima de tudo, espero que este livro possa ajudar os cidadãos de qualquer orientação política a abordar a política americana com maior compreensão e confiança. Espero ajudar o leitor a ver que, embora muitos argumentos que fervem na superfície sejam técnicos e complicados, eles são movidos por profundas questões permanentes que são não apenas importantes, mas também tremendamente interessantes.

Introdução

Qualquer um traçando o pedigree de nossas ideias políticas é atingido pela importância e pela miríade de eventos do fim do século XVIII. Entre 1770 e 1800, muitos dos conceitos, termos, divisões e argumentos cruciais que ainda definem nossa vida política parecem ter surgido no mundo em feroz e impetuosa sucessão.

Foi a era da Revolução Americana e da Revolução Francesa e, durante muito tempo, tivemos o confortável hábito de atribuir a explosão de filosofia e drama político daquele tempo a esses dois monumentais levantes. A Revolução Americana — a primeira revolta colonial bem-sucedida de nossa história — deu nascimento a uma nação que personificava o ideal do Iluminismo, ao passo que a Revolução Francesa iniciou verdadeiramente a busca moderna por progresso social, através de uma ação política inflexível e guiada por um princípio filosófico inalterável. Nesses grandes cadinhos da revolução foi forjado o fundamento da política moderna, ou assim diz o argumento.

Evidentemente, há muita verdade nesse clichê, mas essa é uma verdade parcial ou, talvez, de segunda mão. De fato, o fim do século XVIII foi o cenário de um grande debate anglo-americano sobre o significado do liberalismo moderno — um debate que, desde então, moldou a vida política da Grã-Bretanha e dos Estados Unidos e, atualmente, de uma grande e crescente porção da humanidade por trás das duas nações. A Revolução Americana personificou esse debate e a Revolução Francesa o intensificou, mas ele precede e sobreviveu a ambas.

Os ideais de fundação dos Estados Unidos foram defendidos por estadistas revolucionários que discordavam entre si sobre seu significado prático. As discordâncias não demoraram muito a surgir e a dividir a política da nova república em campos distintos que, de muitos modos, ainda persistem. As facções da luta na França, entretanto, jacobinos e girondinos, monarquistas e aristocratas, não possuem paralelos reais na política contemporânea. Mas as facções do intenso debate anglo-americano *sobre* a Revolução Francesa — um partido da justiça e um partido da ordem, ou um partido do progresso e um partido da conservação — possuem clara semelhança paterna com os partidos que agora compõem a política de muitas democracias liberais, incluindo a nossa. Em ambos os casos, as facções do grande debate do fim do século XVIII claramente prefiguraram elementos-chave da divisão esquerda-direita de nossos tempos. Os argumentos entre eles tinham a ver com muito mais que a promessa e o perigo particulares às revoluções americana ou francesa e duraram porque trouxeram à superfície uma discordância interna ao liberalismo que jamais perdeu sua proeminência.

Não há representantes perfeitos das duas maiores facções do grande debate daquela era, mas pode não haver melhores representantes que Edmund Burke e Thomas Paine. Burke era um político e escritor britânico, irlandês de nascimento; um homem de opiniões intensas e com um talento sem igual para expressá-las em retórica política. Foi o mais devoto e capaz defensor de sua época das tradições da Constituição inglesa. Reformador paciente e gradual das instituições de seu país, esteve entre os primeiros e certamente mais inflexíveis e efetivos críticos do radicalismo da Revolução Francesa na política inglesa.

Paine, um inglês que imigrou para os Estados Unidos, tornou-se uma das mais importantes e eloquentes vozes na defesa da independência das colônias. Quando a revolução começou a ferver na França, tornou-se advogado influente da causa revolucionária, como ensaísta e ativista em Paris e Londres. Mestre da língua inglesa, acreditava fervorosamente no potencial do liberalismo iluminista para fazer avançar a causa da justiça e da paz, ao desalojar os regimes corruptos e opressores e substituí-los por governos que respondessem ao povo. Foi um brilhante e apaixonado defensor da liberdade e da igualdade.

Ambos eram homens de ideias e de ação — com uma retórica política poderosa e profundo comprometimento moral com uma causa. Ambos viram nos debates da época bem mais que as particularidades dos eventos que os iniciaram. Eles se conheciam, encontraram-se várias vezes, trocaram cartas e responderam publicamente aos textos publicados um do outro. Sua disputa privada e pública sobre a Revolução Francesa foi chamada de "talvez o mais crucial debate ideológico jamais conduzido em inglês".[1] Mas sua profunda discordância se estende muito além de seus confrontos diretos. Cada um deles deu voz a uma visão de mundo profundamente diferente sobre algumas das mais importantes questões do pensamento político liberal-democrático. Embora os grandes argumentos da época certamente não pudessem ser integralmente capturados no debate entre Burke e Paine, as importantes questões em jogo podem ser compreendidas com muito mais clareza através do estudo cuidadoso de suas opiniões. E, todavia, os termos e assuntos precisos de seu desacordo (especialmente se relacionados a questões que não a própria Revolução Francesa) permanecem surpreendentemente sem exame.

Este livro procura examinar essa discordância entre os dois e, a partir dela, aprender sobre a política tanto de sua era quanto da nossa. Usando não apenas o debate sobre a Revolução Francesa, mas também seu grande volume de textos e correspondências, o livro explorará os temas de sua disputa, exibindo as visões de cada um sobre história, natureza, sociedade, razão, instituições políticas, liberdade, igualdade, direitos e outros assuntos-chave, e buscando as premissas que informavam seu entendimento da vida política. Ele defenderá que Burke e Paine oferecem um caso coerente e, na maior parte do tempo, internamente consistente sobre o caráter da sociedade e da política, e que os argumentos de cada um deles podem ser amplamente iluminados ao serem contrastados com os do outro. Demonstrará que os diversos argumentos entre eles estão unidos por uma discordância sobre a autoridade em certo momento passado da vida política — e que há muito mais nessa discordância que uma séria, porém simples, disputa entre tradição e progresso.

O conservadorismo reformador de Burke e o progressismo restaurador de Paine são mais complexos e coerentes do que parecem à primeira vista. E uma consideração cuidadosa de ambos pode esclarecer os termos de nossos próprios debates, especialmente a fundamental linha divisória de nossa política. Como Burke e Paine nos mostrarão, a linha entre progressistas e conservadores realmente divide dois tipos de liberais e duas visões distintas da sociedade liberal.[2]

Pode parecer estranho buscar argumentos filosóficos nas palavras de dois homens tão profundamente envolvidos com a política cotidiana. Não estamos acostumados com atores políticos que também são teóricos políticos. Tais atores certamente eram um pouco mais comuns na era de Burke e Paine — quando, tanto na Grã-Bretanha quanto nos Estados Unidos, era possível encontrar alguns políticos que escreviam e pensavam como filósofos —, mas ainda assim eram raros, mesmo então. E, como quase todos os panfletos, discursos, cartas e livros de Burke e Paine eram escritos com algum objetivo político imediato em mente, mesmo enquanto compunham argumentos mais amplos, estudiosos de suas visões travaram batalhas sobre algumas questões muito básicas através dos séculos.

No caso de Burke, a principal questão foi se ele teve um conjunto consistente de opiniões durante a vida ou se a Revolução Francesa o transformou de algum modo. Como veremos, ele passou as primeiras duas décadas de sua carreira política defendendo vários tipos de reforma: das finanças do governo inglês, de seu tratamento das minorias religiosas, de sua política comercial e outras. Passou grande parte do tempo lutando contra a inércia da política inglesa. Mas, depois da revolução na França, que temia que pudesse ser importada para a Grã-Bretanha, transformou-se, acima de tudo, em um defensor constante das tradições políticas inglesas. Opôs-se vigorosamente a todos os esforços para enfraquecer o poder da monarquia e da aristocracia, bem como alertou contra reformas na política fundamental (como movimentos na direção de uma maior democratização), que poderiam separar a nação de suas longas tradições. Consequentemente, às vezes foi acusado de modificar suas visões básicas e se voltar contra antigos partidários e amigos. A acusação foi ouvida pela primeira vez ainda em vida (enunciada por Paine, entre outros) e repetida por alguns de seus biógrafos e interpretadores desde então.

Mas tal acusação interpreta erroneamente suas visões iniciais e tardias, negligenciando os argumentos que ofereceu tanto como reformador quanto como conservador da tradição política inglesa. Esses argumentos eram sempre sobre encontrar equilíbrio entre estabilidade e mudança — a questão que, como veremos, estava no âmago de suas ambições. Nas palavras finais de *Reflexões sobre a revolução na França*, claramente prevendo a acusação de inconsistência, ele se descreveu como "alguém que deseja preservar a consistência, mas que pretende fazê-lo variando os meios de chegar a esse fim e que, quando a estabilidade do navio em que viaja pode ser ameaçada pelo sobrepeso em um dos lados, deseja carregar o pequeno peso de suas razões para aquilo que pode preservar essa estabilidade".[3]

Essa imagem de um homem tentando equilibrar seu navio — ou equilibrar seu país em um mar de problemas — contra várias ameaças à sua preciosa estabilidade é adequada, à luz das variadas causas e argumentos de Burke durante sua movimentada carreira. Ele foi um reformador quando alguns elementos da constituição inglesa ameaçavam sufocar o todo. Foi um preservador quando lhe pareceu, como disse David Bromwich, "que a revolução é a suprema inimiga da reforma".[4] Estabilidade, para Burke, não é estagnação, mas uma maneira de pensar sobre a mudança e a reforma, e sobre a vida política em geral. Como veremos, essa foi uma metáfora central em seu pensamento político.

No caso de Thomas Paine, a principal questão que dividiu acadêmicos é ainda mais profunda: ele realmente foi um pensador político ou apenas um panfletário e agitador particularmente passional? Embora suas habilidades retóricas sejam inquestionáveis, sua seriedade — sua preocupação com ideias políticas genuínas — às vezes é colocada em dúvida. Críticos de sua própria época tentaram desconsiderá-lo como raivoso criador de slogans ou, como disse o próprio Burke, um homem sem "nem mesmo uma moderada porção de qualquer tipo de educação".[5] E alguns acadêmicos desde então repetiram a acusação de que Paine trouxe mais calor que luz aos assuntos de que tratou.

Mas tais acusações sempre foram tingidas por um revelador esnobismo. Foram feitas por oponentes políticos que consideravam a filosofia de Paine pouco séria e, desse modo, estiveram inclinados a ver seus defensores — sobretudo os que não correspondiam à descrição tradicional do filósofo culto — como igualmente pouco sérios. Ele certamente não era um intelectual erudito como Burke. Sua educação formal era mínima e seu envolvimento com a tradição filosófica do Ocidente continha as reveladoras arestas de um autodidata. Tem-se a sensação de que ele obteve um prazer sardônico com sua peculiar, embora claramente falsa, alegação de que, em todos os seus prolíficos anos como autor, "Jamais li livros ou estudei as opiniões de outras pessoas; pensei por mim mesmo."[6] (Um amigo de Paine, Thomas Jefferson, repetiu uma versão desse elogio às avessas ao comentar que ele sempre "pensava mais que lia".)[7] Seus textos de fato são notavelmente (embora longe de inteiramente) isentos de referências explícitas a grandes pensadores do passado. Ele tampouco teve a intensa e extensa exposição à prática política que Burke podia reivindicar.

E, contudo, seu imenso papel tanto na Revolução Americana quanto na resposta do mundo inglês à Revolução Francesa não foi acidental, nem era um caso de timing afortunado ou puramente resultado de seus excelentes textos. Ao contrário, seu grande poder retórico vinha de sua habilidade de colocar mesmo os leitores apenas modestamente educados em contato com profundas questões filosóficas e dar a essas questões um imediatismo e uma intensidade que poucos pensadores políticos podiam igualar. Ele entendia a política como sendo movida por princípios e achava que os sistemas políticos tinham de responder ao tipo correto de ideais filosóficos — especialmente igualdade e liberdade. Por mais estabelecidos e grandiosos que pudessem ser e por mais profundas que fossem suas raízes, todos os regimes tinham de ser avaliados em função de quão bem defendiam esses valores humanos básicos. Assim, os princípios políticos e sua comprovação nas ações políticas eram fundamentais para seu argumento e surgiam com ainda mais destaque em seus textos que nos de Burke. Em uma carta de 1806, ele escreveu sobre si mesmo: "Meu motivo e objetivo em todas as minhas obras políticas, começando com *Senso comum*, a primeira que publiquei, foi resgatar o homem da tirania e dos falsos sistemas e princípios de governo, e permitir que fosse livre e estabelecesse o governo por si mesmo."[8] Paine buscou as teorias e ideias que fundamentavam a vida política e argumentou que somente um governo que responde às teorias e ideias certas pode fazer qualquer alegação de legitimidade.

Precisamente porque tanto Burke quanto Paine eram pensadores e atores políticos, sua disputa abre uma janela para as origens de nossa própria ordem política. Ela nos ajuda a ver como os argumentos surgidos no calor de um debate político se relacionam com os argumentos surgidos na calma do estúdio de um filósofo. E nos ajuda a entender como surgiram as divisões exibidas em nossa política cotidiana.

Burke sempre foi atormentado pela noção de que ele e Paine deveriam ser compreendidos juntos, queixando-se em uma carta a seu amigo William Elliott sobre aquele cansativo "cidadão Paine, que, segundo eles, caça comigo em dupla".[9] Mas, por mais incomodados que tenham ficado um com o outro, Burke e Paine realmente podem ser entendidos melhor como contrapartes. Como as duas amplas facções de nossas próprias disputas políticas, eles até hoje continuam a caçar em dupla. Assim, vamos nos unir a essa caçada e ver o que podemos aprender com eles sobre seu tempo e o nosso.

1

Duas vidas na arena

Na noite de 18 de agosto de 1788, dois dos mais ferozes combatentes dos grandes debates políticos da era das revoluções se encontraram para partilhar uma refeição. Embora tivessem dado voz a ideias políticas profundamente contrárias por mais de uma década, ainda não haviam apreendido o grau de intensidade de sua disputa, e seu tempo juntos, de acordo com todos os relatos, foi prazeroso e amigável. "Estou indo jantar com o duque de Portland e com o grande americano Paine", escreveu Edmund Burke a um amigo mais cedo naquele dia.[1] "Pelo papel que o sr. Burke desempenhou na Revolução Americana", escreveria Thomas Paine mais tarde, "era natural que eu o considerasse um amigo da humanidade e [...] nosso relacionamento foi iniciado nessas bases."[2] O relacionamento terminaria em bases muito diferentes e sua discordância — que em breve explodiria publicamente em torno da Revolução Francesa — não apenas ajudaria a definir a política de sua era, como também ressoaria pelos séculos e por todo o globo.

Hoje, é tentador pensar nos parceiros de jantar daquele verão como personificações das ideias que passamos a identificar com eles e talvez nos perguntar como podem ter tolerado a companhia um do outro, dadas as suas diferenças. Mas seres humanos são mais que a soma de suas opiniões e, antes de considerarmos o que Burke e Paine defendiam, precisamos descobrir quem eram e ter uma noção da era em que viveram. Fazer isso nos ajudará a entender como homens com diferenças tão profundas puderam se encontrar, inicialmente, como uma espécie de companheiros de jornada, se não mesmo almas gêmeas.

Burke e Paine foram figuras incomuns em um tempo incomum. Ambos eram homens de origem humilde que se tornaram célebres luminares. Ambos eram excluídos que se transformaram, pela força do intelecto e da personalidade, em grandes defensores de uma sociedade na qual não haviam nascido. Ambos eram agitadores e mestres da retórica política, conhecidos pela força tanto de seus argumentos quanto de suas palavras. E, em todos os sentidos, eram homens de seu tempo — mesmo que discordassem veementemente sobre o que esse tempo representava e para onde se dirigia sua política.

Em nossa imaginação política, o fim do século XVIII frequentemente é envolto em uma aura quase mítica. Foi uma era fervilhante de grandes figuras políticas que, de algum modo, conseguiam ser simultaneamente estadistas e filósofos. Entre seus conhecidos mais próximos e amigos, Thomas Paine podia incluir George Washington, Thomas Jefferson, James Madison, James Monroe e muitas outras lendas da geração fundadora dos Estados Unidos. Ele pensava em Benjamin Franklin como uma espécie de patrono e Franklin certa vez o descreveu como seu "filho adotivo político". Burke também era próximo de Franklin, tendo-o conhecido durante seu tempo como representante das colônias americanas em Londres. E incluía entre seus amigos os líderes do mundo intelectual inglês, como o grande escritor e moralista Samuel Johnson, o historiador Edward Gibbon, o filósofo e economista Adam Smith e praticamente cada parlamentar e figura política proeminente do rei George III para baixo.

Essa profusão de gênios filosóficos e práticos não emergiu simultaneamente por acidente. Ela surgiu em resposta ao profundo ímpeto social e político da época. Mesmo um século depois de a Revolução Gloriosa inglesa ter restabelecido uma monarquia protestante estável em Londres, as tensões religiosas continuavam a ferver logo abaixo da superfície em todo o mundo anglo-americano. E, mesmo antes de as revoluções americana e francesa destruírem a ordem reinante na Europa, estava claro para todos que o desafio às tradições políticas do continente, representado pelas ideias sobre liberdade e igualdade do Iluminismo, e o desafio a seus arranjos econômicos aristocráticos, representado pela emergência gradual de um sistema industrial de manufatura, causariam mudanças profundas e duradouras em ambos os lados do Atlântico.

A natureza e o caráter dessas mudanças estavam no âmago do debate liderado por Burke e Paine. Mas nenhum deles era, de modo algum, um candidato natural ao papel que passaria a desempenhar.

"O jovem sr. Burke"

Edmund Burke nasceu em Dublin, Irlanda, provavelmente em janeiro de 1729.[3] Seu pai era um conhecido (embora jamais abastado) advogado protestante e sua mãe era uma católica da família Nagle, do condado de Cork. Tais casamentos mistos não eram desconhecidos naqueles dias, mas tampouco eram comuns. Ter uma esposa católica significava que o pai de Burke, Richard, jamais chegaria ao pináculo da sociedade de Dublin e que as divisões religiosas (que se traduziam, como ainda o fazem, em divisões econômicas e políticas) na Irlanda jamais estariam muito longe de Edmund enquanto crescia. Ele nasceu no mesmo ano em que Jonathan Swift descreveu a situação miserável dos pobres da Irlanda em *Uma modesta proposta*. Embora sua família vivesse em relativo conforto, ele testemunhou a pobreza real em torno de si. Às vezes, especialmente durante as longas visitas aos familiares rurais e católicos da mãe, observou genuína e devastadora privação, em um grau que mal podia ser imaginado pelos aristocratas ingleses que conheceria mais tarde.

Como era costume nos casamentos irlandeses mistos daquela época, Burke e seus dois irmãos foram criados na fé anglicana do pai, ao passo que sua irmã foi criada como católica. Sua educação inicial foi em um colégio interno quacre, onde demonstrou aptidão para poesia e filosofia. Em uma era de divisões frequentemente amargas (tanto na Inglaterra quanto na Irlanda) entre a oficial Igreja anglicana, o catolicismo e as seitas protestantes dissidentes (como os quacres), em seus primeiros quinze anos Burke transitou pelos três círculos. A experiência de ver as diferenças de dogma se tornarem irrelevantes na prática, em função dos laços de afeição familiar e de respeito pelos vizinhos, foi formativa. Pareceu deixar nele uma duradoura sensação de que a vida era mais complicada na prática que na teoria — e que isso era uma boa coisa. Sua educação universitária no renomado Trinity College, em Dublin, associou essa vivência da quase indescritível complexidade das comunidades vivas e reais ao aprendizado clássico e a uma refinada apreciação pela filosofia e pela arte.

Embora fosse passar a maior parte da vida na Inglaterra, essas lições irlandesas iniciais — juntamente com seu peculiar sotaque irlandês — jamais o deixariam. Elas o ajudariam a estabelecer a diferença entre ideais políticos abstratos e a vida real. Ele sempre teve consciência de que acomodações construídas lentamente, a partir de reservas de confiança, sentimentos cálidos e moderação, podiam permitir que as pessoas vivessem juntas mesmo em face da tensão social, da opressão política e das dificuldades econômicas.

Sua criação e educação irlandesas também deixaram nele um profundo amor pela linguagem, particularmente pela palavra escrita. Após se formar no Trinity, ele partiu para Londres, supostamente para estudar Direito a pedido do pai, embora tenha abandonado rapidamente os estudos legais, a fim de perseguir o sonho de se juntar às fileiras de grandes intelectuais da cidade, tornando-se um escritor cujo tema eram as grandes questões públicas. Londres era um viveiro de debates filosóficos e políticos, na maior parte das vezes realizados por meio de panfletos — longos ensaios opiniáticos (a maioria seria hoje qualificada como livros curtos), vendidos muito barato, frequentemente em resposta uns aos outros e tentando ancorar em princípios mais profundos uma questão política imediata. Esses panfletos rapidamente percorriam o circuito da crescente cultura de cafés de Londres e criavam uma agitada atmosfera de engajamento com a filosofia e a política.

Desde seu primeiro texto — um longo panfleto intitulado *A Vindication of Natural Society* [Uma defesa da sociedade natural], publicado em 1756 —, Burke lidou com as questões fundacionais da vida política e revelou a tendência de recuar do radicalismo potencialmente corrosivo. *Vindication* é uma sátira, ridicularizando o estilo de argumentação empregado por Lorde Bolingbroke — um importante político e pensador que morrera alguns anos antes, mas cujo último livro, *Letters on the Study and Use of History* [Cartas sobre o estudo e o uso da história], acabara de ser publicado postumamente. O livro fora notável por sua crítica à religião, incluindo a religião oficial do Estado. Bolingbroke argumentara que todas as religiões organizadas eram essencialmente artificiais e, portanto, infundadas e que somente uma religião simples e natural (ou deísmo) que não alegasse ter acesso a verdades reveladas, mas meramente expressasse gratidão a Deus pelo mundo natural, poderia ser legitimada. Ele estabeleceu uma nítida distinção entre crenças "naturais" e "artificiais", defendendo a primeira em nome da ciência racional e rejeitando a última como dogma sem fundamento. Burke, em sua sátira crítica, emulou o estilo e o argumento de Bolingbroke, mas os aplicou à política, sugerindo que todas as instituições sociais artificiais fossem abandonadas. Ele procurou mostrar aonde tal maneira de argumentar chegaria se levada a suas conclusões lógicas, sugerindo que argumentos que pretendiam solapar a religião ao apelar para uma simples noção de natureza, em oposição às instituições tradicionais, também poderiam solapar a autoridade política e a aliança social, dissolvendo os laços que mantinham as sociedades unidas.

"O que é notável na primeira apresentação de Burke", escreveu seu biógrafo do século XIX, John Morley, "é sua consciência do importante fato de que, por trás dos distúrbios intelectuais na esfera da filosofia e das ruidosas agitações na esfera da teologia, esconde-se uma força silenciosa que poderia sacudir todo o tecido da própria sociedade civil."[4] Um ceticismo cáustico e simplista em relação a todas as instituições tradicionais, supostamente baseado em uma racionalidade científica que não aceita nada aprioristicamente, mas que, na verdade, ignora voluntariamente a verdadeira complexidade da vida social, parecia a Burke pouco adequado para o estudo da sociedade, e mesmo perigoso quando aplicado a ela. Ele alertaria sobre essa força e a combateria pelo resto da vida.

Vindication expõe sua tendência inicial de escrever sobre assuntos filosoficamente sérios com implicações políticas e sociais e, contudo, fazê-lo com certo afastamento da política cotidiana. Isso se tornaria ainda mais evidente no ano seguinte, 1757, quando publicou sua obra teórica mais expressiva e seu único livro real: *Uma investigação filosófica sobre as origens de nossas ideias do sublime e do belo.* Era um perspicaz, embora excêntrico, texto sobre estética — um estudo da maneira como os humanos experimentam a beleza. Burke tentou explicar a distinção entre belo (ou bem formado) e sublime (ou atraente) como baseada na distinção entre amor e medo. Foi uma contribuição surpreendentemente original a um longo debate entre filósofos ingleses sobre as fontes da percepção e da experiência humanas e abriu a porta para suas emergentes sensibilidades políticas. Ele argumenta que a natureza humana se baseia na edificação e instrução emocionais, e não apenas racionais — uma ideia que se tornaria crucial em sua insistência de que o governo deve funcionar de acordo com as formas e tradições da vida da sociedade, e não somente em resposta a princípios abstratos de justiça. "A influência da razão na produção de nossas paixões não é de modo algum tão intensa quanto se acredita comumente."[5] Somos movidos por mais que a lógica, e, assim, a política deve responder a mais que argumentos frios.

Suas obras tiveram razoável sucesso e o ajudaram a fazer um nome para si mesmo no mundo literário de Londres. Ele foi um dos primeiros membros do animado círculo de Samuel Johnson — que incluía o famoso pintor Joshua Reynolds, Edward Gibbon, o ator David Garrick, o romancista Oliver Goldsmith, James Boswell (que mais tarde escreveria uma renomada biografia de Johnson) e outras figuras intelectualmente proeminentes da época — e pensava em si mesmo, acima de tudo, como escritor, e não como pensador político, embora seus textos sempre tendessem na direção das questões políticas e filosóficas. O escritor e político Horace Walpole conheceu o precoce Burke em um jantar em 1761 e nos oferece uma reveladora descrição. Entre os convidados, escreveu ele em seu diário, havia "um jovem sr. Burke, que escreveu um livro muito admirado no estilo de Lorde Bolingbroke. É um homem sensível, mas ainda não se livrou de seu autorismo e acha que não existe nada tão encantador quanto os escritores e ser um deles. Mudará de ideia um dia desses".[6]

Burke mudaria de ideia ao se aventurar na política, o que fez amplamente por razões práticas, ao menos no início. No fim de 1761, casado e com um filho, ele precisava de uma fonte de renda confiável e pôs de lado suas ambições literárias. Assumiu uma posição como secretário particular de William Gerard Hamilton, um ambicioso membro do Parlamento que em breve se tornaria secretário-chefe do governo inglês para a Irlanda. O cargo levou Burke de volta a seu local de nascimento e lhe deu uma visão ainda mais direta das intensas tensões religiosas que atormentavam a alma irlandesa. Em seus muitos anos na política inglesa, ele sempre temeria ser visto como imerso demais nas questões irlandesas, dadas as suas raízes, mas jamais as abandonaria completamente. Sua família religiosamente mista, combinada com sua experiência ao lado de Hamilton, tornou-o um devoto defensor dos direitos básicos dos católicos irlandeses, frequentemente para seu próprio prejuízo político.

Após três anos no cargo, deixou de trabalhar para Hamilton e, com a ajuda de conhecidos, tornou-se secretário particular do marquês de Rockingham, o grande líder whig* que serviria brevemente como primeiro-ministro e seria seu primeiro patrono político, além de amigo. Rockingham imediatamente percebeu seu imenso talento e valor — sua erudição, sua prudência e suas consideráveis habilidades retóricas. Ele o levou para o círculo interno da política whig e, em 1765, conseguiu que fosse eleito para a Câmara dos Comuns — a grande arena de Burke durante as três décadas seguintes.

Desse momento até sua morte em 1797, Burke permaneceria imerso na vida política e se devotaria a ajudar a Grã-Bretanha a atravessar a assombrosa e aparentemente infinita sucessão de crises e outros desafios do período, expressando apaixonadas opiniões públicas sobre as grandes questões do dia: os problemas religiosos e políticos da Irlanda, a Revolução Americana e suas consequências, a administração e as ingerências inglesas na Índia, a contenciosa reforma do sistema parlamentar e eleitoral inglês, o monumental desafio da Revolução Francesa e a guerra europeia que se seguiu. Embora não tivesse uma posição executiva proeminente e tenha passado grande parte de seu tempo no

* Oponente do Partido Tory, o Partido Whig defendia uma monarquia constitucional em oposição à monarquia absolutista. Dissolvido em 1859, parte dele deu origem ao Partido Liberal, que eventualmente se tornou o atual partido dos Liberais Democratas no Reino Unido. [*N. da E.*]

Parlamento na oposição, sua voz rapidamente se tornou uma das mais destacadas e reconhecíveis da política inglesa e sua caneta se provou crucial para os grandes eventos da época.

Como conselheiro dos líderes do Partido Whig, estabeleceu-se como a principal voz do partido e logo tornou-se o maior defensor da necessidade de partidos políticos na vida pública inglesa. Em um panfleto de 1770, *Thoughts on the Causes of the Present Discontents* [Pensamentos sobre as causas do descontentamento atual], escrito no contexto de um escândalo sobre o excessivo envolvimento do rei George III em nomeações governamentais e cargos públicos, argumentou que os partidos políticos não eram, como muitas pessoas insistiam, facções lutando por vantagens próprias, mas sim corpos de homens unidos por uma visão do bem comum para toda a nação. O partidarismo era não apenas inevitável como também benéfico, pois ajudava a organizar a política em campos definidos por diferentes prioridades sobre o que era melhor para o país. Esse popular panfleto, assim como outros do mesmo período, mostrava inconfundíveis sinais de uma filosofia política distinta, enquanto ele clamava por um estadismo prudente e atenção aos sentimentos (e não apenas às necessidades materiais) do povo e ao venerado status das instituições sociais e políticas. A reforma política, sugeriu, devia levá-los em conta e proceder de maneira gradual e respeitosa em relação a eles.

O panfleto revelou ainda sua imensa habilidade retórica — que se expressava não apenas no talento para criar epigramas cativantes, mas também em uma visão embasada e coerente da vida política e da sociedade, exposta com impressionante clareza e consistência. Como disse mais tarde ao descrever os talentos necessários a um estadista, essa visão combinava "disposição para preservar e habilidade para melhorar".[7] E era sempre reforçada por poderosas e memoráveis palavras escritas, que inundavam o leitor de imagens e ideias.

Ele também devotou grande parte de seu tempo e energia à reforma parlamentar e financeira do período. Os escândalos frequentes envolvendo revelações de má gestão pública e corrupção minavam a fé da nação no governo e ele temia que uma resposta excessiva dos membros do Parlamento ameaçasse a integridade do regime misto inglês. Gastos exagerados com a própria monarquia (especialmente a imensa equipe e as dispendiosas residências do rei) eram uma preocupação e ele tentou minimizá-la, reorganizando a maneira como o sistema era financiado. Do mesmo modo, tentou simplificar a imensamente complexa lei criminal inglesa (que, em sua opinião, atribuía penas excessivas a crimes menores) e amenizar a punição dos devedores. Estava agudamente consciente de que a sociedade estava sempre mudando e, portanto, as leis igualmente precisavam mudar. Mas, em cada caso, avançou de maneira gradual e incremental, em vez de propor reformas radicais ou fundamentais, e sempre pediu respeito pelas instituições e costumes. A mudança construtiva exigia estabilidade e, por isso, os reformadores precisavam ser cuidadosos. "Avanço para ela com um tremor que abala as mais íntimas fibras de meu ser", disse ele à Câmara dos Comuns, fazendo referência à reforma financeira. "Sinto que me envolvo em uma situação [...] a mais completamente contrária que se possa imaginar às tendências naturais e ao temperamento de minha própria mente."[8]

Não sendo democrata fervoroso, ele rejeitava a noção de que um membro da Câmara dos Comuns deveria simplesmente expressar as opiniões daqueles que o haviam elegido, chegando a dizer a uma plateia de seus próprios eleitores, em 1774, que devia a eles sua capacidade de julgamento, e não sua obediência.[9] Mas, apesar de toda passional expressão que deu à causa de preservar as preciosas instituições inglesas, nesses anos iniciais no Parlamento ele foi, acima de tudo, um reformador — das políticas financeira e comercial, das leis restringindo a liberdade dos dissidentes católicos e protestantes e das penas criminais. Também se opôs ao comércio de escravos, por ser injusto e desumano, e resistiu à intervenção indevida da Coroa na política.

Burke abordou a crise americana, que esquentou até ferver em meados dos anos 1770, com essa mistura de tendências à preservação e à reforma. Em seu modo de ver, a administração tory* de Lorde North agira imprudentemente ao tentar pagar as dívidas de guerra da Grã-Bretanha impondo

---

* Partido britânico existente até 1834, defensor da monarquia absolutista em oposição à monarquia constitucional. Finalmente tornou-se o Partido Conservador contemporâneo, cujos membros — como o ex-primeiro-ministro David Cameron — ainda são chamados de *tories*. [*N. da E.*]

novos impostos aos americanos sem consultá-los primeiro. As pessoas que discutiam se o Parlamento tinha ou não o direito de taxar as colônias americanas — em ambos os lados do debate — focavam no assunto errado. O Parlamento certamente tinha esse direito, porque sua prerrogativa legal de governar o império era inquestionável. Mas ter o direito não significava que devia ou que fosse prudente exercê-lo. O governo de seres humanos não era uma questão de aplicar regras e princípios frios, mas sim de incitar sentimentos cálidos e conexões, a fim de produzir a comunidade mais forte e unificada possível. Londres certamente poderia trabalhar com os americanos para obter maiores dividendos, em vez de apenas comandar sua concordância.

"A política deve se ajustar não ao pensamento humano, mas à natureza humana, da qual a razão é apenas uma parte, e de modo algum a maior."[10] Os americanos, argumentou em *Speech on Conciliation with the Colonies* [Discurso sobre a conciliação com as colônias], ao longo do tempo haviam desenvolvido robustos hábitos de liberdade e um espírito independente, e, para serem governados como cidadãos ingleses, algum esforço razoável teria de ser feito para acomodar seu caráter. Dessa maneira, ele se colocou em conflito com os mais apaixonados defensores americanos da independência (incluindo Thomas Paine), ao lhes negar suas mais básicas reivindicações de direitos e princípios — reivindicações que rejeitava não apenas como falsas, naquele caso específico, mas como inapropriadas para o julgamento político em geral. Ele certamente acreditava na importância central dos direitos políticos, mas achava que esses direitos não podiam ser desconectados das obrigações em sociedade e, consequentemente, não podiam ser entendidos separadamente das circunstâncias particulares de sociedades particulares, em momentos particulares. Em sua opinião, os liberais mais radicais de sua época tratavam a política como uma espécie de geometria filosófica, aplicando princípios e postulados para chegar à solução correta, mas as sociedades reais não funcionavam — ou, ao menos, não funcionavam bem — dessa maneira. E, contudo, ele se colocava ao lado dos radicais na questão prática, concluindo que, se a administração North não conseguisse governar os americanos de modo prudente, deveria libertá-los para o bem do império.

Nesses discursos, começamos a ter uma noção da riqueza de sua visão em relação à sociedade e à política. Especialmente evidente é seu entendimento de como gerenciar adequadamente a mudança política, a fim de equilibrar o desejo por justiça e a necessidade de estabilidade social — um assunto que, como veremos, estava sempre em sua mente. Nos anos que se seguiram à guerra americana, essas opiniões continuaram a levá-lo a restringir e resistir aos abusos do poder governamental. "O governo", escreveu, "está profundamente interessado em todas as coisas que, mesmo por meio de um desconforto temporário, possam finalmente tranquilizar as mentes e reganhar as afeições de seus governados."[11] Usos exagerados e desnecessariamente exasperantes do poder poderiam minar essas afeições — e essa ideia fez com que ele se preocupasse com o excessivo envolvimento do rei na política no início dos anos 1760, com a desnecessária provocação aos americanos em 1760–1770 e com os abusos cometidos contra os nativos da Índia nos anos 1780. Em relação a essa última preocupação, em 1787 ele iniciou um longo, porém inútil, esforço de impeachment contra Warren Hastings, o principal administrador inglês na Índia. Tudo isso o tornou um reformador proeminente, embora por razões diferentes das da maioria de seus companheiros nesse campo. Burke nunca foi um modernizador radical, como alguns de seus colegas whigs, mas trabalhava com esses elementos mais radicais quando achava que seus esforços poderiam contrabalançar abusos de poder.

Mas o abuso do poder não era o único solvente dos sentimentos essenciais a um povo forte e feliz. A corrosão dos sentimentos públicos, dos elos mútuos e da dignidade humana básica, que resultava de se reduzir a política a direitos e princípios abstratos, não era menos cáustica. De fato, como vira Burke em sua primeira obra publicada, tal corrosão podia ser muito mais perigosa no longo prazo, pois tendia a encorajar a disposição radical para a política. A política era, primeiro e acima de tudo, sobre pessoas vivendo juntas, e não sobre regras gerais colocadas em prática. Essa ênfase fez com que se opusesse ao tipo de liberalismo exposto por muitos dos reformadores radicais de sua época. Eles argumentavam em termos de direitos naturais retirados de reflexões sobre um estado natural individualista e buscavam aplicar os princípios dessa abordagem diretamente à vida política. "Não entro nessas distinções metafísicas", disse ele em *Speech on American Taxation* [Discurso sobre a taxação americana]. "Detesto a maneira como soam."[12]

Essa maneira de pensar a política o transformou em um reformador de instituições fracassadas que era cauteloso quanto a mudanças radicais e um preservador de tradições veneradas que era cauteloso quanto aos abusos do poder. Para alguém familiarizado apenas com suas posições finais em questões particulares, e não com os argumentos que ofereceu para se explicar, o Burke do fim dos anos 1780 — quando Thomas Paine o conheceu — teria sido difícil de ler e fácil de interpretar mal. Paine, graças a seu próprio e incomum caminho até a proeminência, não era muito mais fácil de compreender.

"Jovem engenhoso e valoroso"

Thomas Paine nasceu em janeiro de 1737 em Thetford, sul da Inglaterra. Seu pai, um fabricante de espartilhos, era quacre, e sua mãe, anglicana. Paine foi batizado na igreja da mãe, pois seus pais acharam que isso poderia abrir mais portas para ele no futuro, mas seu pai era o mais religioso dos dois e o jovem Thomas frequentemente o acompanhava à casa de reuniões quacre. Embora quando adulto Paine fosse criticar a austeridade dos quacres (certa vez brincando que, se Deus os tivesse consultado durante a criação, todas as flores do mundo seriam cinza), também está claro que seu severo moralismo o moldou profundamente. Ele tinha a arraigada convicção de que as leis eram claras e simples, personificavam uma preferência pelos fracos sobre os fortes e não havia desculpa para desobedecê-las.

Enquanto o casamento misto de seus pais deixou em Burke a noção sobre a complexidade da sociedade, a experiência de Paine parece tê-lo feito pensar que as disputas religiosas eram inúteis e que a moralidade — que ele julgava distinta da religião — era o que realmente importava. "Minha religião é fazer o bem", escreveu ele mais tarde.[13]

Seu pai sempre tinha trabalho, mas apenas o suficiente para manter a família à beira da pobreza. Inteligente e livresco, Paine foi admitido em uma *grammar school** aos 7 anos. Seus pais economizaram para manter o único filho na escola, mas não tinham o bastante para levá-lo além dos primeiros cinco anos. Esses anos foram sua única educação formal (embora tenha se transformado em um dedicado autodidata).[14] Após ser aprendiz do pai, ele passou um breve período em Londres — trabalhando no ofício durante o dia e aproveitando a cultura literária dos cafés da cidade durante a noite — e ganhou dinheiro extra trabalhando alguns meses como corsário durante a Guerra dos Sete Anos. Precisando de trabalho mais constante, partiu de Londres, primeiro para Dover e então para começar sua própria oficina de espartilhos no vilarejo de Sandwich, sudeste da Inglaterra. Não gostava muito do trabalho, mas a oficina fornecia seu sustento e ele usava cada momento livre para ler, especialmente livros de poesia, história e ciências. Em 1759, estava casado com Mary Lambert — que trabalhava como criada no vilarejo.

Assim, parece ter começado a vida como inglês da classe operária. Mas, em 1762, após a trágica morte da esposa e do filho durante o parto, seu mundo virou de cabeça para baixo. Tomado por um luto desesperador, ele abandonou a profissão e a casa então vazia e se tornou oficial de impostos — um coletor itinerante de taxas sobre commodities como café, chá e álcool.

O setor de coleta de impostos era notoriamente corrupto. Os coletores ganhavam muito pouco e se esperava que levassem a cabo a ingrata e desafiadora tarefa de confrontar lojistas populares para cobrar impostos atrasados e mesmo combater o contrabando e o mercado negro. Muitos de seus colegas aceitavam suborno (e ele mesmo foi acusado de má conduta quando alugou um quarto de um lojista sob sua jurisdição). A experiência o deixou consciente do potencial de corrupção governamental e abuso dos trabalhadores — uma noção que permaneceria para sempre.

Ele começou a reconstruir sua vida nesse emprego — encontrando amigos entre os colegas e, em 1771, casando-se pela segunda vez. Mas as difíceis condições de trabalho se provaram excessivas. Em 1772, enquanto

---

* Um tipo de escola do sistema inglês de ensino, originalmente criada para o ensino do latim, mas atualmente orientada para o ensino médio. [*N. da E.*]

trabalhava em East Sussex, ele se uniu a um esforço iniciado por seus colegas para fazer lobby no Parlamento e conseguir melhores salários e condições. Ele construíra a reputação de coletor incomumente culto e articulado, e seus colegas lhe confiaram a tarefa de expor o caso por escrito e defendê-lo perante os oficiais do governo. Foi seu primeiro gosto da agitação da ação política e o levou a seu primeiro texto político. O panfleto de vinte páginas intitulado *The Case of the Officers of Excise* [O caso dos oficiais de coleta de impostos] foi recebido com enlevado entusiasmo por seus colegas.

Como seus textos posteriores e mais famosos, o panfleto continha uma fascinante mistura de cuidadosos argumentos legais, fatos e números detalhados e passagens de retórica passional e, às vezes, poderosamente bela. Claramente, também deu vazão à sua própria experiência com a pobreza e mesmo com o luto pela perda da primeira esposa. Sua resposta ao argumento de que os coletores podiam encontrar maneiras de sobreviver com o que o governo lhes pagava foi estrondosa: "Aquele que nunca passou fome pode argumentar elegantemente sobre a sujeição de seu apetite e aquele que jamais conheceu a penúria pode discorrer belamente sobre o poder dos princípios. Mas a pobreza, como o luto, tem uma surdez incurável e nunca ouve; a oratória perde seu apelo e 'ser ou não ser' se torna apenas uma pergunta."[15]

Ali estava a voz que mudaria a história. Mas não comoveu o Parlamento. No inverno de 1773–1774, Paine passou todo seu tempo (pedindo licença do trabalho) em Londres, distribuindo cópias do panfleto e abordando membros do Parlamento. O esforço inútil lhe custou o emprego, fê-lo afundar em dívidas e, por fim, tornou-se insuportável para sua esposa, que pôs fim ao casamento.

Mas sua desastrosa monomania não o arruinou completamente. Falido e morando em Londres, um amigo o apresentou a Benjamin Franklin, então representante das colônias americanas na Grã-Bretanha. Franklin, sempre caçando talentos para seu time nativo, ficou impressionado com sua inteligência e motivação e o aconselhou a tentar recomeçar nos Estados Unidos — dando-lhe uma generosa carta de apresentação para facilitar o caminho. "O portador", escreveu ele, "é muito bem recomendado por mim como jovem engenhoso e valoroso."[16] Em 30 de novembro de 1774, Paine chegou à Filadélfia. Para ele, como para tantos antes dele, os Estados Unidos ofereciam um novo começo. Ele estava ansioso para começar não onde suas raízes operárias o haviam colocado por nascimento, mas onde sua longa e muito impressionante autoeducação filosófica e política lhe permitia operar. O Paine reinventado chegou muito rapidamente à proeminência pública.

Em semanas, encontrou um emprego com Robert Aitken, impressor e editor da *Pennsylvania Magazine* na Filadélfia, e, na primavera de 1775, apenas meio ano depois de ter começado sua jornada americana, era editor da revista e uma voz regular em suas páginas. Ele escrevia sobre uma ampla variedade de assuntos sociais e políticos — de escândalos locais a casos internacionais —, mas sempre com um moralismo claro que pretendia proteger os necessitados e os fracos. Um artigo em particular, uma poderosa denúncia do comércio de escravos, chamou a atenção de Benjamin Rush — o grande médico, estadista e organizador não oficial da pequena mas impressionante comunidade intelectual da Filadélfia. Rush levou Paine para o círculo interno da elite política e literária da cidade, onde seus textos receberam ainda mais destaque.

Esses textos iniciais indicam tanto suas consideráveis habilidades retóricas quanto seu conhecimento das visões liberais iluministas de seu tempo — devoção pelos direitos individuais, uma teoria de governo como guardião desses direitos, justa raiva por cada violação deles e inflexível paixão pela justiça para os fracos sofrendo sob as botas dos fortes. Sua absoluta habilidade retórica às vezes aturde o leitor, como nos textos de Burke. Mas onde a considerável faculdade de expressão de Burke é frequentemente empregada para transmitir a complexidade da vida social e política, Paine no mais das vezes transmite simplicidade — uma noção de que o caminho justo e correto pode ser discernido pela aplicação adequada de princípios-chave e que temos o dever de discerni-lo e segui-lo. Suas opiniões, como começam a emergir nessa época, não são altamente originais, mas bastante representativas das opiniões liberais iluministas (ou radicais) de seu tempo. Nesses anos iniciais, como em seu trabalho tardio e mais proeminente, ele fala por muitos, mas mais efetivamente que a maioria.

Na maior parte do tempo, sua revista se mantinha afastada da grande e crescente questão política de então — a possibilidade de romper com a Grã-Bretanha. Seu editor temia antagonizar os assinantes legalistas, e, inicialmente, o próprio Paine não estava certo de sua posição sobre a questão. Mas, conforme os eventos davam forma à revolta americana, ele passou a acreditar que a reconciliação com a Grã-Bretanha já não poderia ocorrer em termos honrosos e justos e começou a empregar sua pena na causa da independência. Inicialmente, fez isso de maneira anônima e fora das páginas da *Pennsylvania Magazine*. Seu primeiro esforço, um diálogo imaginário entre dois generais ingleses, foi publicado no *Pennsylvania Journal* em janeiro de 1775 e defendia que os ingleses não estavam interessados na reconciliação.[17] A ele se seguiram vários ensaios, observações e mesmo poemas em defesa da causa americana — primeiro gentilmente e de olho em uma possível reaproximação com os ingleses, mas, com o passar do tempo, com cada vez mais força e ênfase crescente na independência. Em outubro de 1775, publicou um breve ensaio, "A Serious Thought" [Uma séria consideração], que expunha as violações dos direitos individuais cometidas pelos ingleses em todo o império, incluindo os Estados Unidos. A peça concluía: "Quando reflito sobre elas, não hesito sequer um momento em acreditar que o Todo-poderoso finalmente separará os Estados Unidos da Grã-Bretanha. Chamem de independência ou do que quiserem, se for a causa de Deus e da humanidade, ela seguirá adiante."[18]

Enquanto publicava esses breves ensaios, ele começou a trabalhar em uma defesa mais extensa e embasada da independência. Estimulado pelas batalhas iniciais entre forças americanas e inglesas e pela nomeação de George Washington para comandar o Exército, buscou meios de persuadir as pessoas a lutarem e (talvez ainda mais) as elites coloniais a apoiarem o movimento pela independência. Nos últimos dias de 1775, terminou um extenso panfleto com esse objetivo, que planejou chamar de *Plain Truth* [Simples verdade]. Seu amigo Rush, ao ler o esboço, encorajou sua rápida publicação e sugeriu uma melhoria ao título: *Senso comum*.

O panfleto de cinquenta páginas era um ataque declarado à Coroa inglesa, à noção de monarquia hereditária e às práticas e premissas da política inglesa. Também expunha o início de uma filosofia política. A descrição da obra para os leitores, na primeira página do panfleto impresso original, afirma que ela pretende analisar quatro assuntos: "A origem e o funcionamento do governo em geral, com concisas observações sobre a constituição inglesa; a monarquia e a sucessão hereditária; pensamentos sobre o presente estado dos assuntos americanos; e a presente competência dos Estados Unidos, com uma miscelânea de reflexões." O texto começa estabelecendo alguns princípios para distinguir a regra legítima da ilegítima: o governo existe para assegurar liberdade e segurança a cidadãos iguais entre si e qualquer governo que falhe em fazer isso não é digno desse nome, qualquer que seja seu pedigree.

A defesa da independência é baseada nesses princípios fundamentais e severos, e *Senso comum* afirma que raciocinar a partir de tais princípios e direitos é a única maneira adequada de abordar a política. Em linguagem direta e acessível a qualquer leitor, Paine faz uma longa e lógica exposição contra a autoridade da Grã-Bretanha para comandar as colônias (uma vez que os colonos não são representados no Parlamento a que respondem), contra a legitimidade das instituições políticas internas da própria Grã-Bretanha (que dão ao rei poder absoluto sobre os cidadãos aos quais seu governo deveria servir) e a favor de um governo republicano eleito pelo povo e respondendo a ele.[19] Ele conclui que "por mais estranho que pareça a alguns ou por mais indispostos que estejam em concordar, muitas razões fortes e contundentes podem ser fornecidas para mostrar que nada resolverá nossas questões tão rapidamente quanto a aberta e determinada declaração de independência".[20]

Seus esforços iniciais certamente haviam sido notados, mas *Senso comum* foi simplesmente uma sensação. Em algumas semanas, espalhou-se pelas colônias, com trechos sendo reimpressos nos jornais e muitas dezenas de milhares de cópias sendo vendidas.[21] Ele chegou aos leitores em um momento no qual muitos colonos se perguntavam se seus líderes os haviam descuidadamente feito marchar para um erro desastroso ao enfrentar a força militar mais poderosa do planeta. Seria o conflito com a Inglaterra apenas uma revolta das elites abastadas contra os impostos? *Senso comum* respondeu com uma poderosa negativa: a causa era justa e a luta era meritória. O panfleto oferecia declarações ousadas e ardentes para os que já estavam inclinados pela independência, assim como argumentos frios e lógicos para os indecisos — e parece ter sido genuinamente convincente. "Pelas cartas que tenho recebido ultimamente da Virgínia", escreveu George Washington a seu amigo Joseph Reed em abril de 1776, "acho que *Senso comum* está realizando uma poderosa mudança na mente de muitos homens."[22]

Nos meses que se seguiram, Paine rapidamente se tornou o líder da batalha retórica pela independência. Ele publicou uma série de cartas respondendo a críticas sobre *Senso comum* e ajudou a esboçar uma nova constituição para a Pensilvânia, tentando pôr em prática o princípio apresentado como motor para a revolução: um governo representativo que tratasse seus cidadãos como seres livres e iguais entre si. Também contribuiu diretamente para o esforço de guerra, trabalhando como secretário para diversos oficiais e viajando com o Exército para registrar seus esforços. O outono de 1776 foi um período muito difícil para os soldados de Washington e o moral entre os defensores da independência estava extremamente baixo. Paine, viajando com o Exército por New Jersey, escreveu um ensaio que passou a ser conhecido como "A crise americana". O artigo seria o primeiro de uma série de mesmo nome. Ele se inicia com as que podem ser suas mais famosas palavras: "Esses são tempos que testam as almas dos homens. Nessa crise, o soldado de verão e o patriota de dias ensolarados recuarão do serviço a seu país, mas aquele que o defender agora merecerá o amor e a gratidão de homens e mulheres. A tirania, como o inferno, não é facilmente conquistada; contudo, temos o consolo de saber que quanto mais duro o conflito, mais glorioso o triunfo. O que obtemos barato demais, estimamos apenas ligeiramente: é a apreciação que dá a cada coisa seu valor."[23]

Paine publicaria dezesseis artigos da série *A crise americana* durante os sete anos de guerra, com cada peça tratando de alguma exigência particular do momento. Algumas estavam cheias de fatos e números, outras eram apenas palavras de estímulo para as tropas e outras ainda apresentavam amplos argumentos, em largas pinceladas, sobre a ilegitimidade da reivindicação inglesa sobre as colônias. Mas todas desenvolveram os argumentos e a visão de mundo que ele esboçara em *Senso comum*. Neste ínterim, ele também estava envolvido com a administração da guerra — servindo como secretário do comitê de relações internacionais do Congresso Continental e, mais tarde, como funcionário da legislatura da Pensilvânia. Continuou a publicar panfletos e ensaios sobre questões públicas, incluindo pedidos por um governo central mais forte para fazer avançar o esforço de guerra e argumentos pelo fim da escravidão.

No fim da guerra, como compensação por seus grandes serviços à causa, a legislatura estadual de Nova York lhe deu uma fazenda em New Rochelle, que fora confiscada de uma família legalista. Foi onde viveu até 1787, devotando-se amplamente a investigações científicas e invenções, notadamente o projeto de uma ponte de ferro com um único e amplo arco que poderia atravessar a extensão de um rio sem obstruir a passagem dos grandes navios comerciais cada vez mais frequentes nas rotas fluviais dos Estados Unidos e da Europa. Ele pareceu deixar a política para trás, embora, como veremos, não fosse ficar afastado por muito tempo.

Na primavera de 1787, tentou encontrar financiamento para o projeto da ponte — financiamento que só poderia vir da Europa. Assim, viajou para a França e para a Grã-Bretanha em busca de apoio, esperando ficar longe por não mais que um ano. De fato, encontrou alguns financiadores ingleses e, por fim, uma ponte empregando seu projeto foi construída sobre o rio Wear, no norte da Inglaterra. (Outra, construída décadas depois, ainda permanece sobre o riacho Creek, em Brownsville, Pensilvânia.) Mas, como certamente sabia que ocorreria, também encontrou enorme agitação política. A perspectiva de revolução estava pesada no ar da França e a sensação de instabilidade era igualmente palpável na Grã-Bretanha.

Como qualquer outra pessoa em ambos os lados do Atlântico, ele sempre acreditara que a Revolução Americana fora o início de um capítulo revolucionário na história do mundo. Princípios universais de igualdade e liberdade já não podiam ser contidos: "A independência dos Estados Unidos, considerada meramente uma separação da Inglaterra, teria sido uma questão de pouca importância, se não tivesse sido acompanhada por uma revolução de princípios e práticas de governo. Eles estabeleceram uma posição não apenas para si mesmos, mas para o mundo, e olharam para além das vantagens que poderiam receber."[24] Ele realmente esperava que os ideais da revolução se espalhassem pela Grã-Bretanha e pelo continente.

Paine permaneceu na França — onde o projeto para a ponte foi recebido com grande interesse (embora não com apoio financeiro) e onde sua reputação o precedia nos círculos radicais e revolucionários — até o fim do verão de 1787. Paris naquele período lhe pareceu a Filadélfia no ano antes do início da guerra. Ele sabia que um grande evento estava chegando e tinha enormes esperanças. No outono, viajou para a Grã-Bretanha a fim de procurar financiamento para a ponte e conhecer alguns dos que haviam apoiado a causa americana — entre os quais ele certamente incluía Edmund Burke.

Assim, tratou seu encontro com Burke com a sensação de que ele e outros líderes whigs eram espíritos afins, persuadidos como ele da fundação ideológica da Revolução Americana e entusiasmados por seu potencial para iniciar levantes populares em toda parte. Ele dificilmente poderia estar mais errado a respeito das preocupações e prioridades essenciais de Burke. O próprio Burke, por sua vez, certamente estava consciente do papel desempenhado por Paine e da fama resultante, embora não esteja claro se já lera *Senso comum* antes de conhecer seu autor. Em sua *Letter to the Sheriffs of Bristol* [Carta aos xerifes de Bristol], em 1777, ele menciona de passagem "o autor do celebrado panfleto que preparou a mente do povo para a independência" e mais ou menos justifica o autor como tendo sido levado a isso pelos excessos do governo inglês.[25] Mas em nenhum lugar combate as opiniões radicais sobre política expostas em *Senso comum* e parece improvável que não tivesse reagido mal àquelas opiniões se as tivesse conhecido.

Primeiros encontros

Burke e Paine podem ter se encontrado pela primeira vez, muito brevemente, no fim de 1787.[26] Então, no verão de 1788, não apenas se encontraram para jantar, como também passaram vários dias juntos na casa de Burke. Burke escreveu sobre hospedar "o famoso sr. Paine, autor de *Senso comum, A crise americana* etc., e secretário do Congresso para relações internacionais", notando que "não lamentava conhecer um homem ativo em um cenário tão importante".[27] Paine estava interessado principalmente em divulgar sua ponte, e, aparentemente, os dois se mantiveram longe das discussões políticas, deram-se razoavelmente bem e permaneceram em contato após a visita. Em uma carta de janeiro de 1789 a Jefferson (que ainda estava em Paris), Paine contou ser "relativamente íntimo do sr. Burke".[28]

O tempo de Paine na França o expusera aos líderes da ala radical da política francesa. Sua reputação (em uma cultura que valorizava escritores), suas conexões e sua política o tornaram um membro natural e ele foi tomado pelo espírito do momento em Paris — com a revolução ameaçando entrar em erupção. Rapidamente abandonou a intenção de voltar para casa após um ano, concluindo que poderia desempenhar algum papel em benefício dos Estados Unidos e de seus ideais na França ou na Grã-Bretanha.

Burke, entrementes, estava muito preocupado com questões internas. Em novembro de 1788, o rei George III ficou seriamente doente e sua enfermidade (que alguns pesquisadores modernos sugerem ter sido causada por longa exposição a baixas doses de arsênico em sua dieta) se expressou, entre outras coisas, em sérios sinais de desequilíbrio mental. Ele falava incessantemente em inglês e alemão com ninguém em particular, durante horas seguidas, espumando pela boca. E era totalmente incapaz de cumprir seus deveres. Conversas sobre uma regência — ou um substituto temporário para o rei — logo começaram e iniciaram uma explosiva crise política sobre o poder do regente.

O mais plausível regente era o homem que sucederia o rei se sua doença se provasse fatal: seu filho de 26 anos, o príncipe George. O príncipe era conhecido por sua profunda hostilidade ao primeiro-ministro tory, William Pitt, e por ser amigo pessoal do líder whig, Charles James Fox. Pitt, em um esforço para impedir a derrubada de seu governo, introduziu um projeto de lei que colocaria vários limites ao poder do regente, obrigando-o a manter o governo existente e impedindo-o de exercer a maioria dos poderes do monarca. Fox, por sua vez, afirmou o total poder hereditário do príncipe para assumir. Os dois se viram em conflito em uma estranha inversão de papéis, com o tory (cujo partido normalmente defendia as prerrogativas do monarca) insistindo para que a Coroa respondesse ao Parlamento e com o whig (cujo partido defendia os direitos do Parlamento em uma monarquia limitada) afirmando a autoridade hereditária do governante. O projeto de lei de Pitt, que teria forçado uma monumental crise constitucional, estava pronto para ser apresentado quando, em março de 1788, o rei se recuperou e a crise chegou ao fim.

A Crise da Regência, como se tornou conhecida, deixou Burke muito abalado e profundamente alarmado. Como descrito anteriormente, ele era um whig incomum. Era movido mais fundamentalmente não por inclinações reformistas (como a maioria dos whigs de sua época), mas por um desejo de sustentar a estabilidade e a unidade de sua sociedade. Era whig porque os whigs defendiam o legado da Revolução Gloriosa da Grã-Bretanha de 1688. Mas valorizava aquela revolução (na qual o Parlamento destituíra o rei católico James II e instalara William e Mary como monarcas conjuntos para reafirmar a linha protestante de sucessão e evitar uma desastrosa guerra religiosa) por preservar o regime, e não, como alguns whigs mais radicais, por introduzir novos princípios de supremacia parlamentarista que apontavam na direção de um governo republicano. Aquela fora, em suas palavras, "uma revolução não realizada, mas evitada".[29] Assim, embora sua grande preocupação nos anos 1760 e início dos anos 1770 tivesse sido a excessiva autoridade real, ele passou a ver o papel do monarca sob ameaça e reagiu com igual consternação. Como os interesses de seu partido também estavam investidos na regência, isso o tornou ainda mais tenaz, é claro, mas, considerando-se seu comportamento durante a crise, ele claramente começou a sentir profunda apreensão pela estabilidade essencial do sistema inglês. A visão de tories argumentando contra a autoridade da Coroa — e muitos de seus colegas whigs sendo lentamente convencidos do mérito de seus argumentos — criou nele genuína preocupação sobre uma desastrosa revolução republicana na Grã-Bretanha, o que iria colorir de todas as maneiras sua reação aos eventos na França, logo depois.

Thomas Paine, com quem Burke trocava cartas breves e cordiais desde sua visita, não facilitou as coisas. No auge da crise na França, ele escreveu sugerindo que Burke propusesse "uma convenção nacional, a ser eleita imparcialmente, com o objetivo de analisar o estado da nação" e, essencialmente, reorganizar o regime a partir do zero.[30] Tal ideia não poderia estar mais distante das inclinações preservacionistas de Burke e, embora não tenhamos evidência de sua resposta, foi provavelmente nessa ocasião que ele começou a discernir a real distância entre suas visões políticas e as de Paine.

Mas sua apaixonada oposição às manobras tory durante a Crise da Regência teve um custo. Em um debate sobre a regência, levado pelo calor de seus próprios argumentos, ele acusou Pitt de se apresentar como competidor pela Coroa, contra o príncipe de Gales. Assim, efetivamente acusou o primeiro-ministro de traição. A observação gerou uma repreensão formal da Câmara dos Comuns e foi uma fonte de grande frustração para os líderes de seu partido, que acharam que ela enfraquecia sua posição em um momento-chave. A frustração foi agravada pelo que muitos viam como sua excessiva concentração no julgamento de impeachment de Warren Hastings — o governador inglês da Índia que, em sua opinião, abusara excessivamente da população local. Sua concentração no julgamento era inteiramente compatível com a preocupação pela integridade do regime inglês, mas o julgamento se alongou por mais tempo do que os líderes do partido esperavam (de fato, duraria muito mais, acabando com absolvição somente em 1794) e eles temiam que colocasse o partido sob uma luz desfavorável, em grande parte por causa de seu entusiasmo na acusação.

No verão de 1789, desencorajado por esses reveses e profundamente preocupado com o comprometimento de seus colegas whigs com a manutenção da constituição inglesa, Burke pensou seriamente em se retirar da política. Escreveu a seu amigo, o conde de Charlemont, dizendo: "Chega um tempo na vida em que, se um homem não consegue chegar a certo grau de autoridade, derivada da confiança do príncipe ou do povo, que pode ajudá-lo em suas operações e permitir que persiga objetivos úteis, sem uma luta perpétua, cabe a ele se retirar de suas atividades."[31]

Mas a hora da aposentadoria ainda não chegara. A carta desanimada a Charlemont é datada de 10 de julho de 1789 — quatro dias antes da tomada da Bastilha e do início do mais celebrado e intenso período da vida política de Burke, um período que o colocaria diretamente em conflito com Paine.

A revolução na França

Os eventos em Paris começaram com uma explosão de energia acumulada. No curso de uma longa crise financeira e política, durante a qual a grande maioria do público passara por dificuldades econômicas, o ressentimento contra o rei e seu governo havia crescido e alguma catarse era inevitável. A segunda semana de julho de 1789 viu tumultos sem precedentes e confrontos públicos com os militares, chegando ao auge com a captura da Bastilha — uma prisão e fortaleza que simbolizava o poder real. Menos uma operação paramilitar que um ato das massas, a tomada da Bastilha, que terminou com o oficial-chefe da prisão sendo esfaqueado e decapitado publicamente e tendo a cabeça exibida pelas ruas de Paris, estabeleceu o tom para os estágios iniciais da revolução. Mas essas exibições de raiva sempre eram acompanhadas por pedidos de justiça e de um novo sistema de governo, construído sobre os ideais iluministas de igualdade e liberdade.

No fim de agosto, os líderes da revolução haviam recuperado algum controle sobre os eventos e publicaram uma declaração de seus princípios (modelada, em parte, pela Declaração de Independência americana). Ela passou a ser conhecida como Declaração dos Direitos do Homem e do Cidadão e pedia um governo representativo e respeito pela dignidade humana. Em todo o Ocidente, o mistério sobre o caráter daquela tempestade no próprio coração da Europa rapidamente se tornou a questão da vez: Paris estaria nas mãos de um terror insano e violento ou à beira de uma nova ordem política, iluminista e racional?

A resposta inglesa a esses dias iniciais de revolução foi esmagadoramente positiva e os colegas whigs de Burke, em particular, acreditavam que os franceses se mobilizavam para liberalizar o governo, seguindo o modelo inglês. Charles James Fox, o líder do partido, respondeu à tomada da Bastilha com entusiasmo e deleite: "Esse é o maior evento já ocorrido no mundo! E o melhor!"[32] Inicialmente, a resposta do próprio Burke foi bem mais reservada. Ele reconhecia a injustiça do velho regime, mas se preocupava com o fervor violento dos revolucionários. "A Inglaterra olha atônita para a luta francesa pela liberdade, sem saber quem culpar e quem aplaudir", escreveu ele a um amigo em 9 de agosto.

> É impossível não admirar seu espírito, mas a velha ferocidade parisiense irrompeu de maneira chocante. É verdade que isso pode ser apenas uma explosão súbita; se assim for, nenhuma indicação pode ser retirada dela. Mas, se esse for seu *caráter*, e não um acidente, então o povo não está pronto

> para a liberdade e precisa de uma mão forte, como a de seus antigos mestres, para coagi-lo. Os homens devem possuir certo fundo de moderação natural para se qualificarem para a liberdade, ou se tornam nocivos para si mesmos e um incômodo para todos os outros. Acho difícil dizer qual será o caso.[33]

Esses sentimentos seriam seu julgamento menos negativo em relação à revolução. Com o tempo, conforme o caráter (e, especialmente, as ambições filosóficas) dos revolucionários se tornava mais claro, ele se transformaria de cético em oponente determinado. O ataque de outubro de 1789 a Versalhes, quando uma multidão atacou e quase matou a jovem rainha, o convenceu de que a revolução não apenas estava fora de controle, como também pretendia minar os profundos sentimentos e os elos comunitários que eram essenciais para manter a sociedade coesa. Ele temia que a revolução tivesse se transformado em profunda ameaça para a França e igualmente para seus vizinhos. Mais tarde, esse incidente levaria a alguns de seus mais famosos e eloquentes textos contra a revolução, mas suas cartas naquele outubro mostram claramente que a emoção expressada mais tarde não era fabricada, e sim genuína. Em 10 de outubro, ele escreveu ao filho sobre as últimas notícias da França e concluiu que "os elementos que compõem a sociedade humana parecem ter sido dissolvidos e um mundo de monstros parece ter sido produzido em seu lugar".[34] No encalço da Crise da Regência, ele viu a França combinar o governo das massas com precisamente o tipo de filosofia política fria e inflexível que o preocupara desde seus textos iniciais. Isso o deixou inseguro sobre o destino da estabilidade política que ele acreditava ser essencial para a liberdade.

Onde ele via caos e terror, contudo, Thomas Paine via a extensão natural tanto da revolução dos próprios Estados Unidos quanto do império dos direitos e do governo legítimo. Desanimado com a Crise da Regência, que em sua opinião revelou que os whigs e a sociedade inglesa em geral simplesmente não tinham estômago para a democratização radical, ele voltara suas ambições e esperanças para a França, para onde retornou alguns meses depois do início da Revolução Francesa. Ele conhecia os líderes iniciais da revolução (incluindo, especialmente, o marquês de Lafayette, que fora parte crucial da Revolução Americana), participou de suas deliberações e até teve pequena participação no esboço da Declaração dos Direitos do Homem e do Cidadão. Os eventos daquele verão o animaram e ele decidiu conseguir apoio para os revolucionários no mundo anglo-americano.

Inconsciente de que a opinião de Burke sobre a revolução era muito diferente da sua, enviou a seu antigo anfitrião várias cartas descrevendo a situação, na esperança de conseguir nele um importante amigo para a causa dos revolucionários em Londres. No processo, relatou muitas notícias que devem ter deixado Burke profundamente alarmado. A mais notável foi sua última carta, escrita em 17 de janeiro de 1790, passando adiante um relato de Thomas Jefferson (que acabara de voltar aos Estados Unidos, mas se mantinha extremamente bem informado sobre os eventos em Paris). A Assembleia Nacional, escrevera Jefferson com entusiasmo, estava disposta "a pôr fogo nos quatro cantos do reino e perecer com ele em vez de ceder um milímetro em seu plano para uma mudança total de governo". À evocativa descrição de Jefferson, Paine acrescentou que "a Assembleia está fixando os limites da divisão da nação em 83 partes, latitudinal e longitudinalmente. Pretende-se com isso apagar inteiramente o nome das províncias e, consequentemente, as distinções provinciais".[35] Ele claramente acreditava que esse agressivo esforço para superar antigos preconceitos e elos locais e estabelecer racionalmente uma nova identidade nacional para a França, a partir do zero, era tanto sábio quanto encorajador. Era um sinal do comprometimento do novo governo com o restabelecimento da sociedade francesa em novos e melhores princípios.

Ele esperava que o relato agradasse a Burke e o encorajasse a apoiar a causa revolucionária. Mas nada poderia ter sido mais preocupante para Burke que notícias de tal extremismo e de um esforço intencional para apagar elos locais bem estabelecidos, exceto, talvez, a ominosa promessa de Paine, feita em tom de esperança, de que "a revolução na França é certamente precursora de outras revoluções na Europa".[36] Essa carta desempenhou papel importante na confirmação das suspeitas de Burke e na incitação de seus piores medos sobre a revolução na França. O que o preocupava acima de tudo era a combinação de pretensões filosóficas e empenhada selvageria da revolução — o governo das massas se justificando com abstrações metafísicas. Paine com certeza não era defensor do governo das massas, mas sua justificativa para a revolução — o fato de que ela aplicava diretamente a filosofia política do Iluminismo, tentando provar os ideais do individualismo igualitário — era precisamente a que Burke mais temia, por seu corrosivo efeito na reverência do povo pelas instituições políticas e pelas tradições da sociedade.

E a perspectiva de contágio de tais filosofias — de difusão do sentimento revolucionário, em particular na Grã-Bretanha — passou a assombrar sua mente depois que leu um discurso de novembro de 1789 de Richard Price, proeminente e respeitado dissidente unitarista. Price se dirigiu à Sociedade Comemorativa da Revolução (da Revolução Gloriosa ou Inglesa de 1688) e observou que a Revolução Francesa confirmava princípios ingleses. Ele argumentou que, conforme a constituição inglesa, era inerente o direito do povo de derrubar o regime se seus direitos individuais — compreendidos em termos liberais iluministas — não fossem respeitados e que a política inglesa ficara atrás da francesa no esforço de colocar em prática seus próprios princípios. Em um rompante de entusiasmo, disse à plateia:

> Que período agitado! Sou grato por ter vivido para vê-lo [...] Vivi para ver *30 milhões* de pessoas, indignadas e resolutas, rejeitando a escravidão e exigindo liberdade com uma voz irresistível, conduzindo seu rei em triunfo e fazendo com que um monarca arbitrário se rendesse a seus súditos. — Após partilhar dos benefícios de uma revolução, fui poupado para testemunhar outras duas, ambas gloriosas. E agora acredito ver o amor pela liberdade contagiando e se difundindo.[37]

A Sociedade publicou o discurso em um panfleto e enviou uma cópia para a Assembleia Nacional francesa, com uma carta desenvolvendo seus temas e comentando, especialmente, "o glorioso exemplo dado pela França para encorajar outras nações a declararem os inalienáveis direitos da humanidade e introduzirem uma reforma geral no governo da Europa, para um mundo livre e feliz".[38]

Burke mais tarde escreveria, minimizando muito seus sentimentos, que ler o sermão de Price e a carta que o acompanhava lhe causara "considerável grau de desconforto".[39] Ele estava alarmado não apenas com a celebração dos eventos na França, mas, especialmente, com a tentativa de Price de remodelar a história inglesa nos moldes da Revolução Francesa. Price alegou que a própria Revolução Gloriosa estabelecera o princípio de que a monarquia estava sujeita a escolha popular (exatamente a opinião que Burke combatera durante a Crise da Regência) e, de fato, que ocorrera em defesa de "direitos inalienáveis". Era esse esforço para recrutar a constituição inglesa para a causa revolucionária que Burke podia pressentir nos pensamentos de seus colegas whigs; ele se oporia a isso de maneira muito determinada em seus textos sobre a França.

Ele resolveu responder à palestra de Price e começar a montar um caso contra a Revolução Francesa em todas as oportunidades, a despeito do sentimento reinante em seu próprio partido e em todo o país. Um debate na Câmara dos Comuns sobre gastos militares em fevereiro de 1790 forneceu sua primeira oportunidade. O debate anual sempre envolvia uma discussão geral sobre assuntos mundiais (dado que o estado da política mundial determinava as expectativas do governo em relação às necessidades militares) e ele sabia que a França teria grande espaço. A revolução prosseguia em ritmo acelerado, com o governo confiscando propriedades privadas e destruindo as estruturas e instituições do velho regime.

Quando o debate foi iniciado, o primeiro-ministro tory, William Pitt, assim como Fox e vários outros whigs, expressou apoio contido, mas firme, à revolução. As opiniões de Burke eram conhecidas por seus amigos mais próximos, mas não no Parlamento e, ao se levantar, ele sabia que causaria comoção. Ao destruir as fundações do regime existente e confiscar propriedade da Igreja, os franceses haviam destruído o equilíbrio de sua política e a liberdade de seu povo, argumentou ele, e estavam destinados ao desastre. Além disso, o problema não era apenas uma questão de má administração e execução — estava enraizado nos ideais fundamentais da revolução. A Declaração dos Direitos do Homem e do Cidadão estava cheia de tolo "abuso de princípios elementares que teria desgraçado um colegial". Era "um tipo de instituto e resumo da anarquia" e continha as sementes da catástrofe política. "Essa louca declaração", continuou ele, fizera com que a França infligisse a si mesma ferimentos normalmente só sofridos por nações em guerra e, de fato, "pode terminar por produzir tal guerra e talvez muitas outras".[40] A revolução era uma ameaça mortal à liberdade e nenhum amigo da liberdade deveria apoiá-la.

Ele estabelecera sua posição e, daquele momento em diante — a um grande custo para sua posição no partido e para imensa ira de muitos de seus amigos —, seria um oponente inflexível e muito público da Revolução Francesa. Ele a criticou em termos excessivamente duros em quase todos os campos imagináveis e ofereceu uma defesa severa do regime inglês contra o violento ataque de uma política teórica que pretendia destruir antigas instituições e práticas sociais.

Depois do debate na Câmara dos Comuns, Burke também percebeu que precisava completar sua resposta formal a Price, de modo que um contra-argumento pudesse ser apresentado em seus próprios termos. Enquanto pensava na melhor maneira de fazer isso, lembrou-se de uma carta que recebera em 1789 de um jovem francês chamado Charles-Jean-François Depont, perguntando suas opiniões sobre a revolução. Depont claramente esperava elogios, mas, em vez disso, recebera uma breve versão inicial do caso de Burke contra ela. Em sua resposta, ele argumentara contra o individualismo radical, o poder arbitrário, a dizimação das instituições sociais e uma política de teoria metafísica: "Devo adiar minhas congratulações por sua aquisição da liberdade. Vocês fizeram uma revolução, mas não uma reforma. Podem ter subvertido a monarquia, mas não recuperaram a liberdade."[41]

Em meados de 1790, Burke decidiu que a melhor resposta a Price seria uma segunda carta a Depont (embora, como estivesse destinada à publicação, o destinatário fosse mantido anônimo). Uma carta lhe daria mais liberdade na hora de organizar seu caso e exigiria menos formalidade ao apresentá-lo. Ele passou meses compondo a carta, que decidiu que seria publicada e distribuída como um longo panfleto, sob o título *Reflections on the Revolution in France and on the Proceedings of Certain Societies in London Relative to that Event: In a Letter Intended to Have Been Sent to a Gentleman in Paris* [Reflexões sobre a revolução na França e sobre as atitudes de certas sociedades londrinas em relação a esse evento: em uma carta que seria enviada a um cavalheiro em Paris]. Após numerosos esboços e revisões, o panfleto, desde então conhecido simplesmente como *Reflexões sobre a revolução na França*, finalmente foi publicado em 1º de novembro de 1790.

Reflexões é uma obra-prima de retórica. Em seu estilo, cadência, imagens e metáforas evocativas, é talvez o melhor texto de Burke. Mas é também uma profunda e séria obra de pensamento político e a primeira avaliação e dissecação embasada das alegações do liberalismo radical na era das revoluções. Ele começa com uma defesa do sistema inglês contra o que acredita serem distorções de Price e seus colegas. Ao sugerir que a Revolução Gloriosa legitimou o governo inglês porque ele fora instaurado por uma "monarquia eletiva", Price e outros teriam deslegitimado toda a história inglesa anterior.[42]

Ele avisa a seu correspondente francês que o esforço para apresentar a Revolução Francesa como extensão do liberalismo inglês busca fazer com que tanto franceses quanto ingleses aceitem uma perigosa novidade radical como presente dos segundos para os primeiros: "Não devemos, em nenhum dos lados do mar, aceitar a imposição de mercadorias falsificadas que algumas pessoas, por dupla fraude, exportam para vocês, de maneira ilícita, como commodities brutas de crescimento inglês, embora sejam completamente estranhas a nosso solo."[43]

Burke articula o significado do princípio hereditário no sistema inglês como não apenas sustentando a monarquia, mas também assegurando as liberdades do povo e o cumprimento das leis. E fornece um estimulante retrato do sistema misto inglês, justificado por seu enorme sucesso em fornecer uma vida nacional estável e bem-sucedida, ao mesmo tempo que evolui gradualmente para corresponder às necessidades do povo. Os radicais estão zangados e falam mais alto e com mais força que o restante da nação inglesa, que permanece contente — mas não se deve assumir que falam por todos: "Porque meia dúzia de gafanhotos sob um arbusto fazem o campo ressoar com seu inoportuno barulho, enquanto milhares de magníficas cabeças de gado repousam sob a sombra do carvalho inglês, ruminam e permanecem em silêncio, por favor não imaginem que aqueles que fazem barulho são os únicos habitantes do campo."[44]

A imagem da Grã-Bretanha como possuindo um tipo de calma profundamente enraizada está em toda parte na retórica de *Reflexões*. Burke desdenha abertamente das tentativas francesas de destruir suas antigas instituições sociais sob a influência de teorias infantis de vida social, indignas daquela grande nação. Discorda do individualismo e da teoria de Estado natural que dominam as discussões. Expõe sua própria teoria política — criada em seu livro — como resposta às teorias de direitos naturais subjacentes à revolução. E conclui com uma longa comparação entre os sistemas de governo francês e inglês, suas economias e ordens sociais. A comparação questiona seriamente a sabedoria dos revolucionários franceses e tenta destacar a relativa estabilidade, prosperidade e conforto da Grã-Bretanha, em um esforço para sugerir a seus compatriotas que emular a França seria desastroso. Elogiando o gradualismo da constituição inglesa e zombando do suposto radicalismo iluminista dos revolucionários franceses, sumariza sua visão dos limites da razão e do poder humanos:

> A cautela política, a circunspecção e a moral, e não qualquer inclinação à timidez, estão entre os princípios governantes de nossos fundadores em suas condutas mais decididas. Sem serem iluminados pela luz que os cavalheiros da França afirmam possuir em tanta abundância, eles agiram sob a forte impressão da ignorância e falibilidade da humanidade [...] Imitemos sua cautela se desejarmos merecer sua fortuna ou reter seu legado [...] Fiquemos satisfeitos em admirar, em vez de tentar seguir os voos desesperados dos aeronautas da França.[45]

Sua plateia em *Reflexões* era claramente inglesa e não, como afirmava seu estilo epistolar, um cavalheiro francês. Se fosse de fato uma carta a um francês, *Reflexões* teria sido grandemente inapropriado, jactando-se e zombando como faz. Mas, como carta a seus compatriotas, buscava tanto lembrá-los (ou persuadi-los) das origens e princípios de suas próprias instituições sociais e políticas — para lhes mostrar o que deveriam ser, insistindo que já o eram — quanto argumentar contra a França, tudo em nome de construir resistência aos apelos revolucionários.

A publicação da carta gerou enorme interesse e debate. "Que nos lembremos, nenhuma outra publicação gerou tanta ansiosa curiosidade", observou o *London Chronicle* alguns dias após a publicação.[46] O panfleto parece ter vendido cerca de 7 mil cópias em uma semana, o que o tornava um grande best-seller para a época.[47] Também gerou uma rápida série de respostas dos radicais ingleses, que ficaram horrorizados com sua substância e tom e especialmente surpresos em ver que vinha de Burke, que achavam ser um companheiro de jornada.

Notícias sobre essa veemente oposição à revolução chegaram a Paine na França, logo depois do primeiro discurso impetuoso de Burke no Parlamento, em fevereiro de 1790, e Paine compreendeu imediatamente que uma resposta era necessária. No acalorado debate cultural daquela era, tornava-se impensável não responder ao ataque de um crítico tão proeminente e efetivo. Quando também ouviu que Burke publicaria um panfleto contra a revolução, Paine prometeu a seus amigos franceses que escreveria uma resposta em sua defesa para o mundo de língua inglesa. Ele planejou transformar um ensaio que já estava escrevendo em tal resposta, assim que a carta de Burke fosse publicada.

O livro resultante, que Paine chamou, com seu instinto artístico habitual, de *Os direitos do homem*, é parte resposta a Burke e parte defesa autônoma dos princípios da Revolução Francesa. Ele oferece um argumento lógico, embasado, focado, passional e poderoso, feito com uma força retórica espantosa. Certamente entre as mais completas e mais amplamente lidas elucidações da visão de mundo básica subjacente à revolução, é sua obra teórica mais expressiva. Nele, seu ensino político — o conjunto de opiniões que permeiam o restante do livro — é exposto de forma integral. Sendo uma resposta a *Reflexões*, o livro marca o momento em que esses dois gigantes da era das revoluções se colocaram manifestamente um contra o outro e o grande debate que iniciaram se tornou verdadeiramente independente.

Publicado em março de 1791, *Os direitos do homem* faz ataques veementes a Burke e suas opiniões, chegando a se referir a rumores de suposta má conduta financeira de sua parte e descrevendo *Reflexões*, e particularmente seu estilo epistolar, como "exibição desenfreada e não sistemática de rapsódias paradoxais".[48] Burke teria entendido completamente errado tanto as causas quanto a natureza da revolução porque não possuía real entendimento da sociedade e da política francesas: "Como homens sábios ficam pasmos com coisas tolas e outras pessoas com coisas sábias, não sei como situar o pasmo do sr. Burke; mas ele certamente não compreende a Revolução Francesa."[49]

Sua defesa da revolução é notavelmente filosófica. Ele passa muito pouco tempo tratando do sofrimento das classes baixas sob o velho regime ou do abuso e dos excessos da aristocracia francesa. Começando com uma tentativa sistemática de refutar ou desdenhar os pontos principais de Burke, rapidamente se volta para uma defesa entusiástica da liberdade humana. Paine escreve com resoluta confiança na eficácia da razão na vida política. Ele argumenta que a revolução é o resultado de princípios inescapáveis da política e que, consequentemente, seu sucesso e extensão são inevitáveis. As objeções de seus oponentes, incluindo Burke, meramente expressam o alarme dos que veem que seus velhos e injustos sistemas de privilégio e opressão estão em perigo:

> O que são os governos atuais da Europa senão uma cena de iniquidade e opressão? E quanto à Inglaterra? Seus próprios habitantes não dizem que é um mercado no qual todo homem tem seu preço e no qual a corrupção é comum, à custa do povo iludido? Não surpreende, então, que a Revolução Francesa seja deturpada. Se tivesse se confinado meramente à destruição do flagrante despotismo, talvez o sr. Burke e alguns outros tivessem permanecido em silêncio. Agora gritam "Isso foi longe demais" — ou seja, foi longe demais para eles.[50]

A política de Paine é uma política de aplicação de princípios e ele acredita que a única maneira de resgatar a política construída sobre os princípios errados é destruí-la e reconstruí-la a partir do zero. Ele claramente acredita, como escrevera em *Senso comum* anos antes, que "temos o poder de reiniciar o mundo".[51] De fato, em *Os direitos do homem*, sugere que essa é a única maneira de construir uma sociedade justa. Também faz um ataque completo e vigoroso à regra hereditária e à aristocracia (um "mero sistema animal", inadequado à política racional) e ao direito de uma geração de impor suas noções e arranjos às gerações seguintes. A era do governo hereditário já passara:

> Não é difícil perceber, pelo iluminado estado da humanidade, que os governos hereditários estão em declínio e as revoluções, nas amplas bases da soberania nacional e do governo por representação, estão abrindo seu caminho na Europa.[52]

Paine expõe sua visão política mais detalhadamente em *Os direitos do homem* que em qualquer um de seus textos anteriores: uma visão do individualismo, dos direitos naturais e da justiça para todos, tornada possível por um governo à altura dos ideais republicanos. Ele está persuadido de que, com o tempo, tudo isso será possível. "Pelo que vemos agora, nada, em termos de reforma do mundo político, deve ser considerado improvável [...] É uma era de revoluções na qual tudo pode ser esperado."[53]

O que emerge é um conjunto de princípios consistente com seus textos durante a guerra americana, mas exposto de modo mais completo e filosófico e, consequentemente, mais claramente em conflito com as opiniões de Burke sobre o mundo. Como Burke, contudo, Paine se dirigiu ao público inglês e usou a questão da França para debater o regime inglês — seu passado e, especialmente, seu futuro. E certamente conseguiu atingir os leitores ingleses. *Os direitos do homem* possivelmente vendeu dezenas de milhares de exemplares e chegou a um público amplo, muito além da elite de Londres (e muito além do público do próprio Burke).[54]

A batalha dos livros

As linhas de batalha estavam traçadas e o público inglês estava muito engajado no debate. Também nos Estados Unidos, a troca atraiu imensa atenção e começou a esboçar linhas de batalha política que seriam permanentes. John Quincy Adams, filho do vice-presidente (e ele mesmo, é claro, futuro presidente), publicou uma série de ensaios em um jornal de

Boston sob o pseudônimo Publicola, oferecendo uma espécie de narração do debate Burke–Paine (alinhando-se mais ao primeiro que ao segundo). Na Virgínia, o senador James Monroe (defensor de Paine e outro futuro presidente) observou, em carta a Thomas Jefferson, que "a competição entre Burke e Paine [...] é assunto de discussão em todas as partes do estado".[55]

O livro de Paine foi a resposta mais significativa a *Reflexões sobre a revolução na França*, embora de modo algum tenha sido a única. De fato, dezenas de contrapanfletos surgiram rapidamente, a maioria de radicais e dissidentes ingleses que acusavam Burke de abandonar tanto os princípios whigs quanto seus próprios. Eles o acusaram de profunda inconsistência, dado seu apoio à Revolução Americana e sua declaração anterior (em seu panfleto de 1770 *Thoughts on the Causes of the Present Discontents*) de que a profunda insatisfação de toda uma população era prova de que o Estado precisava de séria reforma. Thomas Jefferson falou por muitos quando, depois de ler *Reflexões*, observou que "a revolução na França não me surpreende tanto quanto a revolução do sr. Burke".[56] Esse tema da inconsistência seguiria Burke pelo resto da vida e até depois, entre os historiadores.

Burke era atormentado por tais acusações e estava bem consciente do alcance de *Os direitos do homem*. Também estava alerta para a crescente brecha que causara entre os whigs com seu brusco rompimento com Fox. Assim, novamente decidiu defender sua posição por escrito. Em agosto de 1791, publicou *An Appeal from the New to the Old Whigs* [Um apelo dos novos aos antigos whigs] para tentar tratar de todos esses desafios ao mesmo tempo. *Appeal* articula muitas das mesmas ideias encontradas em *Reflexões* e textos anteriores, mas com mais luz e menos calor, e as insere em uma contenda mais profunda com algumas questões políticas e filosóficas básicas. Burke reivindica para si o manto da grande tradição whig e descreve seus oponentes no partido como famintos pela democracia radical. Ele trata diretamente de algumas alegações de Paine, fazendo longas citações de *Os direitos do homem*, mas sem jamais mencionar seu nome. Como *Reflexões*, *Appeal* está extremamente preocupado com as relações entre as gerações, embora, como David Bromwich astutamente observou, enfatize a conexão essencial entre presente e futuro, ao passo que *Reflexões*, em um tom muito mais conservador, trata primariamente do elo entre passado e presente — como veremos, uma diferença sutil, mas importante.[57] Mais que qualquer outra obra de Burke, *Appeal* apresenta uma robusta visão do tipo de vida social e política que ele defende.

Paine, nesse ínterim, retornou à Grã-Bretanha em julho de 1791 e começou a trabalhar duro na difusão de suas ideias. Após a publicação de *Appeal*, que percebeu (corretamente) como em grande parte uma resposta para si mesmo, decidiu escrever uma tréplica, na forma de uma segunda parte de *Os direitos do homem*, publicada em fevereiro de 1792. Essa sequência foi de muitas maneiras mais ambiciosa que o original e de todas as maneiras mais radical. Burke e Paine haviam forçado um ao outro até o cerne de suas diferenças: uma disputa sobre o que torna um governo legítimo, qual o lugar do indivíduo na sociedade e como cada geração deve pensar sobre aqueles que vieram antes e aqueles que virão depois.

A segunda parte de *Os direitos do homem* é, para começar, um ataque declarado ao governo monárquico, incluindo, bastante expressamente, a monarquia inglesa. É igualmente uma reflexão sobre as causas da pobreza e das dificuldades das classes mais baixas e, nesse sentido, oferece um modelo extremamente útil de como as ideias essenciais das teorias liberais iluministas indicam e se conectam com algumas formas tardias de política radical. Paine começa a trilhar o caminho do liberalismo: ele defende um sistema público de pensão para os pobres, educação pública gratuita, benefícios públicos para os pais, mais representação parlamentar para as classes baixas e um sistema progressivo de taxação. E até mesmo oferece um plano para a paz mundial, através do uso da razão e do conhecimento: "Se os homens se permitirem pensar como os seres racionais devem pensar, nada pode parecer mais ridículo e absurdo" que desperdiçar fundos públicos com despesas militares.[58] Ele nega cada premissa de Burke e aumenta as apostas do argumento.

Mas, quando seu segundo volume foi publicado, em fevereiro de 1792, a situação na França começava a parecer muito mais ominosa para os ingleses. A tentativa de manter uma monarquia constitucional falhara e o rei fora aprisionado, ao passo que a Assembleia Nacional manifestamente não conseguia manter a ordem em Paris e as finanças do país sob controle. Sua posição no poder era cada vez mais incerta, pois crescia o faccionalismo entre os revolucionários. Os explícitos pedidos de Paine por mudanças no regime inglês — um movimento arriscado em qualquer clima — se mostraram especialmente imprudentes naquele momento de crescente preocupação. Em maio de 1792, o governo tory de Pitt, com significativo apoio whig (incluindo o de Burke, embora ele se mantivesse notavelmente silencioso durante o debate, uma vez que seus colegas estavam conscientes de sua animosidade pessoal), publicou uma proclamação contra textos sediciosos — um movimento claro contra Paine. O projeto de lei não o mencionava pelo nome, mas o primeiro-ministro não foi tímido sobre seus objetivos. “Certos princípios expressados pelo sr. Paine”, disse Pitt na Câmara dos Comuns, “atacam a nobreza hereditária e almejam a destruição da monarquia e da religião.”[59] Paine, que estava em Londres, foi acusado sob a nova lei e, em setembro, partiu novamente para a França a fim de evitar o julgamento. Foi julgado e considerado culpado *in absentia* e jamais retornou à Grã-Bretanha.

Enquanto facções mais extremas assumiam o controle em Paris, a opinião pública inglesa continuava a mudar, manifestando-se contra os franceses e a favor da crítica visão de Burke sobre a revolução, que ele continuou a expressar em panfletos e discursos. Os poderes europeus haviam começado a se organizar contra o regime revolucionário e a guerra parecia cada vez mais provável no continente, enquanto, na França, a revolução se transformava em terror. A execução do rei francês em janeiro de 1793 gerou uma decisiva mudança de atitude em Londres e tanto o público inglês quanto sua liderança política rapidamente se tornaram decididamente antifranceses. No fim daquele ano, a Inglaterra estava oficialmente em guerra contra a França e a mudança no sentimento público que Burke buscara criar estava amplamente (embora, é claro, não simples ou inteiramente) realizada — com muita ajuda do desastroso curso da própria revolução.

Essa nova atitude contra a França, contudo, não resolveu as profundas questões trazidas à superfície pela revolução e discutidas com tanta paixão por Burke e Paine. A filosofia da revolução era essencialmente errônea ou os revolucionários franceses meramente não estavam à sua altura? A questão sobre essa filosofia — a questão sobre o caráter do moderno governo liberal — foi tratada com especial intensidade durante os dias iniciais da revolução, mas não começou nem terminou com o levante em Paris. Na onda da Revolução Francesa, essa questão claramente se tornou uma linha divisória crucial na vida política moderna.

Em um panfleto de 1796 intitulado *Letters on a Regicide Peace* [Cartas sobre uma paz regicida], Burke argumentou que a velha divisão da política inglesa entre um partido de prerrogativas reais e um partido de poder parlamentar estava no fim: "Esses partidos, que com suas dissensões tão frequentemente distraíram o reino, com sua união o salvaram e com sua colisão e mútua resistência preservaram a variedade e a unidade da constituição, [estão] quase extintos pelo crescimento de novos partidos."[60] Esses novos partidos, que chamou de *partido da conservação* e *partido dos jacobinos* (o nome da facção mais radical em Paris), se dividiriam ao longo do novo eixo revelado na Revolução Francesa — seriam, com efeito, os partidos de Burke e Paine.

Da mesma maneira, nos Estados Unidos, a Revolução Francesa aguçara um conjunto de diferenças que a Revolução Americana tendera a confundir, e, em meados dos anos 1790, a política da república americana estava nitidamente dividida em duas facções com visões muito diferentes dos eventos na França. Com essas duas visões, vinham diferenças correspondentes em uma variedade de questões domésticas e internacionais. Também aqui uma direita e uma esquerda começavam a se mostrar, muito ao longo das linhas que Burke e Paine haviam esboçado.

Enquanto suas ideias geravam seguidores e facções, Burke e Paine não permaneceram na cena ativa por muito tempo depois do capítulo final de seu confronto. Paine ficou na França durante quase todo o restante da revolução — até o outono de 1802. Mas, conforme os líderes do movimento se tornavam cada vez mais radicais e seus próprios amigos se retiravam para os bastidores, ele começou a se afastar do poder (chegando mesmo a passar vários meses na prisão por afiliação com rebeldes moderados, considerados insuficientemente fervorosos). Ele se devotou ao que achou ser o próximo capítulo lógico de seu projeto intelectual: um livro em defesa do deísmo — a visão de que a existência e a obra de Deus são acessíveis pela razão, sem necessidade de revelações ou religiões organizadas — e, consequentemente, contrário à maioria das religiões estabelecidas. Esse livro final de Paine defendia precisamente o argumento contra o qual se opusera o primeiro texto de Burke, décadas antes.

Paine acreditava que uma era de governo liberal iluminista traria consigo uma percepção religiosa igualmente liberal iluminista, que desencorajaria os conflitos sectários que durante tanto tempo haviam dividido a Europa: "À revolução no sistema de governo se seguiria uma revolução no sistema religioso."*[61] Mas como seu livro, que chamou de *A era da razão*, criticava as formas tradicionais de religião organizada com a mesma fervorosa paixão pela justiça de seus textos políticos, ele se colocou tão decididamente contra o cristianismo que era inevitável que gerasse controvérsia e lançasse uma sombra sobre sua própria reputação, especialmente nos Estados Unidos. "De todos os sistemas religiosos jamais inventados", escreveu, "não há nenhum mais derrogatório ao Todo-poderoso, mais aniquilador para o homem, mais repugnante para a razão e mais contraditório que essa coisa chamada cristianismo."*[62] Tendo composto tais linhas, como poderia esperar algo além da hostil recepção que o livro rapidamente recebeu em ambos os lados do Atlântico?

Quando retornou aos Estados Unidos em 1802, a convite do novo presidente, seu caro amigo Thomas Jefferson, ele descobriu que seu ataque ao cristianismo e seu radicalismo político o haviam transformado em uma espécie de para-raios. Continuou a escrever, mas já não estava ativo na vida política e somente ocasionalmente oferecia conselhos a Jefferson e seus aliados. Com a saúde e as finanças em condições precárias, passou seus últimos dias em relativa pobreza em uma pensão em Nova York. Morreu em 8 de junho de 1809 e foi enterrado em New Rochelle, Nova York.

Burke também estava finalizando seus projetos políticos em meados dos anos 1790, quando seu confronto com Paine chegou ao auge. O julgamento de Hastings, que se arrastara por sete anos, chegou ao fim em 1794, com uma desapontadora absolvição. Burke já declarara sua intenção de deixar o Parlamento após a conclusão do julgamento e, aos 64 anos e amplamente vindicado em sua cruzada contra a revolução, foi o que fez.

Suas esperanças se voltaram para o filho, Richard, que poderia ocupar seu assento na Câmara dos Comuns. Tudo parecia certo para o sucesso desse plano quando, no verão de 1794, Richard Burke ficou seriamente doente. Morreu em agosto do mesmo ano, deixando o pai subitamente alquebrado e desesperançado. Os três últimos anos de Burke foram passados em luto e ocupados com a defesa de sua honra contra as espúrias acusações de corrupção que cercavam sua pensão e com o reforço da determinação inglesa contra os franceses. Ele morreu em 9 de julho de 1797, ativamente engajado na guerra de ideias sobre o futuro da Inglaterra. O Parlamento estava preparado para deixá-lo repousar entre os mais celebrados homens da Grã-Bretanha, na abadia de Westminster, mas, de acordo com seu testamento, ele foi enterrado perto de sua casa, em Beaconsfield.

Para além da biografia

Revisando essas duas intensas e movimentadas carreiras políticas e intelectuais, podemos achar difícil não nos sentirmos atordoados pelo escopo e pela variedade dos desafios enfrentados pela política anglo-americana daquela época. E, contudo, se consideramos a essência das opiniões de Burke e Paine, o que se destaca não é a diversidade de assuntos, mas a consistência de temas e argumentos na obra de cada um deles e a abrangente unidade de sua longa discordância. Seus principais argumentos, preocupações e convicções permaneceram notavelmente estáveis durante três décadas de turbulência. E ambos trataram essencialmente do mesmo conjunto de questões, chegando a conclusões severamente diferentes.

Nesse sentido, a cronologia histórica de sua disputa, embora seja crucial para a compreensão das questões em jogo, não revela a verdadeira forma de seus argumentos. Os contornos filosóficos do grande debate não são integralmente capturados por seus contornos históricos. Em vez disso, devemos persegui-los retirando cuidadosamente os mais profundos argumentos do intenso *staccato* do combate intelectual e político cotidiano, colocando-os em tal ordem que permita a consideração de suas hipóteses e argumentos e sua aplicação nos padrões da vida política. Esse é um trabalho não tanto de história, mas de filosofia política — que nos permite olhar para além do intenso fluxo de eventos e descobrir como as ideias movem a política.

Os capítulos que se seguem aplicam esse método ao profundo debate entre Burke e Paine, e buscam revelar os argumentos que ainda moldam nossos tempos. Começaremos onde ambos começaram: que concepção de natureza e natureza humana deve servir como pano de fundo para as decisões políticas e qual o lugar da história em tais decisões. Em seguida, consideraremos suas ideias muito diferentes sobre direitos naturais e políticos, e analisaremos suas opiniões sobre as relações sociais e políticas. Depois, veremos sua abordagem do lugar da razão no pensamento político e suas visões sobre os modos e fins adequados para tal pensamento. Somente após examinar essas facetas de sua profunda discordância, abordaremos o assunto que geralmente surge primeiro nas discussões sobre eles: suas opiniões sobre mudança política, reforma e revolução. Finalmente, depois de termos observado essas facetas do argumento, destacaremos a crucial corrente comum nos amplos e variados debates entre os dois: a disputa sobre o status do passado e o significado do futuro na vida política — uma questão incomum e pouco familiar que, até hoje, frequentemente se aninha silenciosamente no âmago de nossa própria política.

2

Natureza e história

Para revelar as bases filosóficas dos debates políticos, temos primeiro de assumir que o que ocorre na política responde a algo mais que apenas as preferências passageiras e os interesses materiais das pessoas. Se as ideias políticas são aplicações de ideias filosóficas — de alguma concepção sobre o que é verdadeiro e bom na vida —, então os debates políticos sérios devem estar enraizados em diferentes hipóteses filosóficas. Como tais diferenças envolvem o que jaz sob os eventos e argumentos, elas muitas vezes se resumem a disputas sobre o que presumimos ser verdadeiro por natureza em relação aos seres humanos. É por isso que os debates sobre filosofia política muitas vezes começam com debates sobre a natureza e a natureza humana. Mas o significado desses termos — natureza e natureza humana — não é simples ou óbvio. Ele mesmo está sujeito a intenso debate, e esse debate prévio sobre o que queremos dizer com "natural" frequentemente é um indicador das hipóteses que guiam nosso pensamento político.

Tais diferenças são poderosamente evidentes no debate Burke-Paine e ambos estavam excepcionalmente conscientes disso. Desde seus textos mais iniciais, ambos buscaram basear seus argumentos em concepções da natureza e da natureza humana e do que deveriam significar para a vida política. Com efeito, suas disputas começaram com um debate sobre a natureza e sua relação com a história; desse modo, nosso exame de suas opiniões começará no mesmo lugar.

A sociedade natural de Paine

Para o leitor moderno de *Senso comum*, de Thomas Paine, as seções iniciais inevitavelmente são uma surpresa. Dada a imensa influência de sua defesa da independência americana e sua reputação como possuidor de retórica brilhante e avassaladora, esperamos ser saudados com uma chamada passional às armas e um catálogo das ofensas inglesas. Mas ele demora a chegar à crise americana (que só aparece na terceira seção do panfleto) e, em vez disso, inicia um experimento conceitual que insiste ser essencial para fundamentar qualquer teoria política: "A fim de obter uma ideia clara e justa do modelo e dos objetivos do governo, suponhamos que um pequeno número de pessoas tenha se instalado em uma parte isolada da Terra, desconectada do restante. Elas representarão o primeiro povoamento de qualquer país ou do mundo. Nesse estado de liberdade natural, a sociedade será seu primeiro pensamento."[1]

Paine argumenta pela justa resolução da disputa anglo-americana — como argumentará por uma variedade de causas políticas durante a longa carreira que se iniciou com esse panfleto — a partir de princípios políticos fundamentais. Ao tentarmos compreender as instituições políticas e sociais, precisamos buscar suas origens mais antigas e suas raízes mais profundas; só podemos realmente compreendê-las ao saber de onde vieram. "O erro dos que raciocinam sobre os direitos do homem a partir de precedentes retirados da antiguidade", explica ele em *Os direitos do homem*, "é que não recuam o bastante. Não percorrem o caminho todo."[2]

Esse "caminho todo", como repetidamente deixa claro, envolve olhar não para a história, mas para além dela, para a natureza. E, por "natureza", ele quer dizer a condição que precede todos os arranjos sociais e políticos e, logo, os fatos relacionados àquilo que todo ser humano é, independentemente de circunstâncias sociais ou políticas. Nossa natureza permanece exatamente como era no início da raça humana, dado que nossos vários arranjos sociais não mudam o que somos por natureza — o que cada ser humano sempre foi e sempre será. E, assim, nossa natureza básica deve ser a fundação de nosso pensamento político — de nosso entendimento do que são seres humanos e como devem viver juntos.

Ele começa quase todos os seus textos principais repetindo essas afirmações básicas, essas características-chave que vieram de Thomas Hobbes, John Locke e outros pensadores políticos do Iluminismo. É o ponto de partida de sua filosofia: a reflexão sobre política deve começar com os fatos naturais permanentes sobre os seres humanos, o que significa que deve começar com o próprio homem, separado da sociedade (e, portanto, em essência, antes da sociedade).[3] A única fonte confiável de autoridade é a original: "Se uma disputa sobre os direitos do homem tivesse ocorrido cem anos depois da criação, teria sido a essa fonte de autoridade que teriam recorrido e é a ela que devemos recorrer agora."[4] Ele argumenta que, quando olhamos para a política dessa maneira — como se toda a história humana nunca tivesse ocorrido —, "somos imediatamente levados ao ponto em que o governo começou, como se vivêssemos no início dos tempos. O real volume, não de história, mas de fatos, está diretamente diante de nós, não mutilado por maquinações ou pelos erros da tradição".[5]

E quais são, exatamente, esses fatos oferecidos pela natureza? O que vê Paine ao olhar para além da história, para nosso início natural? O próprio método de buscar a condição humana natural dessa maneira sugere a ele um fato inescapável sobre o homem: em sua origem, o homem é um indivíduo. Como não mantém relações sociais, não é tolhido por distinções sociais e, portanto, é igual a todos os outros homens. As hierarquias sociais não possuem fundação natural:

> Todas as histórias sobre a criação [...], por mais que possam variar em opiniões ou crenças sobre certas particularidades, concordam em estabelecer um ponto: a unidade do homem. Com isso, quero dizer que todos os homens estão no mesmo nível e, consequentemente, nascem iguais e com os mesmos direitos naturais, como se a posteridade tivesse se dado por criação e não por geração, com a última sendo apenas a maneira pela qual a primeira é levada adiante. Consequentemente, cada criança nascida neste mundo deve ser considerada como tendo derivado sua existência de Deus. O mundo é tão novo para ela quanto era para o primeiro homem, e seus direitos naturais neste mundo são da mesma natureza.[6]

Aqui, ele fala claramente sobre algo que os outros teóricos liberais tendiam a não explicitar. Imaginar que não mudamos desde o início dos tempos significa acreditar que os modos humanos de geração e a sucessão de gerações através dos tempos não dizem nada de muito importante sobre a vida humana. Ou seja, as relações e distinções sociais construídas através das gerações não possuem autoridade inerente.

E isso significa igualmente que os seres humanos são sempre mais completamente compreendidos como indivíduos distintos e iguais. A sociedade e o governo envolvem grupos desses indivíduos — organizados por si mesmos e para seu benefício —, mas esses grupos jamais superam por completo o caráter essencialmente solitário do ser humano. "Uma nação é composta de indivíduos distintos e desconectados [...] e o bem público não é um termo oposto ao bem individual; ao contrário, é o bem de cada um dos indivíduos reunidos."[7]

Em busca desse bem, os indivíduos começam a se reunir em grupos. Assim como o homem é mais bem entendido por suas origens, também o são a sociedade e o governo, e, por isso, Paine afirma que ambos são coisas distintas. Os homens originalmente se unem por necessidade e desejo de companhia. "Nenhum homem é capaz, sem ajuda da sociedade, de suprir suas próprias necessidades. Essas necessidades, agindo sobre cada indivíduo, impelem o conjunto para a sociedade, tão naturalmente quanto a gravidade age para um centro." E, assim como a necessidade, a natureza cria o desejo pela sociedade: "Ela não apenas forçou o homem à sociedade por uma diversidade de necessidades que a ajuda recíproca podia suprir como também implantou nele um sistema de afetos sociais que, embora não sejam necessários para sua existência, são essenciais para sua felicidade."[8] Os seres humanos, portanto, são criaturas sociais com necessidades e desejos que vão além de si próprios. Mas, mesmo com o objetivo de avaliar sua sociabilidade, são mais bem entendidos como indivíduos iguais e separados.

Em sua descrição dessa condição humana natural, Paine soa muito como os teóricos iluministas liberais de seu tempo e também como John Locke, em quem eles se basearam. Para defender os direitos individuais e a igualdade social, esses pensadores construíram teorias sobre como os indivíduos primeiro formaram sociedades. Mas, mais que a maioria e certamente mais que Locke, ele enfatiza a diferença entre a reunião de seres humanos em sociedades — levados pelas necessidades e pelo desejo de companhia — e o estabelecimento de governos sobre essas sociedades.

Para ele, há um passo intermediário crucial entre o estado natural e a comunidade política: a sociedade natural que existiu inicialmente, sem governo. Quando os seres humanos se reuniram em sociedade, os motivos e as necessidades que os reuniram governaram naturalmente sua cooperação e eles atingiram um grau relativamente sofisticado de vida social, sem necessidade de governo. Mas, com o tempo, ao conseguirem superar essas necessidades, relaxaram em seus deveres e alguma forma de governo se tornou imprescindível para conter seus vícios.

Paine se preocupa mais com essa distinção entre sociedade e governo que muitos dos teóricos liberais que vieram antes dele, porque ela é crucial para sua defesa da revolução, tanto nos Estados Unidos quanto na França.[9] E ele tem uma resposta para a acusação (feita por Edmund Burke, entre outros) de que uma revolução total traria a dissolução da própria sociedade e tornaria ilegítimo qualquer governo que se seguisse. Primeiro, a sociedade é mais antiga e importante que o governo. Segundo, a revolução consiste em uma reversão à sociedade natural, com o objetivo de estabelecer um novo governo a partir das mesmas origens do antigo, mas melhor e mais justamente formado e organizado. "Grande parte da ordem que reina entre a humanidade não é efeito do governo", argumenta ele em *Os direitos do homem*. "Ela tem sua origem nos princípios da sociedade e na constituição natural do homem. Existia antes do governo e continuaria a existir mesmo que a formalidade de um governo fosse abolida."[10] Ele considera a sociedade original uma função da natureza humana, ao passo que o governo é um artifício criado pela vontade humana e, portanto, está sujeito aos julgamentos imperfeitos e, especialmente, à corrupção pelo poder e pela ganância.

Mas a sociedade natural continua permanentemente acessível. Como é essencialmente uma função da natureza humana, sempre podemos voltar a ela se o governo convencional falhar em realizar suas funções ou violar os direitos dos cidadãos. Tal reversão permite que a sociedade "volte à natureza em busca de informações" e se "regenere".[11] Assim, como afirma sua famosa declaração, "temos o poder de reiniciar o mundo".[12] Ao depor nosso governo, podemos regenerar nossa sociedade original e "ver o governo começar como se vivêssemos no início dos tempos".[13]

É isso que uma revolução significa para ele: essencialmente, um retorno ao passado distante para recomeçar e fazer melhor. "O que antes chamávamos de revoluções", diz ele em *Os direitos do homem*, "eram pouco mais que uma mudança de pessoas ou uma alteração de circunstâncias locais [...] Mas o que vemos agora no mundo, nas revoluções nos Estados Unidos e na França, é uma renovação da ordem natural das coisas, um sistema de princípios tão universal e verdadeiro quanto a existência do homem, combinando moral com felicidade política e prosperidade nacional."[14]

A renovação que tinha em mente, contudo, não era um retorno a algum período anterior da história humana registrada. Em vez disso, ele buscava um retorno à pureza da natureza, que, embora devesse informar nossa vida política, jamais fora adequadamente colocada em prática como princípio organizador do governo. Nisso, sua ética revolucionária era realmente progressista, ainda que olhasse para trás, para o próprio início da política. Ela se entendia como inovadora porque começava com uma concepção da natureza que jamais fora alcançada. A natureza sempre fora como era, mas estava apenas começando a ser compreendida: "Embora se possa provar que o sistema de governo agora chamado de novo é mais antigo em princípio que todos que já existiram, sendo fundado nos originais e inerentes direitos do homem, como a tirania e a espada suspenderam o exercício desses direitos durante muitos séculos, em nome da distinção é melhor chamá-lo de novo que reivindicar o direito de chamá-lo de antigo."[15]

Ele considera a maior parte da história humana, até sua própria época iluminista, um desvio do esforço de compreender os princípios adequados de governo: "[As pessoas] tiveram tão poucas oportunidades de fazer os necessários julgamentos sobre os modos e princípios de governo, a fim de descobrir o melhor, que o governo está apenas começando a ser conhecido."[16]

E o governo estava apenas começando a ser conhecido porque a própria natureza estava apenas começando a ser adequadamente conhecida. Como a maioria de seus contemporâneos do fim do Iluminismo, ele se baseava fortemente na visão de mundo da nova ciência natural ao formular suas ideias de natureza. Apenas meio século depois da morte de Isaac Newton, a era em que Paine viveu ainda estava mesmerizada pela revolução na física — uma revolução que parecia abrir infinitas possibilidades para a conquista da natureza e o empoderamento do homem. E o princípio fundamental dessa nova ciência era a compreensão da natureza como consistindo de forças distintas e separadas agindo sobre objetos distintos e separados de acordo com regras racionais — em vez de (como na antiga ciência de Aristóteles que substituíra) inteiros orgânicos definidos pelos fins que deveriam atingir.

Como muitos de seus contemporâneos, Paine considerava sua filosofia política uma aplicação dessa nova maneira de compreender a natureza. Essa é uma das razões pelas quais coloca tanta ênfase em traçar as coisas até suas origens e por que, ao falar dos "fatos" da natureza, parece ter em mente princípios — leis e regras racionais — que estabelecem os limites da ação, em vez de um modelo orgânico de inteiros complexos interagindo. "Retiro minha ideia sobre a forma de governo de um princípio da natureza que nenhuma arte pode superar", escreveu ele, "qual seja, que quanto mais simples for uma coisa, menos provável será de ser desordenada e mais fácil de reparar se desordenada."[17]

A distinção entre natureza e "arte" — ou ação humana intencional — é crucial e determinante para ele: a natureza é aquilo que é inerente ao homem, estando ausentes o esforço e a vontade, ao passo que a arte é o produto do trabalho humano. A natureza está lá para ser compreendida e essa compreensão produz um conjunto de regras para guiar nossas escolhas. Apresentando-se como um conjunto de leis generalizáveis, a natureza é, na maioria dos aspectos, uma abstração.

A natureza, portanto, é um conjunto de fatos ou axiomas sobre o homem e seu mundo, que descreve tudo aquilo que o próprio homem não criou. É ordenada, racional e governada por regras abstratas com aplicações gerais. Podemos compreender melhor a natureza ao reduzi-la a suas partes mais simples e traçá-las de volta até suas origens, onde são mais prontamente discerníveis.

Como definidos por ele, a sociedade é uma função da natureza e o governo é um produto da arte. Mas os objetivos do governo são definidos pelos direitos e limites naturais do homem e, portanto, embora os homens criem o governo, devem criá-lo com os fatos da natureza em mente e de maneira a proteger as prerrogativas e os direitos naturais de cada homem e assegurar a liberdade natural e os interesses de todos. A ciência do governo, assim, começa com o conhecimento da natureza por meio da razão, e o governo pode ser julgado por quão efetivamente respeita a liberdade e a igualdade individuais do homem.

Paine acredita que o fracasso em formar governos de acordo com essa compreensão é responsável pelas falhas na política. "Será que podemos supor", pergunta-se ele, "que, se os governos tivessem se originado de um princípio correto e não tivessem se interessado em perseguir os incorretos, o mundo não estaria na condição deplorável e conflituosa em que o vemos hoje?"[18]

Para avaliar a legitimidade dos governos existentes, ele afirma que devemos olhar para os preceitos da natureza — especialmente os princípios de igualdade e individualidade humanas, que dão a cada homem o mesmo direito que todos os outros de determinar o curso do governo. Isso significa que somente o poder voluntariamente concedido é legítimo e que somente o governo por consentimento é justo. "Todo poder exercido sobre uma nação deve ter um início", escreveu ele. "Deve ser delegado ou assumido. Não há outra fonte. Todo poder delegado é confiança, todo poder assumido é usurpação. O tempo não altera a natureza nem a qualidade de nenhum deles."[19] Por mais longe que estejamos dele, devemos olhar para o início de nossa sociedade a fim de determinar que tipo de sociedade somos, e aqueles que se recusarem a olhar não poderão fazer julgamentos sobre legitimidade.

Em sua origem, um governo legítimo é estabelecido pela escolha das pessoas. Quando movidas pela necessidade de criar um regime, elas se reúnem, formando um tipo de parlamento em que cada cidadão tem seu próprio assento "por direito natural". Mas, com o tempo e o crescimento da comunidade, torna-se impossível todos cuidarem pessoalmente e o tempo todo das questões públicas e, assim, as pessoas nomeiam representantes "que agem da mesma maneira que todo o corpo de pessoas agiria se estivesse presente".[20] De acordo com Paine, essa democracia representativa é a forma de governo mais alinhada com a natureza.

Mas, é claro, não era a forma mais comumente encontrada no mundo em seu tempo. Ele acreditava que a forma mais comum naquela época, a monarquia, traçava suas origens, sem exceções, a algum usurpador que se estabelecera sobre os outros pela força. Não havia justificativa na natureza para tal poder desigual e, portanto, também não havia justificativa na prática. "Quando os homens são separados em reis e súditos, ou quando o governo é mencionado sob os distintos ou combinados títulos de monarquia, aristocracia e democracia, o que o homem racional deve entender por esses termos? Se realmente existissem no mundo dois ou mais distintos e separados elementos de poder humano, deveríamos ver várias origens às quais esses termos se aplicariam descritivamente; mas, como há somente uma espécie de homem, só pode haver um elemento de poder humano, e esse elemento é o próprio homem."[21] Quanto aos reis, afirma ele com claro desdém em *Senso comum*, "como a natureza não os conhece, eles não a conhecem e, embora sejam seres de nossa própria criação, não nos conhecem e se tornaram os deuses de seus criadores".[22]

Os reis e os nobres em geral tentam se retratar como possuidores de elevadas origens, perdidas nas névoas da história, algo que Paine não aceita: "É mais que provável que, se pudéssemos retirar a escura cobertura da antiguidade e rastreá-los até seu surgimento, encontraríamos o primeiro deles sendo nada melhor que o principal rufião de alguma gangue agitada, cujas maneiras selvagens ou proeminência em sutileza lhe asseguraram o título de chefe entre os saqueadores."[23] E, pior ainda, os monarcas passam seu poder ilegítimo para os filhos, negando os direitos naturais do povo para além de suas próprias vidas. Por causa de sua insistência na importância das origens, Paine considera o princípio da hereditariedade praticamente a raiz de todo o mal. Ao compelir os homens a aceitarem as decisões das gerações passadas, ele lhes nega seu direito natural à autodeterminação e, portanto, é um princípio de governo profundamente antinatural.

Assim, de modo consistente, ele afirma a supremacia da natureza (compreendida em termos de princípios acessíveis à razão) sobre a história (compreendida como um catálogo dos fracassos humanos em aplicar princípios adequados à política). Os fatos que a natureza ensina sobre os seres humanos explicam por que as sociedades surgiram e nossa natural imperfeição explica por que o governo legítimo é necessário, ao passo que a existência de governos ilegítimos explica as guerras, a pobreza e infinitos outros problemas. A solução é substituir os governos ilegítimos por outros, mais alinhados com a emergente compreensão da natureza do homem, e, dessa forma, avançar a causa da paz natural. O fim de uma revolução política propriamente compreendida é o retorno à sociedade natural com esse objetivo em mente. A maior parte das ideias políticas de Paine começa com essas reflexões sobre a natureza e persegue suas implicações.

A sociedade histórica de Burke

Edmund Burke começou a própria carreira pública ao rejeitar precisamente a visão de natureza e suas relações com a política que acabamos de ver expostas por Paine. Sua principal obra, *A Vindication of Natural Society* [Defesa da sociedade natural], publicada em 1756, afirma em essência que olhar para além de todas as instituições convencionais e aceitar somente a natureza (compreendida estritamente como um conjunto abstrato de regras) como fonte de autoridade ou insight sobre as questões humanas seria bastante corrosivo para a vida política e social.

Na satírica voz de *Vindication*, ele zomba da ideia de que as pessoas podem fazer algum progresso ao assumir que toda a história humana foi essencialmente um fracasso porque todos os governos existentes foram corrupções da condição natural original. Paine usava esse método para atacar a monarquia e a aristocracia; Burke, em *Vindication* e outras publicações, sugere que tal método poderia facilmente solapar qualquer outra forma de governo e, de fato, qualquer outra instituição humana.

Em primeiro lugar, ele acredita que o método é errado porque dá excessivo valor aos inícios sociais e políticos. E considera a exposição das origens uma empreitada errônea, desnecessária e potencialmente destrutiva. Um governo não deriva sua legitimidade de princípios adequados retirados da natureza. Em vez disso, desenvolve-se ao longo do tempo, em linhas que servem às necessidades e ao bem-estar do povo e, portanto, indicam alguma ideia natural sobre o que é bom.

O início de qualquer sociedade, escreve, quase certamente envolve algum tipo de barbarismo (para não dizer crime). Mas, com o tempo, ao responder lentamente a exigências circunstanciais, as sociedades desenvolvem formas mais maduras — um processo que, como afirma em *Reflexões sobre a revolução na França*, "leva à legalidade governos inicialmente violentos".[24] Um retorno ao início, desse modo, não ofereceria uma oportunidade para começar de novo com base nos princípios adequados, mas, ao contrário, traria o risco de reversão ao barbarismo. "Existe um véu sagrado que deve ser lançado sobre o início de todos os governos" porque há pouco a aprender com sua exposição, que traz consigo riscos muito reais — especialmente o de enfraquecer a lealdade do povo para com seu regime ao expor suas origens imperfeitas.[25]

Essa rejeição da importância do início separa Burke da vasta maioria dos pensadores políticos da tradição ocidental — de Platão e Aristóteles, passando por Hobbes e Locke, e chegando a seus sucessores modernos. Esses pensadores argumentam que a fundação é um momento político crucial, quando o caráter do regime recebe sua forma decisiva.[26] Como será detalhado nos próximos capítulos, Burke afirma que um regime assume sua forma com o tempo e jamais é, realmente, "efeito de uma única e instantânea regra". Assim, sua forma original (e muito menos a origem de toda a sociedade política) não é tão crucial quanto sua forma e sua função atuais e seu desenvolvimento até esse ponto.[27]

Paine critica intensamente essa denigração dos inícios, argumentando que é simplesmente um esforço para não confrontar as origens particularmente ilegítimas da Grã-Bretanha: "Algo o proíbe de olhar para o início, com medo de que algum ladrão ou Robin Hood se erga da longa obscuridade e diga 'Eu sou a origem'."[28] Burke reconhece seu receio, notando que a familiaridade íntima com as origens bárbaras de seu regime pode solapar o patriotismo do povo. Mas sua maior preocupação é que, ao olhar para a história em busca da natureza, as pessoas ignorariam a melhor fonte disponível de sabedoria e instrução, procurando por uma fonte que ofereceu pouco ou nenhum conhecimento útil sobre a vida política.

Ele jamais se preocupa em contestar as alegações de Paine e de outros teóricos liberais sobre o que a natureza pré-social do homem pode nos dizer, pois, para começo de conversa, acha absurdo pensar sobre um homem pré-social.[29] Isso não significa que compreender a natureza do homem não seja crucial para compreender a sociedade e a política, mas ele argumenta que, para aprender sobre a natureza do homem, precisamos entender o homem como ele é e, pelo que sabemos, sempre foi: uma criatura social, vivendo com outros homens em uma sociedade organizada e com governo. Imaginá-lo solitário e associal é ignorar o próprio homem em busca de uma abstração que tem pouco a nos ensinar. "Considero em minhas contemplações o homem social civil, e nenhum outro", escreve.[30]

As instituições sociais certamente são convencionais. Elas "frequentemente são invenções de profunda sabedoria humana (e não direitos do homem, como algumas pessoas — não muito sabiamente, em minha opinião — as chamam)".[31] Mas faz parte da natureza humana efetuar tais convenções, e cometemos um sério erro ao fazermos severa distinção entre natural e artificial nos assuntos humanos e, portanto, ignorarmos tudo o que o homem realiza no mundo ao buscarmos compreender sua natureza. "A arte faz parte da natureza humana", argumenta ele. "Na maturidade, estamos no mesmo estado natural que estávamos na imatura e desamparada infância [...] o estado da sociedade civil [...] é um estado natural e muito mais verdadeiro que um modo de vida selvagem e incoerente."[32] Esse esbatimento da distinção entre natureza e artifício é um movimento crucial para ele, distinguindo-o nitidamente de Paine e de outros teóricos liberais iluministas da época. Burke demonstra, na apta frase de David Bromwich, "respeito pela sociedade e pela natureza como elementos de um único ambiente humano".[33]

Como vimos, a distinção entre artifício e natureza é crucial para a visão de mundo de Thomas Paine porque sua principal acusação aos regimes corruptos — as aristocracias e monarquias — é a de erguerem barreiras artificiais entre a natureza e o homem e, dessa forma, negarem aos seres humanos individuais seus direitos naturais. Uma revolução, como Paine a vê, derruba todas as convenções e retorna às condições originais das quais os regimes emergem, para regenerar e recomeçar. Ao negar a completa distinção entre natural e artificial ou convencional, portanto, Burke nega a possibilidade de tal reversão. Os regimes, diz ele, são construídos primariamente sobre convenções e são naturais no sentido de que talentos artísticos e artifícios são naturais ao homem. Uma sociedade não pode ser baseada em direitos que só existem fora da sociedade.

"Os pretensos *direitos do homem* que causaram toda essa confusão", escreve em 1791 em relação à Revolução Francesa, em resposta direta a Paine, "não podem ser os direitos do povo. Pois ser povo e ter esses direitos são coisas incompatíveis. Um supõe a presença e o outro a ausência de um estado de sociedade civil."[34] Um povo, portanto, não pode retornar a um estado pré-social no qual tais direitos são efetivos porque, ao fazê-lo, deixa de ser povo. E continua:

> A ideia de povo é a ideia de corporação. É totalmente artificial e construída, como todas as outras ficções legais, por comum acordo [...] Assim, quando os homens rompem o contrato ou acordo original que dá forma corporativa e capacidade a um Estado, já não são um povo, já não possuem existência corporativa, uma força conjunta a qual se unirem ou o direito à reivindicação de serem reconhecidos no exterior. São um número de indivíduos vagamente coesos e nada mais.[35]

A ideia de revolução de Paine, portanto, parece uma receita para o suicídio social, porque se baseia na presunção — que Burke acredita ser falsa — de que, pela natureza das coisas, a sociedade persistirá quando seu regime for dissolvido. Na onda de tal dissolução, argumenta Burke, não haverá regras ou métodos para que um novo regime possa se formar: nenhuma proteção à propriedade ou às pessoas, nenhuma razão para seguir um líder ou aderir ao domínio da maioria, nenhuma maneira de se "regenerar".

De fato, ele considera apavorante o próprio desejo por tal regeneração da sociedade. "Não consigo conceber como qualquer homem possa se obrigar a considerar seu país como nada além de *carte blanche*, sobre a qual ele pode escrever o que desejar. Um homem cheio de cálida e especulativa benevolência pode desejar que sua sociedade fosse constituída de outra forma, mas um bom patriota e um verdadeiro político sempre pensam em como tirar o máximo proveito dos materiais existentes em seu país."[36] Não temos o poder de reiniciar o mundo, Burke sugere.

Construir sobre as formas existentes e usando os materiais existentes requer não um estudo abstrato da natureza, mas uma compreensão muito particular da história e do caráter de uma sociedade. Como o Estado é convencional e como os abstratos direitos do homem não fornecem regras explícitas para a vida política, o estadismo é quase sempre uma questão de prudência, uma "ciência experimental".[37] Os resultados de tais experimentos não se tornam evidentes imediatamente e, portanto, aprender com eles leva tempo — frequentemente mais que uma vida. Por essa razão, a história, e não somente a natureza, deve informar a vida política, e as formas políticas existentes não devem ser abandonadas com leviandade.[38] Isso não significa que a história seja sempre uma honrada lista de grandes e sábias realizações. A história humana, escreve em *Reflexões sobre a revolução na França*, "consiste, na maior parte, em misérias trazidas ao mundo por orgulho, ambição, avareza, vingança, luxúria, sedição, hipocrisia, entusiasmo desgovernado e todos os outros apetites desordenados", mas também em esforços para combater esses vícios e, tanto em suas melhores quanto em suas piores manifestações, oferece lições que nenhum estadista pode se dar ao luxo de ignorar.[39]

Assim, ele discorda profundamente do método de argumentação e da noção de natureza que informavam Paine e os filósofos liberais mais radicais. Mas sua inclinação a apresentar suas opiniões como críticas tende a mascarar o ensino positivo sobre a natureza que é subjacente a seus argumentos. Sua acentuada rejeição da ideia de natureza de Paine começa a apontar na direção de sua própria, e muito diferente, ideia.

O que o preocupa é que os filósofos do Iluminismo "estão tão enlevados por suas teorias sobre os direitos do homem que esqueceram completamente sua natureza".[40] Ele é razoavelmente específico sobre aquilo que ignoram: a parte que não é simplesmente matéria em movimento ou razão em ação. Uma política orientada para a natureza do homem o entende como um ser animal, um ser racional e uma criatura de simpatias e sentimentos.[41] Paine e os outros pensadores liberais radicais deixam os sentimentos humanos e o papel da imaginação fora de sua compreensão da natureza humana. Para Burke, ao enfatizar excessivamente os elementos animais e racionais do homem, eles não apenas desprezam como também solapam sentimentos que, na verdade, são fatores-chave da natureza humana e da ordem política.

Os revolucionários imaginavam que o homem era basicamente um animal racional, de modo que, se suas necessidades mais simples (comida e segurança) fossem atendidas, a razão o governaria.[42] Aqueles com os quais discordava, incluindo Paine, não negavam a existência de outras partes da natureza humana, mas Burke acreditava que tinham fé excessiva na habilidade da razão para, sozinha, governar esses outros elementos — especialmente as paixões e os sentimentos.

Desde jovem, ele se preocupara com o lugar das paixões nas questões humanas, e *Uma investigação filosófica sobre as origens de nossas ideias do sublime e do belo*, escrito um ano depois de *A Vindication of Natural Society*, quando tinha apenas 28 anos, foi devotado ao assunto. Ele defendeu especialmente que o sublime, relacionado à fascinação e ao medo que o homem sente simultaneamente pela morte, exerce enorme poder sobre a imaginação. Esse poder pode liberar violentas torrentes de energia na vida social se não for propriamente gerenciado por um apelo à simultânea (embora frequentemente mais fraca) atração humana pela ordem e pela paz social (ou seja, pelo belo). A vida comum de uma comunidade depende muito dos elos sentimentais e dos apelos implícitos a esse amor pelo belo e pela ordem, e, em sua opinião, eles desempenham papel vital, mas geralmente subestimado, na prevenção da violência política e na manutenção de relações cálidas e pacíficas na sociedade. Essa é uma das razões pelas quais, para ele, a ordem estável da sociedade não deve ser desnecessariamente perturbada, e a importância dos rituais, das cerimônias e da grande pompa que amiúde acompanham a vida social e política não deve ser ignorada.

Mas ele não era sentimental.[43] "Deixe um homem entregue a suas paixões e deixará uma besta entregue a sua natureza selvagem e voluntariosa."[44] Em vez disso, defendia que, embora a política responda à razão, a razão humana não interage diretamente com o mundo, sendo sempre mediada pela imaginação, que nos ajuda a dar ordem e forma às informações que recebemos de nossos sentidos. De um modo ou de outro, a razão é aplicada por meio dos sentimentos e das paixões, sendo, portanto, crucial prestar atenção ao que ele chama de nossa "imaginação moral", pois, deixada sem cuidado, ela conduzirá nossa razão na direção da violência e da desordem.[45]

O lado sombrio de nossos sentimentos é mitigado não pela razão pura, mas por sentimentos mais benévolos. Não podemos simplesmente argumentar para nos livrarmos de nossos vícios, mas podemos evitar ceder a eles pela confiança e pelo amor que se desenvolve entre vizinhos, por hábitos profundamente arraigados de ordem e paz, e pelo orgulho por nossa comunidade ou país. Parte da difícil tarefa de um estadista é manter esse equilíbrio, agindo racionalmente a partir da compreensão dos limites da razão. "O temperamento do povo que governa deve ser o primeiro estudo de um estadista", avalia Burke.[46] Essa é outra razão pela qual a política jamais pode ser reduzida à simples aplicação de axiomas lógicos. Como disse William Hazlitt, um escritor contemporâneo: "[Burke] sabia que o homem tinha afetos, paixões e poderes de imaginação, assim como fome, sede, frio e calor [...] Sabia que as regras que formam a base da moral privada não são derivadas da razão, ou seja, das propriedades abstratas das coisas de que tratam essas regras, mas sim da natureza do homem e de sua capacidade de ser afetado pelo hábito, pela imaginação e pelo sentimento, assim como pela razão."[47]

Esse interesse de toda a vida pelas paixões naturais o tornou intensamente sensível ao papel dos hábitos e sentimentos na vida política e aos riscos de quebrar os hábitos da paz ou criar hábitos de terror ou poder desmesurados. Desse modo, objetou às ações inglesas nos Estados Unidos por serem uma afronta aos hábitos e sentimentos dos americanos, ainda que não fossem uma violação de seus direitos. A mesma preocupação o fez se perguntar como os jovens ingleses enviados à Índia seriam influenciados pela autoridade ilimitada que receberiam sobre os locais. Ele temeu, muito antes que a maioria, que os revolucionários franceses, ao destruírem os mitos que embelezavam a vida social, gerassem uma onda de mesmerizante terror que poderia desancorar todos os envolvidos de seus hábitos e restrições.

A esse respeito, argumentou que as ações dos revolucionários — ao negarem o aspecto sentimental da natureza humana — eram profundamente antinaturais. Ele se recusou a ceder a linguagem da natureza na política a Paine e aos radicais franceses e ingleses, porque baseava sua resistência à perturbação política radical em uma noção de natureza bastante diferente.

Em seus textos sobre a Revolução Francesa, afirmou repetidamente que os revolucionários estavam "em guerra contra a natureza" ou perturbando "a ordem natural".[48] Mas não sugeriu que instituições ou arranjos particulares da França pré-revolucionária fossem naturais. Não era essa a ordem sendo perturbada. Em vez disso, os revolucionários guerreavam contra a natureza humana. Ao ignorar ou falhar em conter as paixões populares, ameaçavam libertar a mais sombria dessas paixões sobre a sociedade, dessensibilizando profundamente as pessoas em relação a atos de terror e violência e tornando impossível uma vida social ordeira após a revolução.

Foi por isso que Burke colocou tanta ênfase no que afirmou ser uma repulsa natural por algumas das ações particulares que caracterizaram a revolução. A repulsa natural a um poder terrível é absolutamente essencial à sua visão de uma sociedade funcional. A ausência de tal reação natural nos revolucionários estava profundamente relacionada à veemência de sua oposição a eles. Ele explica o que achou tão perturbador no fato de Richard Price celebrar a violência das massas durante a revolução (que foi o que o motivou a escrever *Reflexões*):

> Por que me sinto de maneira tão diferente da do reverendo dr. Price e daqueles, em seu rebanho leigo, que escolherão adotar os sentimentos de seu discurso? Por esta razão muito simples: porque é *natural* que assim seja; porque somos feitos de modo a reagir a tais espetáculos com melancolia em relação à instável condição da prosperidade moral e à tremenda incerteza sobre a grandeza humana; porque, com esses sentimentos naturais, aprendemos grandes lições; porque, em eventos como esse, nossas paixões instruem nossa razão [...] Algumas lágrimas seriam arrancadas de mim se tal espetáculo fosse exibido no palco. E eu me sentiria verdadeiramente envergonhado se descobrisse em mim esse senso superficial e teatral de aflição e, ao mesmo tempo, exultasse na vida real.[49]

Ele via, na ausência de uma reação tão natural ao espetáculo da revolução, um sinal certo de problemas — uma falta de comedimento que só poderia terminar em desastre. Em sua opinião, essa radicalmente antinatural falta de limites era algo aprendido. Sendo produto de uma teoria política em conflito com a natureza, justificava a violência e ameaçava dessensibilizar o público em relação a ela. "Tais devem ser as consequências de perder, no esplendor desse triunfo dos direitos do homem, todo senso *natural* de certo e errado."[50] Uma teoria sofisticada a serviço da violência das massas era praticamente a coisa mais perigosa do mundo.

Ele acreditava que a maioria dos ingleses, por contraste, ainda não fora deseducada em seus hábitos de paz. Seus compatriotas eram "geralmente homens de sentimentos não aprendidos", que falam mais verdadeiramente à natureza humana que o radicalismo dos revolucionários. Em uma das mais famosas passagens de *Reflexões*, ele expõe os hábitos pacíficos dos ingleses:

> Na Inglaterra, [...] ainda não fomos completamente desprovidos de nossas entranhas naturais; ainda temos sentimentos em nosso interior e apreciamos e cultivamos [...] esses sentimentos inatos que são os guardiões fiéis, os monitores ativos de nosso dever, os verdadeiros apoiadores de toda moral liberal e viril. Não fomos arrastados e presos, de modo que pudéssemos ser preenchidos, como pássaros empalhados em um museu, com palha, trapos e reles pedaços borrados de papel sobre os direitos do homem [...] Temos corações reais de carne e sangue batendo em nossos peitos. Tememos a Deus; olhamos com admiração para os reis; com afeto para os parlamentares; com senso de dever para os magistrados; com reverência para os padres; e com respeito para a nobreza. Por quê? Porque quando tais ideias são apresentadas a nossas mentes, é natural sermos assim afetados, porque todos os outros sentimentos são falsos e espúrios e tendem a corromper nossas mentes, viciar nossas morais primárias e nos tornar inadequados para a liberdade racional.[51]

Em sua descrição, surge todo um sistema de moral, hábitos e práticas para apoiar sentimentos amigáveis à sociedade. A tentativa de derrubá-lo ameaça eviscerar esses sentimentos e, portanto, coloca em perigo a paz social e a segurança individual.

Esse sistema geralmente atende pelo antiquado nome de "cavalheirismo". É a coleção de hábitos que pretendem pacificar e embelezar dois conjuntos cruciais e muitas vezes perigosos de relacionamentos: aqueles entre homens e mulheres e aqueles entre governante e governados. O sistema de cavalheirismo enobrece ambos os conjuntos de conexões ao elevá-los com altos sentimentos e sensações (gentileza, devoção e fidelidade em um caso; obrigação, dever e lealdade no outro).[52] Mas essa tradição, que Burke acreditava ter dado à Europa moderna seu caráter, estava sob ataque dos revolucionários:

> Tudo deve ser mudado. Todas as ilusões agradáveis, que tornam o poder gentil e a obediência liberal, harmonizam os diferentes tons da vida e, por branda assimilação, incorporam à política os sentimentos que embelezam e suavizam a sociedade privada, devem ser dissolvidas por esse novo e conquistador império da luz e da razão. Toda a decente tapeçaria da vida deve ser rudemente rasgada. Todas as camadas adicionais, fornecidas pelo guarda-roupa da imaginação moral, que o coração adota e a compreensão ratifica, necessárias para cobrir os defeitos de nossa nua e trêmula natureza e lhe dar dignidade a nossos próprios olhos, devem ser exploradas como moda ridícula, absurda e antiquada.[53]

A ideia de natureza dos radicais, argumenta ele, é somente nossa nua natureza animal e a nua razão que a revela, e, ao se despir do apelo da beleza, essa inóspita filosofia erradica todos os obstáculos ao radicalismo e à violência: "Nesse esquema de coisas, um rei é somente um homem; uma rainha é somente uma mulher; e uma mulher é somente um animal, e não da ordem mais elevada."[54] Nesse sentido, o radicalismo é verdadeiramente desumanizador.

E a ausência de cavalheirismo — a falha em responder com ultraje a graves violações e abusos — tem terríveis implicações para a sociedade. É esse o contexto de um dos mais famosos e criticados floreios em seus textos sobre a França: o grande e romântico panegírico a Maria Antonieta, escrito em reação aos eventos de 6 de outubro de 1789, quando uma multidão atacou o palácio de Luís XVI e quase matou a rainha. Ele começa sua reflexão rememorando a vez em que se encontrou com a rainha durante uma visita semioficial a Versalhes:

> Faz agora dezesseis ou dezessete anos desde que vi a rainha da França, então delfina, em Versalhes, e certamente jamais se iluminou neste orbe, que ela mal parecia tocar, uma visão mais delicada. Eu a vi logo acima do horizonte, decorando e alegrando a elevada esfera na qual apenas começara a se mover — brilhando como a estrela da manhã, cheia de vida, esplendor e alegria. Oh, que revolução! E que coração devo ter para contemplar sem emoção essa elevação e essa queda! Eu sequer sonhava, enquanto ela adicionava títulos de veneração aos de entusiástico, distante e respeitoso amor, que seria obrigada a carregar no peito o severo antídoto contra a desgraça.

Ele está profundamente perturbado com o fato de o povo da França não se erguer para defender a rainha quando sua vida é ameaçada e sequer parecer particularmente abalado com o ataque. Como observa em uma passagem famosamente (e quase dolorosamente) floreada de *Reflexões*:

> Eu sequer sonhava que viveria para ver tais desastres lhe ocorrerem em uma nação de homens galantes, honrados e cavalheirescos. Achei que 10 mil espadas saltariam das bainhas para vingar até mesmo um olhar que ameaçasse insultá-la. Mas a era do cavalheirismo acabou. A era dos sofistas, economistas e calculistas a sucedeu e a glória da Europa se extinguiu para sempre. Nunca, nunca mais testemunharemos aquela generosa lealdade à patente e ao gênero, aquela submissão orgulhosa, aquela obediência digna e aquela subordinação do coração que mantêm vivo, mesmo na própria servidão, o espírito de uma exaltada liberdade. A inestimável graça da vida, a graciosa defesa das nações e a geradora de sentimentos viris e empreitadas heroicas desapareceram! Desapareceram aquela sensibilidade de princípios e aquela honra casta que faziam com que uma nódoa doesse como um ferimento, que inspiravam coragem e mitigavam a ferocidade, que enobreciam tudo que tocavam e sob as quais o próprio vício perdia metade de seu mal ao perder toda sua rudeza.[55]

O profundo floreado dessa passagem não podia deixar de gerar escárnio, o que ocorreu imediatamente. O primeiro leitor de *Reflexões*, seu grande amigo Philip Francis, recebeu um esboço inicial para comentários. E respondeu que, embora o ensaio fosse muito poderoso, "em minha opinião, tudo que você diz sobre a rainha é pura galanteria. Se ela for um exemplo perfeito de caráter feminino, você deveria elogiar suas virtudes. Se for o oposto, é ridículo para qualquer um, com exceção de um amante, contrapor seus charmes pessoais a seus crimes".[56]

A crítica de Paine foi ainda mais severa, acusando-o de criar "retratos trágicos" para seus leitores a fim de mascarar os horrores cometidos pelo antigo regime na França e descrevendo-o como uma espécie de cavaleiro quixotesco caçando moinhos de vento em busca da era perdida do cavalheirismo.[57] Em certo sentido, sua crítica é mais acurada que a de Francis.

Como Burke deixou claro em sua resposta, a noção de que mil espadas deveriam ter saltado para protegê-la era uma reflexão não sobre o caráter da rainha, mas sim sobre o caráter dos que viviam sob um sistema cavalheiresco e não permitiriam que uma mulher fosse maltratada. Os homens deveriam ser tão aculturados que sua reação natural de piedade e reverência governasse suas ações, em vez de ser substituída por um cinismo sofisticado. Um sistema político que desistisse do esforço de educar os sentimentos naturais do homem para bons fins rapidamente degeneraria em despotismo, porque não teria como manter a lealdade do povo, a não ser pela força. "No esquema dessa bárbara filosofia", escreveu em *Reflexões*, "que é filha de corações frios e percepções confusas e que constitui um vácuo de sólida sabedoria, pois é destituída de qualquer gosto ou elegância, as leis devem ser apoiadas apenas por seus próprios terrores [...] Nos bosques de *sua* academia, ao fim de cada panorama, não se vê nada além de forcas. Nada resta que possa atrair a afeição da comunidade."[58]

Assim, ele primeiro rejeita o apelo radical à natureza como potencialmente ruinoso e então oferece o início de uma descrição positiva da natureza humana, ao mencionar exatamente o que acredita que pode ser arruinado pelos radicais. A confiança do homem em sua imaginação para guiar até mesmo sua razão é um fato natural crucialmente relevante para a vida política. Uma ordem política bem-sucedida deve proteger e apoiar o "guarda-roupa de nossa imaginação moral" e jamais perder de vista sua importância.

Mas como tal ordem política pode ser construída e sustentada ao longo do tempo? O modelo de natureza de Thomas Paine, afinal, oferecia tanto os meios quanto os fins para a ação política, ao defender um entendimento particular da natureza — tida como um conjunto de regras racionais que começam com o individualismo e a igualdade — como padrão de legitimidade que deveria orientar a mudança ao longo do tempo. A visão de Burke oferece razões, incluindo razões baseadas em um modelo positivo da natureza humana, para nos preocuparmos com as consequências reais da aplicação do modelo de Paine. Mas o que tem a dizer sobre a mudança política? Aqui, ele se volta mais explicitamente para a natureza em busca de uma resposta.

Embora negue que qualquer sistema político particular seja de alguma forma natural ao homem, acredita que, ao pensarmos sobre como gerenciar e guiar a mudança política através dos tempos, seríamos sábios em olhar para o *modelo* de mudanças na natureza e segui-lo voluntariamente. Seu modelo de natureza não é o sistema de regras racionais de Paine, aparentado com a física moderna, mas algo como organismos biológicos transmitindo suas características às gerações seguintes: um sistema de herança. Em uma extraordinária passagem de *Reflexões*, ele demonstra como o exemplo natural é crucial para sua visão da vida política:

> Em uma política constitucional que opera segundo o padrão da natureza, recebemos, mantemos e transmitimos nosso governo e nossos privilégios, da mesma maneira que aproveitamos e transmitimos nossas propriedades e nossas vidas. As instituições políticas, os bens da fortuna e os presentes da Providência são entregues a nós e por nós da mesma maneira. Nosso sistema político é colocado em justa correspondência e simetria com a ordem do mundo e com o modo de existência decretado a um corpo permanente, mas composto de partes transitórias. Pela disposição de uma estupenda sabedoria que molda a grande e misteriosa incorporação da raça humana, o todo, em qualquer determinado momento, jamais é velho, de meia-idade ou jovem, mas em condição de imutável constância, movendo-se pelos variados tenores de perpétua decadência, queda, renovação e progresso. Assim, ao preservarmos o método da natureza na condução do Estado, jamais somos inteiramente novos naquilo que melhoramos e jamais somos inteiramente obsoletos naquilo que retemos.[59]

Essa analogia nos ensina muito sobre sua visão da natureza. Ela indica seu foco no nascimento, na morte e na necessidade de gerenciar a mudança, a decadência, a renovação e o progresso. Ele também tem em mente um modelo de espécies, e não indivíduos, e, dessa forma, seu apelo à natureza, de modo bastante diferente do de Paine, não sucumbe ao individualismo, defendendo o implícito e inescapável pertencimento de cada indivíduo a um contexto mais amplo.

Mas ele também afirma claramente que vê essa interpretação apenas como modelo. Essa abordagem da política é uma escolha, não um fato natural. Paralelos entre a natureza e a política "fornecem similitudes para ilustrar ou adornar, mais que analogias com as quais raciocinar".[60] Os ingleses *escolheram* aderir ao modelo da natureza — um modelo de transmissão e herança que permite mudanças gentis e graduais — em sua vida política. Poderiam muito bem ter escolhido de outro modo. Mas sabiamente seguem o modelo da natureza para obter algumas das vantagens aparentes no mundo natural ao lidar com certos complicados e inescapavelmente naturais obstáculos ao progresso. O primeiro desses obstáculos é o fato de que as pessoas nascem e morrem, fazendo com que a raça humana esteja constantemente ameaçada por descontinuidades. Ao conectar as gerações, em vez de enviar cada uma delas de volta às origens em busca de informações, seu modelo assegura um modo de transmissão cultural que leva em conta o ciclo da vida, em relação ao qual nós seres humanos não temos escolha.

Esse modelo também permite mudanças responsáveis. Por sempre nos vermos como levando adiante e aprimorando nossa herança, não precisamos nos sentir os primeiros a fazer nada e mesmo as novas ideias podem ser ajustadas aos padrões das antigas — para que inovações graduais possam trazer melhorias sem a usual impudência dos inovadores. Do mesmo modo, um senso de idade e permanência gera respeito e encoraja elos sentimentais pacíficos e benévolos com a sociedade: "Por esses meios, nossa liberdade se torna nobre. Possui um aspecto imponente e majestoso. Tem *pedigree* e ancestrais ilustres."[61]

Ao tratar as práticas e instituições políticas existentes como herança vinculada, os cidadãos aprendem a pensar nelas como uma espécie de incumbência — um presente do passado que, preservado e adequadamente aprimorado, é devido ao futuro — e, desse modo, não desdenhá-las levianamente. Por natureza, os homens são atraídos para a novidade e para a excitação, preocupa-se Burke, e somente ao ficarem comovidos com a beleza do que receberam podem ver suas vantagens e se tornar propriamente céticos e cautelosos sobre sua destruição.[62] O modelo antigo e testado não funcionará para sempre, é claro, mas, quando falhar, as sociedades sábias tentarão consertá-lo gradualmente, construindo sobre o que ainda funciona, em vez de começar do zero com uma ideia ainda não testada.

Assim, ele nos oferece um modelo de mudança gradual — uma evolução, em vez de uma revolução. Em certo sentido, ele vê a tradição como um processo com algo do caráter que a moderna biologia atribui à evolução natural. Os produtos desse processo são valiosos não por serem velhos, mas por serem avançados — tendo se desenvolvido durante anos de tentativa e erro e se adaptado às circunstâncias. A abordagem da vida política construída a partir desse modelo, que ele frequentemente chama de "prescrição", é uma maneira de adaptar práticas e instituições estabelecidas a tempos de mudança, em vez de recomeçar e perder as vantagens da idade e da experiência. Como veremos, esse modelo da natureza não é, de modo algum, a totalidade de sua ideia de prescrição, mas somente sua fundação.

Mas ele não defende a aderência estática a práticas passadas. Ao contrário, acredita que a capacidade de lidar constantemente com mudanças é uma das maiores forças do mundo natural, de maneira que as comunidades humanas fariam bem em aprender. "Todos devemos obedecer à grande lei da mudança", escreve. "É a mais poderosa lei da natureza e, talvez, o meio para sua preservação. Tudo que podemos fazer, e que a sabedoria humana pode fazer, é providenciar para que se processe de modo imperceptível. Isso traz todos os benefícios da mudança sem nenhum dos inconvenientes da mutação."[63] E isso pode ser feito ao se investir as pessoas no mundo dado, por meio do modelo da natureza. Para ele, portanto, a natureza oferece não uma fonte de princípios e axiomas, mas um modelo vivo de mudança, especialmente adequado à natureza humana, com sua confiança na imaginação e nos sentimentos, e aos fatos naturais da vida e da morte do homem.

Mas o imperativo de que a mudança deve ser gradual suscita uma difícil questão que aponta para outra profunda divisão entre ele e Paine: o *ritmo* da mudança é tudo que importa para a paz social e a legitimidade política? A substância e a direção não contam? Uma mudança é tão boa quanto qualquer outra, desde que seja feita gradualmente e com respeito pela situação precedente?

Em Paine, a ênfase da natureza sobre a história é um chamado a princípios adequados de ação e, desse modo, um apelo à justiça. A invocação da natureza de Burke, compreendida através da história, clama por um modelo cuidadoso e gradual de mudança e, portanto, é um apelo à ordem. Mas o apelo à justiça exige meios de mudança tão radicais e revolucionários que devem acabar com qualquer esperança de ordem política e social? E o apelo à ordem deixa algum espaço para os princípios de justiça como guias adequados à ação no mundo? A discordância entre os dois sobre qual modelo de natureza é mais adequado para a aplicação na política conduz inexoravelmente a uma disputa sobre justiça e ordem.

3

Justiça e ordem

Tanto Burke quanto Paine apelam para modelos de natureza para basear seu pensamento político e, especialmente, sua compreensão da mudança política. Mas as diferenças entre esses modelos possuem profundas implicações para a forma como distinguem a boa mudança da má.

Para Paine, o apelo à natureza é primariamente um apelo à justiça. A despeito de seu modo de expressão bastante abstrato e teórico, sua paixão sempre deriva de seu ultraje contra a injustiça e o sofrimento humano. Ele detecta um vácuo moral na recusa de Burke em aceitar as raízes naturais dos princípios políticos e uma notável falta de compaixão pelos humildes e fracos em sua romântica celebração dos nobres e poderosos. Pode ser mais fácil pintar grandes retratos trágicos quando uma rainha é ameaçada pela multidão, mas é mais importante oferecer ajuda quando um povo inteiro é esmagado por um regime corrupto. "Ele sente pena da plumagem, mas se esquece do pássaro moribundo", diz sua famosa frase sobre Burke.[1] E ele acredita que Burke foi cegado para a injustiça cometida contra o povo francês precisamente por sua (na opinião de Paine, bastante excessiva) ênfase no lugar da imaginação moral na política.

Todos os apelos de Burke à beleza e à ordem, à imponente majestade das práticas profundamente enraizadas que herdamos, parecem-lhe desculpas para a desigualdade, a indiferença e a injustiça. Ele não acha que os homens sejam intrinsecamente tão maus que exijam belas ilusões para contê-los. Em sua opinião, as ilusões são necessárias somente para impedir que o povo perceba que seus direitos estão sendo negados. Nesse sentido, Burke e Paine acusam um ao outro do mesmo vício: terem-se tornado frios em relação ao sofrimento humano em virtude de suas teorias sobre a natureza e a política.

Em seus textos sobre a França, Burke inegavelmente explora muito mais o sofrimento dos poderosos nas mãos da multidão que o sofrimento do povo nas mãos de seus governantes. Ele insiste que o faz por preocupação não com as propriedades da nobreza ou do clero, mas com a degradação das massas, que acredita terem sido levadas ao radicalismo violento por teorias errôneas.[2] Mas raramente reconhece o sofrimento dos próprios franceses e, quando o faz, é para argumentar que as filosofias niveladoras dos revolucionários lhes causarão ainda mais danos e que há maneiras de resolver a situação sem destruir a sociedade. Não é que defenda o antigo regime, mas acha que o novo não é melhor. A revolução envolve "a troca de uma peça de barbárie por outra, e pior".[3] Suas preocupações não são expressamente humanitárias e o modelo de natureza que defende não é um modelo de justiça, mas sim de mudança gradual.

Também não se questiona que Paine não é apenas frio em relação ao sofrimento daqueles depostos à força como, às vezes, até mesmo frívolo sobre sua ruína e sobre os maus-tratos que recebem. Para ele, as ações da multidão, que tanto angustiam Burke, são justificadas e expressamente causadas pelo extremo despotismo e injustiça do regime.[4]

Cada um deles, portanto, está parcialmente certo ao acusar o outro de permitir que suas teorias sobre a política (e, na realidade, sobre a natureza) o cegassem para certos tipos de injustiça. Mas ambos possuem resposta para a acusação. A de Paine é alta e clara: para ele, a justiça está embutida nos princípios racionais da política liberal. Qualquer governo que não tenha sido escolhido e aceito pelo povo — um governo que respeite seus direitos e represente seus interesses — é um regime injusto e só pode sobreviver por meios claramente criminosos. Sua política é firmemente ancorada em um padrão moral. A base moral da política de Burke é um problema muito mais complicado.

Ordem moral e lei moral

O que podemos dizer da ideia de Burke sobre justiça, especialmente dado seu entendimento da natureza? Ele apela para um modelo de natureza para guiar a organização social e política, mas será que também apela para um *padrão* de natureza ao julgar a ação política? Será que possui um padrão de justiça ou o fato de enfatizar o caráter convencional das sociedades políticas significa que não vê nenhuma mensuração externa senão a própria lei? Ele não oferece uma resposta simples para essa questão crucial e estudiosos de sua obra se dividem a esse respeito há dois séculos.

De um lado estão os que o leem como uma espécie de utilitarista sofisticado ou "conservador procedimental", interessado na paz social e no governo efetivo, preocupado com os perigos da mudança política mal gerenciada, mas sem possuir um código moral forte para definir a vida política.[5] Suas veementes objeções à aplicação direta de teorias abstratas na vida política; sua ênfase na prescrição (em que práticas e instituições são julgadas por seus efeitos), na prudência e na conveniência durante o julgamento político; e sua afirmação de que comunidades políticas são essencialmente fruto da convenção levam esses leitores a vê-lo como preocupado com os meios em detrimento dos fins e, assim, como praticante da conveniência quase pura no julgamento político.[6] Ele se preocupa com o ritmo da mudança, mas não com sua direção.

Alguns chegaram ao ponto de argumentar que ele não discorda fundamentalmente dos reais objetivos subjacentes ao racionalismo da Revolução Francesa, mas que "meramente quer chegar a eles de modo menos precipitado".[7] Para esses leitores, suas razões para defender a liberdade e se opor às violações da dignidade humana (razões evidentes, por exemplo, em suas opiniões sobre o conflito americano e a má conduta inglesa na Índia) estão relacionadas à integridade das instituições governamentais inglesas e à coesão de sua sociedade, e não a princípios morais que definiriam a vida política. Assim, ele não é simplesmente um defensor do estabelecido, mas um defensor do bem-sucedido e efetivo, e sua definição de sucesso é altamente procedimental.

Mas esses leitores encontram sérias dificuldades em sua própria obra. Ele oferece uma condenação inflexível da ideia de que as origens convencionais das instituições políticas significam que quaisquer leis criadas de acordo com os procedimentos usuais de uma sociedade são inerentemente legítimas do ponto de vista moral:

> Seria difícil indicar um erro mais subversivo da ordem e da beleza, de toda a paz e felicidade da sociedade humana que a posição de que o corpo de homens tem o direito de fazer com as leis o que lhe apraz ou que elas podem derivar qualquer autoridade de suas instituições, independentemente da natureza da questão. Nenhum argumento de política, razão de Estado ou preservação da constituição pode ser apresentado em favor de tal prática. Pode-se desacreditar a estrutura de uma constituição, mas jamais esse princípio inalterável. Esse parece ser, de fato, o princípio que Hobbes abordou no século passado e que foi tão frequente e habilmente refutado.[8]

Indiscutivelmente, Burke acredita que há leis injustas e que o fato de ser efetiva não torna determinada política moral ou correta. Ele nega explicitamente estar buscando "transformar o sucesso da vilania em padrão de inocência" e seus textos apoiam essa negação.[9] "Todas as leis humanas são, propriamente falando, apenas declaratórias; elas podem alterar seu modo e aplicação, mas não têm poder sobre a substância da justiça original."[10] Ele tampouco refuta a noção de que a vida política satisfaz algumas inclinações impressas no homem por sua natureza ou seu criador. Embora possa ser bastante vago quando fala dessas questões, ele claramente se vê defendendo uma visão moral em suas cruzadas políticas.

De fato, seu (ao menos semântico) moralismo levou alguns dos estudiosos de sua obra a argumentarem que ele não apenas não era utilitarista ou puramente procedimentalista como, na realidade, era um filósofo da lei natural — ou seja, acreditava em um padrão moral claro, evidente na natureza ou tornado acessível pela revelação, que serviria como modelo e padrão para a vida humana.[11] Burke "concebia o estadismo como a aplicação prática, nas questões humanas concretas, de princípios morais primários e evidentes à razão humana".[12] Para apoiar essa visão, indicam suas repetidas referências a Deus, à religião e à ordem natural, especialmente nos textos sobre a Índia e a Irlanda.

E é verdade que, ao tratar desses dois últimos assuntos, ele afirma muito explicitamente que os padrões de julgamento na política devem ir além da eficácia e alcançar certa ideia de justiça. Em 1787, depois que chegaram a Londres notícias sobre os maus-tratos impostos aos nativos pela Companhia das Índias Orientais (que representava os interesses do governo naquela importante parte do império), ele iniciou um procedimento de impeachment contra Warren Hastings — o governador-geral inglês da Índia. Ele considerava o caso crucial para estabelecer o caráter do império em expansão e, embora Hastings tenha sido inocentado pela Câmara dos Lordes, Burke mais tarde descreveria sua participação no julgamento como uma de suas realizações mais importantes.[13] Como tinha muito poucas leis positivas às quais apelar ao montar seu caso, ele baseou seu passional e poderoso apelo em uma lei maior. "Eu o acuso", disse aos lordes em relação a Hastings, "em nome e por virtude das eternas leis de justiça que violou. Eu o acuso em nome da própria natureza humana, que cruelmente ultrajou, injuriou e oprimiu, em ambos os sexos e em todas as idades, posições, situações e condições de vida".[14]

Similarmente, no caso das leis restringindo os direitos e privilégios dos católicos em sua nativa Irlanda, argumentou que a política equivalia a "uma privação de todos os direitos da natureza humana".[15] Em carta privada, descreveu o projeto de lei que tornava ilegal o casamento entre católicos e protestantes irlandeses (uma questão que, é claro, era muito pessoal para ele) como cheio de "ultrajes aos direitos humanos e às leis da natureza".[16] Foi no contexto irlandês, aliás, que chegou mais perto de definir seu entendimento do objetivo explícito do governo e da vida política: "Todo mundo concorda que a conservação e o seguro gozo de nossos direitos naturais sejam o objetivo maior e final da sociedade civil e que, consequentemente, todas as formas de governo só são boas se forem subservientes a esse objetivo, ao qual estão inteiramente subordinadas."[17]

Essa linguagem soa muito como a de Paine e dos revolucionários franceses e parece contradizer sua frequente negativa da relevância dos direitos naturais na vida em sociedade. Não é difícil ver por que alguns leitores tomaram tais declarações como evidência de que ele vê uma lei natural acessível acima da lei positiva. Mas essa visão não é menos problemática que a acusação de que é utilitarista. Ela não se sustenta, especialmente quando consideramos a própria questão que os leitores da lei natural em sua obra enfatizam acima de tudo: suas constantes referências à religião.

Sua visão do lugar apropriado da religião na vida pública, exposta mais extensamente em *Reflexões sobre a revolução na França*, é na verdade estritamente utilitarista. Em sua primeira abordagem do assunto — *A Vindication of Natural Society* —, ele teme que as pessoas que atacam as instituições e práticas religiosas como meramente "artificiais" ou convencionais coloquem em risco a sociedade civil. O ataque à religião organizada poderia facilmente se transformar em ataque a todas as instituições sociais baseadas na tradição. Em *Reflexões*, oferece os mesmos argumentos, no sentido positivo: assim como os ataques à religião poderiam ser danosos para a paz social, a elevação e o endosso público das práticas e crenças religiosas poderiam reforçar a harmonia social e a sociedade civil. A religião, portanto, é um elemento do mais amplo sistema de cavalheirismo, enobrecendo o uso do poder político e moderando seus utilizadores. "Quando estão habitualmente convencidos de que nenhum mal pode ser aceitável, seja em ato ou permissão para agir, aqueles cuja essência é boa", escreve, falando dos cidadãos que vivem sob uma igreja estabelecida, "serão mais capazes de extirpar das mentes de todos os magistrados, civis, eclesiásticos ou militares, qualquer coisa que se pareça com uma dominação orgulhosa e ilegal."[18]

Além disso, ao "consagrar" o Estado, a religião dá às pessoas um ímpeto adicional para respeitar e admirar seu regime.[19] A religião — e especialmente a igreja estabelecida — ajuda a dar às pessoas os elos sentimentais e hábitos pacíficos necessários à sustentação de uma ordem política baseada na continuidade das gerações e na prescrição.[20] Cobrir o Estado com um manto sagrado também ajuda a ocultar suas origens e protegê-lo de reformas precipitadas e extremas ou revoluções.[21] E, finalmente, a religião ajuda os pobres a lidarem com sua condição. Privá-los dessa fonte de consolo seria se tornar "o cruel opressor e o impiedoso inimigo dos pobres e miseráveis".[22]

Assim, ele escreve sobre religião quase que exclusivamente em termos de sua utilidade para a sociedade e o Estado, e não como caminho para a verdade divina. Ele invoca o poder e a beleza da cerimônia religiosa como meio para construir alianças populares e solidariedade.[23] A majestade e a pompa de uma grande catedral podem fortalecer os elos sociais, sejam ou não celebrações de uma justiça divina verdadeiramente revelada. "Sabemos e nos orgulhamos de saber que o homem é, por constituição, um animal religioso"; por essa razão, o ateísmo lhe parece uma receita para a inquietação social e a religião, um acessório necessário à paz.[24] Mas é como tal acessório, e não explicitamente como padrão particular e final de julgamento, que a religião recebe lugar central em seu pensamento político. Ele não negou a verdade do cristianismo — e sua vida privada e suas cartas oferecem razões para acreditar que era um praticante relativamente ortodoxo —, mas não achava que a política pudesse ser baseada diretamente nas reivindicações morais cristãs. Em vez disso, só podia ser baseada na piedade que essas reivindicações causavam nos fiéis.

De fato, ele é notavelmente direto ao negar uma necessária conexão entre o valor social da piedade religiosa e a verdade teológica sob ela. Escrevendo sobre os católicos franceses, afirma que algumas de suas crenças certamente são apenas superstições, mas, compondo sua religião mais antiga, mesmo assim desempenham papel crucial na sustentação da vida social e política.[25] Mesmo na Inglaterra, faz sentido que os estadistas sigam o código e as formas da religião estabelecida, qualquer que seja seu próprio senso de verdade: "Se, por sua conduta (a única linguagem que raramente mente), parecerem ver o grande princípio governante da moral e do mundo natural como mera invenção para manter os vulgares obedientes, aprenderão que, com tal conduta, derrotarão o objetivo político que têm em vista. Acharão difícil fazer outros acreditarem em um sistema ao qual manifestamente não concedem crédito."[26]

Essa é uma defesa da religião estatal consagrada, mas não de uma política que responda a um padrão divino. Com efeito, outro elemento do ensino político mais amplo de Burke solapa ainda mais a afirmação de que a lei natural é a essência de sua filosofia. Embora ele não insista em um padrão fora da lei positiva pelo qual a ação política deva ser mensurada, sua rejeição dos inícios como fonte última de autoridade e entendimento sugere que não procuraria esse padrão no início da história humana, para onde aponta a lei natural. Como vimos, ele argumenta que os inícios devem ser cobertos por um véu e que os resultados da longa cadeia de tradições e práticas — resultados como estabilidade, prosperidade, aliança, patriotismo e nobreza — são o que devemos proteger. Assim, é a própria cadeia que deve ser guardada, mas não porque suas origens são perfeitas; ele diz claramente que não acredita que sejam. Não se trata de tradicionalismo cristão. É sua prescrição, uma maneira bastante diferente e inovadora de pensar sobre o desenvolvimento social.

Portanto, ele não é nem utilitarista procedimental nem filósofo da lei natural. Ele não acredita que a lei criada pelo homem seja a autoridade final e que apenas as consequências importem. Tampouco acredita que a vida política seja uma expressão de verdades cristãs imutáveis. O regime não deve sua legitimidade diretamente a Deus nem representa cada capricho de um soberano legítimo. Ele propõe uma nova noção de mudança política que emerge precisamente de seu modelo de natureza e de sua (repito, bastante inovadora) ideia de prescrição. E, contudo, com o tempo, essa ideia nos leva a um padrão de justiça e julgamento que vai além da pura utilidade.

Ele não discorda da visão de Paine ou da escola da lei natural, que afirmam que algum padrão de justiça deve guiar a vida política. Ele difere em sua opinião sobre nossa habilidade de *saber* e descobrir esse padrão. Paine argumenta que podemos conhecer o padrão por dedução racional, a partir das premissas de nosso entendimento da natureza. Assim, por exemplo, nosso conhecimento sobre o homem pré-social nos diz que todos os homens são iguais — um entendimento que deve definir a vida política. A tradição da lei natural argumenta que podemos conhecer esse padrão por meio da reflexão filosófica sobre premissas teológicas ou filosóficas (muitas delas evidentes no funcionamento da natureza). Burke, contudo, é muito mais cético sobre nossa habilidade de descobrir e aplicar diretamente esse alto padrão de justiça à política. Esse alto padrão não é diretamente acessível à razão porque os seres humanos não conseguem pensar diretamente sobre ideias abstratas sem algum contexto imaginativo e porque a vida social não é a simples encenação de premissas naturais pré-sociais. Sua visão da natureza e da natureza humana lhe sugerem que os padrões de justiça que devem guiar a vida política podem ser descobertos — na extensão em que podemos compreendê-los — implicitamente, por meio da experiência da própria vida política.

Ele acredita, portanto, que as tradições imbuídas nas instituições sociais e políticas da Inglaterra (que descreve como "a constituição inglesa"), construídas, como foram, a partir do modelo de geração natural, são os melhores meios disponíveis para que seus compatriotas cheguem a um padrão transcendente de governo. Ele reconhece que a tradição constitucional não fala com apenas uma voz e não pode ser remontada a um conjunto simples de princípios originais que se apoiem nos inícios do homem para definir seus direitos. Mas ela oferece, nas normas que constrói, embora sempre com exceções, uma abordagem gradual de um padrão para além da mera convenção. Essa visão não é nem filosofia da lei natural nem utilitarismo sem padrões. Baseada em seu modelo natural de mudança, respeita as práticas tradicionais não porque começaram há muito tempo, mas porque sobreviveram e evoluíram, por um processo de tentativa e erro, durante longo tempo.

A prescrição — que aprimora a sociedade ao se valer de seus pontos fortes —, com sua analogia da natureza, torna esse processo de tentativa e erro possível e nos ajuda a distinguir os fracassos dos sucessos. É, de fato, um modelo de mudança, mas que nos ajuda a discernir a forma geral de alguns princípios de justiça subjacentes e permanentes. A experiência histórica da vida social e política consiste, em essência, em um tipo de atrito contra os princípios da justiça natural, e as instituições e práticas que sobrevivem à experiência adquirem algo da forma desses princípios, pois só sobrevivem as que possuem essa forma. Com o tempo, portanto, desde que se desenvolvam de acordo com o modelo da prescrição, as sociedades passam a expressar em suas instituições, cartas, tradições e hábitos um simulacro do padrão de justiça. A sociedade, ao resistir após tão longa experiência, oferece uma aproximação da sociedade como deveria ser. Lentamente, a mudança social e política pode levar a sociedade para mais perto do padrão, mas somente de forma gradual. Mas tal progresso ocorrerá apenas se a mudança mantiver o espírito dos costumes e ordens preexistentes, dado que oferecem o único senso real que podemos ter da aparência do padrão buscado. Devemos tentar emular nossos antecessores, "que, ao olharem para trás, assim como para frente [...], prosseguiram insensivelmente levando essa constituição para mais perto de sua perfeição ao jamais se afastarem de seus princípios fundamentais nem introduzirem qualquer emenda que não possuísse uma raiz resistente nas leis, na constituição e nos costumes do reino".[27] Nesse sentido, Burke não é um tradicionalista que olha para trás, mas um que olha para frente; ele acredita que o presente é melhor que o passado e está comprometido com a manutenção dos meios pelos quais se tornou melhor, a fim de facilitar aprimoramentos posteriores.

O tipo mais adequado de mudança política, em sua opinião, baseia-se no que há de bom no mundo a fim de aprimorar o que é ruim e deixa a sociedade como era antes, mas melhor. Esse é o tipo mais adequado de mudança não porque nossas instituições convencionais definam os padrões de nossa política, mas porque as convenções que sobreviveram ao teste do tempo são as que, de algum modo, respondem a esses padrões. "Essa grande lei não surge de nossas convenções ou pactos; ao contrário, ela dá a nossas convenções ou pactos toda força e sanção que podem ter."[28] Essa é a razão pela qual a prescrição é um modelo tão efetivo de mudança; com o tempo, "leva à legalidade governos inicialmente violentos".[29]

A mudança social, assim, pode ser geralmente melhorativa se for bem gerenciada, embora não seja simplesmente progressiva: ela não se move em somente uma direção. A ideia que ele faz de uma sociedade justa não é um Estado final que seria o objetivo último de toda mudança política. Em vez disso, uma sociedade justa provê espaço para prósperas vidas privadas e uma próspera vida nacional, dentro dos limites da constituição, ao permitir algum equilíbrio entre ordem e liberdade. A vida política ocorre nesse espaço, a mudança política o apoia e defende e, consequentemente, move-se em várias direções, de acordo com os eventos — às vezes restringindo ou fortalecendo um elemento da constituição, às vezes outro. A mudança política ajuda a mover lentamente a constituição rumo à perfeição, mas está longe de ser linear e nunca é simples. Precisamente por causa do caráter geracional das sociedades humanas, a mudança política não pode atingir a genuína perfeição. Assim, as sociedades estão sempre em contenda com as falhas mais básicas da natureza humana. Elas não podem ser superadas, pois seres humanos são sempre humanos, mesmo que nossas instituições sociais melhorem conforme aprendemos com a experiência.[30] A tarefa do estadista, portanto, não é levar a sociedade em direção a alguma particular e última condição justa, mas sim criar e apoiar constantemente um espaço no qual as pessoas possam exercer sua liberdade e gozar dos benefícios da vida em sociedade.

A mudança política bem-sucedida, na opinião de Burke, está profundamente ligada ao passado e ao caráter da sociedade. Assim, planejar, gerenciar, julgar e levar adiante tal mudança bem-sucedida requer uma profunda compreensão da história, do espírito, das normas, práticas e tradições de dada sociedade, e a política bem-sucedida é guiada por essa compreensão — que atende pelo nome de prudência. A prudência não é o oposto de qualquer princípio ou teoria. Ela é antes a aplicação da experiência geral a problemas práticos particulares. Em seu modo de ver, a pessoa prudente acredita que a experiência de nossa sociedade geralmente indica princípios subjacentes de justiça (e de natureza) e, desse modo, oferece uma orientação mais confiável, embora menos específica, que teorias abstratas como o liberalismo de direitos naturais que Paine gostaria de importar integralmente para a política prática.

"A história é preceptora de prudência, não de princípios"; ela não oferece conhecimento direto de regras precisas ou abstratas.[31] Mas nos dá regras gerais, que certamente são boas o bastante na maior parte do tempo. Em um panfleto anterior, Burke argumenta que não há fórmulas exatas para a sabedoria civil ou política:

> É impossível defini-las com exatidão. Mas, embora nenhum homem possa traçar o limite entre o dia e a noite, a luz e a escuridão são toleravelmente distinguíveis. Tampouco será impossível para um príncipe encontrar um modo de governo, e pessoas para administrá-lo, que concedam elevado grau de contentamento a seu povo, sem qualquer curiosa e ansiosa pesquisa por aquela abstrata, universal e perfeita harmonia que, enquanto está sendo buscada, faz com que ele abandone os meios da tranquilidade ordinária, que estão em seu poder sem nenhuma pesquisa.[32]

Que as sociedades funcionais se aproximem do padrão de justiça com o tempo não significa que todas gravitarão em torno das mesmas instituições e formas. Precisamente porque jamais podemos acessá-lo direta e integralmente, há muitas maneiras de se aproximar gradualmente desse padrão. "A liberdade é inerente a algum objeto sensível e cada nação forma para si algum ponto favorito que, por sua eminência, torna-se o critério de sua felicidade."[33] Não somente as diferentes nações da Europa se aproximam desse ideal de maneiras diferentes, como comunidades distintas de ingleses também o fazem. Ele cita os colonos americanos como exemplo. Vivendo longe da Grã-Bretanha há várias gerações, os americanos desenvolveram uma poderosa ligação com sua liberdade pessoal e um insaciável empreendedorismo, que suas instituições políticas inevitavelmente refletiram, ao passo que os ingleses são mais ligados à autoridade firme e estável.[34]

Mas cada um desses critérios de felicidade, se tiver resultado em sociedades que produzem liberdade, dignidade, prosperidade e honra, constitui um padrão legítimo de julgamento e mudança para a nação em questão e é expresso na tradição política dessa nação. "Se as pessoas estão felizes, unidas, prósperas e poderosas, presumimos o restante. Concluímos que é bom aquilo do que deriva o bem. Em antigas instituições, vários corretivos foram encontrados para suas aberrações da teoria. De fato, são o resultado de várias necessidades e diligências. Não são frequentemente construídas de acordo com teorias; as teorias é que são retiradas delas."[35]

A maioria dos assuntos políticos se apresenta *dentro* dos limites estabelecidos pela constituição e não suscita questões essenciais sobre justiça natural, mas sim desafios à prudência. Assim, esses assuntos devem ser tratados pelo julgamento adequado, guiado por precedentes constitucionais que, se estiverem incorretos, devem ser corrigidos, novamente por prudente estadismo. A maior parte da vida política de uma sociedade razoavelmente funcional, portanto, é uma questão direta de prudência, que, "em política, [é] a primeira das virtudes".[36] Mas há duas exceções cruciais a esse expediente.

Primeira, às vezes uma política particular está tão fortemente em contradição com a tradição constitucional e, dessa maneira, provavelmente também com os padrões de justiça que guiam a vida política que devemos nos opor a ela fazendo recurso direto ao que é justo e correto, e não apenas em bases prudentes. "A justiça é, em si, um grande padrão político da sociedade civil e qualquer afastamento eminente dela, sob quaisquer circunstâncias, cai sob a suspeita de não ser, de modo algum, uma política."[37] Em sua maioria, as questões políticas não alcançam o nível das questões fundamentais de justiça. Mas as que o fazem requerem especial atenção e urgência, pois apresentam uma espécie de desafio sem precedentes para o qual a tradição constitucional não está preparada. A conduta inglesa na Índia e na Irlanda violou tão obviamente o padrão da história inglesa que, em sua opinião, estava igualmente claro que violara a justiça natural. Ele contrasta a carta da Companhia das Índias Orientais com o que chama de as grandes cartas da história inglesa, começando com a Carta Magna, que estabeleceu os direitos dos ingleses em 1215. "A *Carta Magna* é uma carta para restringir poder e destruir monopólios. A carta das Índias Orientais é uma carta para estabelecer monopólio e criar poder. Poder político e monopólio comercial *não* são direitos dos homens."[38] Ele se opõe ao comércio de escravos pelas mesmas razões.

A segunda exceção ao reinado da pura prudência desafia não as tradições da constituição, mas o modo de mudança que tornou possível o desenvolvimento dessa constituição. A perspectiva de uma revolução total, que é a perspectiva que percebe na França, ameaça jogar fora tudo que foi laboriosamente construído pela prescrição durante gerações e recomeçar do zero. É a mais profunda e perigosa ameaça a seu modelo de mudança inspirado na natureza. Ele acreditava que a Revolução Francesa ameaçava separar a sociedade não apenas das instituições que construíra em incontáveis gerações, mas também (como resultado) do próprio padrão de justiça, sem deixar nada para julgar a política além do poder mascarado de filosofia. Foi o que ele viu nas multidões de Paris. A intensidade e o início muito precoce de sua oposição à revolução são muito mais fáceis de entender quando percebemos o que ele acreditava estar ameaçado e por quê.

Para Burke, portanto, natureza, história, justiça e ordem estavam inextricavelmente conectadas. Em sua opinião, podemos conhecer o padrão da natureza somente de modo geral e por meio da experiência histórica, ao passo que, para Paine, podemos conhecê-lo de modo preciso, mas somente ao nos libertarmos dos fardos da história e buscarmos a compreensão direta e racional dos princípios naturais. Para Burke, o recurso à história *é* o modelo da natureza. Para Paine, a natureza aguarda por nós para além das distrações da história, que é meramente um triste caso de erros, crimes e mal-entendidos. O modelo de natureza de Paine é um modelo de justiça permanente que nos oferece princípios para o arranjo adequado da vida política; o modelo de natureza de Burke é um modelo de mudança gradual que tem uma chance de levar a sociedade na direção correta.

Igualdade natural e a ordem da sociedade

Somente agora, tendo uma noção do que Paine e Burke entendiam por natureza e suas consequências para a justiça e a vida política, podemos tentar compreender as profundas diferenças que os dividiam. Como começamos a ver, suas discordâncias sobre a natureza, a história e a justiça pesam fortemente em suas discordâncias mais proeminentes sobre mudança política. Mas as implicações mais diretas de suas visões de natureza e justiça estão relacionadas a seu entendimento das relações e conexões sociais — e, talvez mais notavelmente, suas muito diferentes noções de igualdade.

O modelo de natureza de Burke não aponta para a igualdade social. Em uma sociedade sustentada pela herança, a eminência social e as grandes riquezas tenderão a permanecer em certas famílias e além do alcance de outras. Não que mudança e reforma não possam ocorrer ou que aqueles que são capazes de escalar os degraus da sociedade sejam de algum modo indignos dela, mas a igualdade em si não deveria ser um objetivo primário da política. A paz social, a prosperidade e a estabilidade são mais importantes para todos e frequentemente não muito bem servidas pela busca da igualdade — especialmente porque a verdadeira igualdade social é, no fim das contas, um objetivo impossível.

"A ideia de forçar todas as coisas a uma igualdade artificial é muito cativante à primeira vista. Tem toda a aparência imaginável de justiça e boa ordem, e muitas pessoas, sem qualquer tipo de objetivos parciais, foram levadas a adotar tais esquemas e persegui-los com grande disposição e fervor."[39] Mas a ideia é basicamente errônea e impraticável. "Creia-me, senhor", escreve em *Reflexões*, "aqueles que tentam nivelar jamais igualam. Em todas as sociedades consistindo em várias descrições de cidadãos, algumas devem ser superiores."[40] A única questão é qual elemento predominará e, em uma sociedade que torna a nivelação e a igualdade seus princípios centrais, o grande meio tenderá a fazê-lo, dominando tanto os ricos quanto os pobres. Mas esse meio, especialmente em uma sociedade focada em igualar, tenderá a ser difícil de governar. "Os niveladores, portanto, só modificam e pervertem a ordem natural das coisas. Eles sobrecarregam o edifício da sociedade ao erguer no ar o que a solidez da estrutura exige que esteja no chão. As associações de alfaiates e carpinteiros de que a república (de Paris, por exemplo) é composta não podem ser iguais na situação a que, pela pior das usurpações, uma usurpação das prerrogativas da natureza, vocês tentam forçá-las."[41]

Como essa passagem demonstra, para ele a questão da igualdade política — ou de quem tem o direito de governar — é ainda mais importante que a da igualdade social ou econômica. Em uma sociedade com uma ideia igualitária de governo, não haverá verdadeira igualdade, mas antes um desordeiro governo de inadequados. Como se organizará em torno de uma ideia de igualdade que jamais pode ser atingida de fato, tal sociedade também estará sempre em desordem e mudança. A ideia de eliminar todas as distinções sociais é uma "ficção monstruosa que, ao inspirar falsas ideias e expectativas vãs em homens destinados a viajar pelo obscuro caminho da vida laboriosa, serve apenas para agravar e amargar a real desigualdade, que jamais pode ser removida, e que a ordem da vida civil estabelece em benefício tanto daqueles que deve deixar em estado humilde quanto daqueles que é capaz de exaltar a uma condição mais esplêndida, mas não mais feliz".[42]

Ele certamente não está defendendo um simples *status quo* social no qual os nascidos para o privilégio e os nascidos para laborar devem permanecer onde estão. Ele deixa claro que não pretende "confinar o poder, a autoridade e a distinção ao sangue e aos nomes e títulos".[43] Antes, a distinção deve ir para os mais adequados ao poder, e Burke acredita que um importante componente dessa adequação tem a ver com propriedade e tempo livre. Seria possível, mas não muito fácil, para outros entrarem na classe dirigente caso se provassem capazes (como ele mesmo o fez). Mas, como regra geral, "alguma decente e regulada proeminência, alguma preferência (e não apropriação exclusiva) concedida pelo nascimento não é nem antinatural, nem injusta, nem apolítica".[44]

Por que essa preferência deveria ser concedida se (como afirma) a habilidade natural não é herdada? Uma razão fundamental tem a ver com a importância que atribui à prudência na vida política. Dito de maneira simples, governar é muito difícil e nem todos podem fazê-lo. E, em uma sociedade moldada pela prescrição, governar exige não tanto inteligência, mas antes conhecimento da história e da tradição, uma boa noção sobre o povo e prudência esclarecida ao tomar decisões. Como é mais que a expressão das preferências do público ou a aplicação de princípios geométricos, o governo exige mais qualidade que quantidade — uma qualidade que é desenvolvida através da experiência e do estudo, construtores do julgamento, e que, desse modo, é mais difícil de conseguir para pessoas em certas profissões e modos de vida.[45] "Homens racionais e experientes sabem relativamente bem, e sempre souberam, como distinguir entre a verdadeira e a falsa liberdade e entre a genuína aderência e a pretensão de aderência ao que é verdadeiro", escreve em *An Appeal from the New to the Old Whigs*. "Mas ninguém, com exceção dos que estudaram profundamente, pode compreender o elaborado processo de uma indústria adequada para unir a liberdade privada e pública à força pública, com ordem, paz, justiça e, acima de tudo, com instituições formadas para conceder permanência e estabilidade, através das eras, a esse inestimável todo."[46]

Os homens possuem essas habilidades em graus variados não porque alguns nascem mais prudentes que outros, mas porque a prudência é função da experiência e da educação. De fato, essa defesa da desigualdade política parece motivada precisamente por sua crença na igualdade natural. "O selvagem tem em si as sementes do lógico, do homem de bom gosto e bom nascimento, do orador, do estadista, do homem de virtude e do santo.

Essas sementes, embora plantadas em sua mente pela natureza, por falta de cultura e exercício devem permanecer para sempre enterradas, dificilmente sendo percebidas por ele mesmo e pelos outros."[47] Cultivar essas sementes exige certo tipo de vida. Os que a vivem e se beneficiam dela são um tipo de aristocracia natural, com o direito de governar por possuírem o necessário julgamento. Em uma extraordinária passagem de *Appeal*, ele faz uma lista de mais de quinze qualidades ou habilidades (por exemplo, "Não conhecer nada baixo e sórdido desde a infância", "Aprender a desprezar o perigo na busca pela honra e pelo dever", "Ter tempo livre para ler, refletir e conversar", "Ser professor de alta ciência ou de uma arte liberal engenhosa") que podem ajudar a constituir um membro da aristocracia natural.[48]

Tais pessoas, é claro, podem ser formadas somente sob condições sociais particulares. E não há vergonha ou injustiça em preferir como governantes aqueles mais qualificados para realizar julgamentos. As sociedades deveriam buscar o bom governo, em vez de meramente encenarem as implicações de um ideal abstrato de igualdade política, e o bom governo exige conceder mais autoridade aos mais capazes de governar.[49] As sociedades cuja principal preocupação é a igualdade social tendem não apenas a fracassar na elevação dos meritórios como a elevar e celebrar os mais pobremente qualificados para o governo.[50]

Por essa razão, do mesmo modo que a sociedade se mantém por meio da herança, ela manterá certas desigualdades sociais e políticas, para seu próprio bem. E essas desigualdades possuem um importante benefício adicional, para além da elevação dos mais qualificados. Também oferecem os meios para conter e resistir aos abusos, ao exigir que o poder flua pelos profundos canais que compõem a desnivelada topografia social. A divisão dos cidadãos em classes e grupos distintos "cria uma forte barreira aos excessos do despotismo" ao estabelecer hábitos e obrigações de comedimento em governantes e governados, baseados nas relações entre grupos e classes na sociedade.[51] Remover essas amarras tradicionais, que afetam tanto o indivíduo quanto o Estado, significaria permitir que apenas o Estado restringisse o indivíduo, com ele mesmo sendo contido apenas por princípios e regras, ou seja, barreiras de pergaminho. Nada poderia ser mais forte ou efetivo que as amarras do hábito e dos costumes que surgem da identidade e da lealdade dos grupos. Sua famosa referência ao pequeno pelotão — "Estar ligado à subdivisão, amar o pequeno pelotão a que pertencemos na sociedade, é o primeiro princípio (o germe, por assim dizer) das afeições públicas" — é frequentemente citada como exemplo de defesa do governo local ou da lealdade a um lugar, mas, no contexto de *Reflexões*, é nitidamente uma referência às classes sociais.[52]

Destruir todas as conexões entre o indivíduo e o Estado, deixando os indivíduos iguais, mas separados, seria expô-los diretamente ao poder bruto do Estado. Nessa situação, as pessoas também não teriam proteção umas contra as outras ou contra a massa de cidadãos. Para Burke, isso as tornaria incapazes de defender suas liberdades e as sujeitaria a abusos de poder ainda mais brutais e perigosos que os cometidos pelos antigos despotismos. As instituições sociais que se colocam entre o indivíduo e o governo são barreiras cruciais à impiedade dos oficiais públicos e à ocasional crueldade das maiorias. São essenciais para a liberdade.[53]

Ele acredita que o próprio processo de despir os fortes e poderosos de poder e status ameaça libertar forças que poderiam facilmente destruir a paz estruturada da sociedade. E atribui a deslealdade e o motim dos soldados franceses, por exemplo, ao fato de terem visto os nobres sendo humilhados.[54] O efeito da experiência de nivelação é eliminar todo senso de respeito e obrigação e deixar as pessoas incapacitadas para a paz e a ordem, mesmo na sociedade civil, para não dizer na vida política. Como mostrado no capítulo 2, Burke lamentou famosamente que "nesse esquema de coisas, um rei é somente um homem; uma rainha é somente uma mulher; e uma mulher é somente um animal, e não da ordem mais elevada".[55] A descida até o barbarismo começa no rebaixamento de reis e rainhas a simples homens e mulheres.

E, contudo, apesar de toda sua oposição ao nivelamento social e político, ele não nega a igualdade natural entre os homens.[56] É precisamente porque acha que os seres humanos são mais ou menos iguais em habilidades naturais que deseja que apenas os que foram adequadamente formados e treinados possam governar. Assim, a igualdade natural não só não necessita de igualdade social (como insiste Paine) como também torna necessária alguma desigualdade social. A sociedade é natural ao homem, e as pessoas vivendo nela são inevitavelmente desiguais em alguns aspectos materiais e sociais. Mas a sociedade torna possível um tipo mais profundo de igualdade, que, segundo ele, é um dos ideais indicados pelo modelo da natureza. "A desigualdade que cresce da natureza das coisas com o tempo, o costume, a sucessão, o acúmulo, a permuta e a melhoria da propriedade é muito mais próxima da verdadeira igualdade — que é a fundação da política de equidade e de justiça — do que qualquer coisa que possa ser urdida por truques e artifícios da habilidade humana."[57] Essa "verdadeira igualdade", que descreve como "igualdade moral", não assume a forma de direitos iguais de governar, mas é algo como o direito igualitário a ter uma posição na vida. "Todos os homens possuem direitos iguais, mas não coisas iguais."[58]

Essa igualdade moral, derivada do antigo cavalheirismo e de seu apelo a sentimentos pacíficos, distingue a civilização europeia moderna de todas as outras e mesmo das maiores civilizações do passado. "Foi ela que, sem confundir as classes sociais, produziu uma nobre igualdade e a distribuiu por todas as gradações da vida social."[59] Uma política ordenada para apoiar os sentimentos de paz social e sustentada por um modelo prescritivo de mudança tende a elevar os humildes e submeter os poderosos, sem erradicar todas as distinções sociais ou transformar a sociedade em meros indivíduos díspares. Ela compõe um todo do qual todos fazem igualmente parte, mesmo que não em partes iguais. E, por meio dela, todos se tornam mais capazes "de buscar e reconhecer a felicidade que é encontrada pela virtude em todas as situações; nisso consiste a verdadeira igualdade moral da humanidade".[60] Tal felicidade só é possível em uma sociedade bem governada, e tal sociedade, por sua vez, só é tornada possível por certos tipos de desigualdade social e política.

Thomas Paine, é claro, não poderia discordar mais de Burke do que nesse ponto. Sua obra era a própria personificação do igualitarismo radical que Burke temia. Paine acreditava que todo homem estava na mesma relação com sua origem que qualquer outro e, desse modo, ninguém tinha o direito supremo de reinar. "Onde não há distinções, não pode haver superioridade", escreveu ele em *Senso comum*.[61] E, como "todos os homens [são] originalmente iguais, ninguém pode, por nascimento, ter direito de estabelecer sua própria família em perpétua preferência sobre todas as outras".[62] Como viola os direitos de cada nova geração, o status social herdado é uma receita para uma sociedade injusta que jamais será bem governada. Não há "razão verdadeiramente natural ou religiosa" para a distinção entre reis e súditos. "Macho e fêmea são distinções da natureza, bom e mau são distinções do paraíso, mas como uma raça de homens chegou ao mundo tão exaltada sobre o restante e distinguida como uma nova espécie é algo que vale a pena pesquisar, e também se isso é causa de felicidade ou miséria para a humanidade."[63] Em outras palavras, um rei obviamente *é* apenas um homem. A ideia de que a posição social ou o direito de governar, como a propriedade, devam ser transmitidos através das gerações parece a ele um profundo erro de compreensão da natureza do homem e da vida política.

"O que é o governo senão o gerenciamento dos assuntos de uma nação?", pergunta ele em *Os direitos do homem*. "Ele não é, e por natureza não pode ser, propriedade de qualquer homem ou família em particular, mas sim de toda a comunidade, à custa de quem é suportado. Se, por meio da força ou da maquinação, foi usurpado e transformado em herança, a usurpação não pode alterar a ordem correta das coisas."[64]

Ele entende bem a afirmação de Burke de que o privilégio de governar das famílias nobres deriva não do direito natural, mas sim da educação em prudência e estadismo permitida por seu herdado acesso ao tempo livre. Mas sua muito diferente opinião sobre a relação da política com a natureza e a natureza humana o persuadiu de que o governo não é tão complicado quanto Burke sugere e, desse modo, não exige uma vida de tempo livre e aprendizado. "Apesar do mistério em que a ciência do governo foi envolvida com o objetivo de escravizar, saquear e submeter a humanidade, ela é, de todas as coisas, a menos misteriosa e a mais fácil de compreender", escreve em *Dissertation on First Principles in Government* [Dissertação sobre os princípios básicos de governo].[65] Aqueles que a chamam de complicada o fazem somente para proteger seus próprios interesses, como mágicos que escondem seus truques. Em *Os direitos do homem*, ele acusa o velho regime francês dessa tática desonesta. "Em todos os casos, eles fizeram questão de apresentar o governo como coisa feita de mistérios, que apenas eles compreendiam, e esconderam do entendimento da nação a única coisa benéfica de se saber, ou seja, que o governo não é nada mais que uma associação nacional agindo a partir de princípios sociais."[66] Esses princípios, acessíveis por meio da reflexão sobre a natureza, não exigem profundo estudo da história e não mudam de um lugar e tempo para outro.[67]

Paine argumenta que o governo é basicamente um tipo de exercício intelectual que requer inteligência bruta, e não conhecimento da história ou da filosofia, e que a inteligência bruta é distribuída mais ou menos aleatoriamente pela natureza. É interessante notar que Burke baseia seu caso contra a igualdade social na distribuição aproximadamente constante de habilidades, o que requer tempo livre e educação — vantagens não igualmente disponíveis — para que sejam aprimoradas e desenvolvidas, ao passo que Paine baseia sua defesa da igualdade social na distribuição desigual, porém randômica, dessas habilidades. "É impossível controlar a natureza em sua distribuição de poderes mentais. Ela os concede da maneira que lhe apraz. Sorrio quando contemplo a ridícula insignificância em que a literatura e todas as ciências afundariam se fossem hereditárias e tenho a mesma opinião em relação ao governo."[68]

Para ele, o ato de governar é como as realizações artísticas ou científicas — exige talento natural; nesse caso, "poderes mentais" que permitam que seu possuidor compreenda melhor as leis e os direitos naturais e os aplique. Nenhuma classe de homens é exclusivamente abençoada com tais habilidades, do mesmo modo que aqueles que as possuem não as passam necessariamente aos filhos. Somente uma sociedade igualitária pode permitir que venham à tona e sirvam aos interesses do Estado. O igual direito de governar, portanto, é essencial para o sucesso e a prosperidade da sociedade. Paine é um nivelador não da propriedade, como Burke às vezes o acusa de ser, mas da autoridade.[69]

Embora suas diferentes opiniões sobre a natureza e a justiça não expliquem integralmente sua disputa, tanto Burke quanto Paine iniciam com essas questões, e suas visões sobre o assunto começam a expor suas filosofias políticas mais amplas. Paine argumenta a favor da revolução para recuperar liberdades naturais (que ele acredita terem sido esmagadas pelos governos). Burke argumenta contra a revolução para defender a ordem natural das coisas (que ele acredita estar manifestada na vida política). Parte de sua disputa é sobre se a natureza fornece princípios subjacentes para julgar as instituições políticas ou se fornece a ordem e a estrutura que essas instituições representam. Ambos indicam algo permanente na natureza, mas, para Burke, permanente é a mudança (nascimento, crescimento e morte, assim como suas contrapartidas políticas), ao passo que, para Paine, permanente é um princípio imutável. Nesse sentido, Burke opera com base na expectativa de mudança constante, enquanto o liberalismo radical de Paine é atemporal. Mas, a partir de suas reflexões sobre a mudança, Burke conclui que a estabilidade e a continuidade são essenciais para uma sociedade sustentável. Paine, em contraste, conclui de suas reflexões sobre a atemporalidade que a transformação total e radical é sempre uma opção.

Burke também retira de suas reflexões a noção de que os seres humanos estão conectados em meio à mudança, que alguns elos nos unem inescapavelmente através das sociedades e do tempo. Já para Paine, o encontro com os princípios atemporais é individual e direto. Ao considerar a disputa entre eles, portanto, a questão da natureza e de suas consequências para a ordem e a justiça nos leva inevitavelmente na direção das relações e dos compromissos sociais e políticos — ou seja, na direção da questão sobre escolha e obrigação.

4

Escolha e obrigação

A disputa entre Burke e Paine sobre natureza e justiça estabelece o cenário para uma profunda discordância sobre o próprio objetivo da política. Para Paine, a igualdade natural entre todos os seres humanos se traduz em completa igualdade política e, portanto, em direito à autodeterminação. A formação da sociedade foi, em si mesma, uma escolha feita por indivíduos livres, e os direitos naturais que levaram consigo lhes permitem agir como queiram, sem coerção. Cada pessoa deve ter o direito de fazer o que quiser, a menos que suas escolhas interfiram nos direitos e nas liberdades das outras. E, quando isso acontecer — quando a sociedade como um todo precisar agir para restringir a liberdade de algum de seus membros —, o governo só pode fazê-lo de acordo com os desejos da maioria, agregados através de um processo político. Em sua opinião, a política é fundamentalmente uma arena para o exercício da escolha e nossas únicas obrigações políticas reais são respeitar as liberdades e escolhas alheias.

Para Burke, a natureza humana só pode ser compreendida dentro da sociedade e, por conseguinte, dentro da complexa rede de relações em que cada pessoa está inserida. Nenhum de nós escolhe a nação, comunidade ou família em que nascerá e, embora até certo ponto possamos mudar nossas circunstâncias quando nos tornamos mais velhos, sempre seremos definidos por obrigações e relacionamentos cruciais que não foram escolhidos por nós. Uma política justa e saudável deve reconhecer essas obrigações e relacionamentos, e responder à sociedade como ela existe, antes que possa permitir mudanças para melhor. Em sua opinião, a política deve reforçar os laços que nos mantêm unidos, permitindo que sejamos livres dentro da sociedade, em vez de definir a liberdade com exclusão da sociedade, e que cumpramos nossas obrigações para com as gerações passadas e futuras. Cumprir obrigações é tão essencial para nossa felicidade e nossa natureza quanto fazer escolhas.

A formulação de Paine sobre o objetivo da política é, na superfície, muito mais familiar aos americanos de hoje. É talvez o mais familiar de todos os elementos da visão de mundo liberal do Iluminismo — mas raramente pensamos sobre suas premissas ou consequências. A noção de Burke, embora quase nunca seja reconhecida como teoria de governo, de muitas maneiras importantes descreve o modo como realmente vivemos. Ambas as visões são mais complexas e problemáticas do que poderíamos esperar — e nos levam em direção ao cerne do debate que define a moderna democracia liberal.

Uma política de escolha

A ideia de direitos está no centro da filosofia política de Thomas Paine. Os direitos são os princípios organizadores de seu pensamento e a principal preocupação de todos os seus textos sobre o governo. Mas a mais clara e acessível elucidação de sua ideia de direitos não surge em nenhum de seus ensaios sobre questões políticas, que pressupõem certa noção de política e direitos naturais, mas sim em uma extraordinária carta que escreveu a Thomas Jefferson no agitado ano de 1789.

A carta, aparentemente continuação de uma discussão entre os dois, sumariza suas opiniões sobre a questão dos direitos em meio ao caos e à excitação da revolução na França. Os revolucionários diziam se dedicar aos "direitos do homem", mas o que, exatamente, significava isso? Seguindo a grande tradição liberal iluminista, ele começa por imaginar uma fundação:

> Suponha que vinte pessoas, todas estranhas entre si, tenham se encontrado em um país desabitado. Cada uma delas seria soberana por próprio direito natural. Sua vontade seria lei, mas seu poder, em muitos casos, seria inadequado a seu direito; como consequência, elas poderiam ficar expostas não apenas umas às outras, mas também às outras dezenove. Então lhes ocorreria que sua condição melhoraria muito se conseguissem encontrar uma maneira de trocar aquela quantidade de perigo por uma quantidade equivalente de proteção, a fim de que cada uma delas possuísse a força de todas.

Nessa situação, as pessoas trocariam liberdade por proteção, mas não desistiriam de seus direitos pré-sociais básicos. Em vez disso, construiriam a partir deles:

> Como todos os seus direitos seriam naturais e seu exercício seria suportado apenas por seu próprio poder natural e individual, elas começariam por distinguir entre os direitos que poderiam exercer individualmente, de forma total e completa, e os que não poderiam. Os primeiros são os direitos de pensar, falar, formar e emitir opiniões e, talvez, aqueles que possam ser exercidos integralmente pelo indivíduo sem ajuda externa — em outras palavras, direitos de competência pessoal. Os segundos seriam os de proteção pessoal e de adquirir e possuir propriedades, no exercício dos quais o poder individual é menor que o direito natural [...] Eu os considero direitos civis ou contratuais e eles são distinguíveis dos naturais porque, em uns, agimos inteiramente por nós mesmos e, nos outros, concordamos em não fazer isso, agindo sob a garantia da sociedade.[1]

Essa convincente descrição baseia os direitos em um entendimento altamente individualista do cidadão. Ela vê os laços sociais e políticos como produtos de escolhas individuais motivadas por cálculos de utilidade e necessidade. Todo cidadão tem direito à liberdade de ação e, quando um direito individual não consegue ser exercido individualmente, os cidadãos recorrem ao poder do Estado para colocá-lo em prática. Esse poder não é um dom da sociedade, mas sim uma subvenção — o acesso a ele é a razão pela qual formamos sociedades. Nós o fazemos para proteger e afirmar direitos naturais preexistentes, e o que chamamos de direitos civis são meios de utilizar o capital comum da sociedade para que os direitos naturais tenham efeito. Como diz em *Os direitos do homem*, "a sociedade nada concede [ao cidadão]. Todo homem é um proprietário em sociedade e emprega seu capital como uma questão de direito".[2]

Isso significa que os direitos que temos em sociedade e os direitos que temos por natureza são, em essência, direitos às mesmas coisas — e, especialmente, à liberdade de escolha. "O homem não entra na sociedade para se tornar pior do que era antes ou para ter menos direitos do que tinha antes, mas sim para assegurar esses direitos", escreve. Assim, ele vê os homens em seu estado natural transformados em cidadãos para proteção de seus direitos e descreve a sociedade explicitamente como produto desse arranjo utilitário. Em *Os direitos do homem*, Paine oferece essa descrição na forma de três premissas essenciais de seu pensamento político:

> Primeira, que cada direito civil nasce do direito natural ou, em outras palavras, é um direito natural permutado. Segunda, que o poder civil adequadamente considerado é constituído pela agregação daquela classe de direitos naturais do homem que se torna defectiva no indivíduo em termos de poder e não responde a seu propósito, mas que, quando coletada em um foco, torna-se competente para o propósito de todos. Terceira, que o poder produzido pela agregação de direitos naturais, imperfeitos em poder no indivíduo, não pode ser aplicado para violar os direitos naturais retidos por ele e nos quais o poder de execução é perfeito e um direito em si mesmo. Em poucas palavras, rastreamos o caminho do homem de indivíduo natural a membro da sociedade e demonstramos, ou tentamos demonstrar, a qualidade dos direitos naturais que são retidos e daqueles que são permutados por direitos civis.[3]

A sociedade, assim, é um meio para realizar aquilo que cada indivíduo tem o direito, mas não a habilidade, de realizar. Para Paine, isso significa, acima de tudo, um meio de permitir a *escolha*, ou a liberdade de modelar seu próprio futuro, sem coerção — um meio para a radical liberação do indivíduo do fardo de suas circunstâncias, de sua natureza e dos outros homens. Igualdade, individualismo e direitos naturais (alguns transformados em direitos civis) são fatos descritivos e prescritivos da natureza humana, mas a liberdade pessoal — o direito de escolher — é o fim que desejamos atingir na política. A sociedade existe para proteger os atos de escolha, ao satisfazer necessidades animais, por um lado, e proteger os indivíduos da coerção, por outro. Isso significa que o próprio governo, ao proteger e efetivar os direitos dos indivíduos, deve ser compreendido como um pacto, fruto da escolha e definido por regras contratuais claras.

Como a maioria dos pensadores políticos de seu tempo, Paine frequentemente se refere à sociedade como um contrato, embora sempre insista que o contrato não é entre as pessoas e um poder soberano, mas entre as pessoas entre si. "Achou-se que era um considerável avanço na direção do estabelecimento dos princípios da liberdade dizer que o governo é um acordo entre aqueles que governam e aqueles que são governados", observa ele em *Os direitos do homem*, "mas isso não pode ser verdade, porque significa colocar o efeito antes da causa. O homem deve ter existido antes que os governos existissem e, necessariamente, houve um tempo no qual os governos não existiam. Assim, originalmente não havia governos com os quais firmar tal contrato."[4] Como sempre retornando ao início dos tempos para compor seu raciocínio, ele descreve o contrato social em termos rigidamente individualistas: "O fato, portanto, deve ser que os próprios indivíduos, cada um com seu próprio e soberano direito, fizeram um acordo uns com os outros para produzir um governo, e essa é a única maneira pela qual os governos têm o direito de surgir e o único princípio pelo qual têm o direito de existir."[5]

Somente a geração fundadora de qualquer regime pode verdadeiramente exercer o consentimento nesse sentido explícito, mas ele argumenta que o consentimento implícito, expressado nas decisões das gerações subsequentes quando evitam revogar as leis, é a única fonte de legitimidade que qualquer regime jamais possuirá.[6] Qualquer sociedade legitimamente política, portanto, é um contrato entre seus membros vivos, e não um contrato entre eles e seu governo ou um acordo entre seus antepassados que de algum modo também os obriga.

Como contrato, a sociedade não apenas fornece benefícios a seus membros, mas exige deles certas obrigações. Todavia, mesmo essas obrigações são feitas de maneira a permitir espaço para a escolha. Ele explica sucintamente: "O direito de que gozo se torna minha obrigação de garanti-lo ao outro e ele a mim, e aqueles que violam esse dever sofrem uma justa suspensão do direito."[7] Nossos deveres sociais, consequentemente, reduzem-se a respeitar os direitos dos outros como eles respeitam os nossos, de modo que as obrigações que definem a sociedade são obrigações para com a liberdade de escolha de seus membros individuais. São obrigações voluntárias que visam proteger a escolha.

E como essa sociedade deve ser conduzida? Sua resposta — de que a soberania popular e a eleição de líderes são características essenciais de qualquer regime legítimo — flui diretamente de sua crença na escolha individual. O governo hereditário viola os direitos dos governados, mesmo que, em sua origem, há muitas gerações, tenha sido instalado por escolha pública. As pessoas podem escolher ser governadas por um rei com amplos poderes, mas não escolher conceder poderes permanentes a seus filhos e netos. "Se a geração presente, ou qualquer outra, está disposta a ser escrava, isso não diminui o direito das gerações seguintes de serem livres."[8]

Ele passa grande parte de *Os direitos do homem* defendendo esse ponto e o faz em resposta direta aos textos de Edmund Burke sobre a Revolução Francesa. Burke afirmou que não somente os franceses haviam removido seu governo de modo ilegítimo como a própria noção de que as pessoas sempre têm o direito de depor o governo e selecionar seus próprios dirigentes era um erro. A ideia de que a escolha está no centro de todo pensamento político lhe parecia falha. É sobre essa questão do direito do povo de escolher seu próprio regime e seus próprios governantes, mais do que sobre qualquer outro assunto, que Paine se dirige mais diretamente a Burke, e é também sobre ela que Burke mais expressamente responde a ele em seus próprios textos subsequentes. Suas opiniões muito diferentes sobre a natureza da obrigação social e dos direitos individuais atingem um ponto crucial na questão do consentimento — de quão central é a escolha na vida política.

Uma ética da obrigação

As opiniões de Burke sobre o consentimento estavam fadadas a soar muito provocativas para Paine. Qualquer amigo moderno da democracia, ao ler *Reflexões sobre a revolução na França*, será atingido pela veemência com que Burke rejeita a proposição geral de que as pessoas possuem o direito fundamental de escolher seus próprios governantes. *Reflexões* é conhecida como obra antirrevolucionária, um ataque ao extremismo que Burke acreditava estar em exibição na França e uma defesa das práticas e formas estabelecidas. Mas a obra começa de fato com um golpe às alegações do proeminente ministro protestante dissidente Richard Price em relação à Revolução Inglesa de 1688. Price insistira que a Revolução Gloriosa havia estabelecido o regime inglês sobre três direitos fundamentais: "escolher nossos próprios governantes, depô-los por má conduta [e] conceber um governo para nós mesmos."[9] O que acontecia na França, segundo ele, era um esforço para alcançar essas liberdades inglesas. Burke devota a porção inicial de seu ensaio a um ataque selvagem a essas alegações: "Essa nova e inédita lei dos direitos, embora feita em nome de todo o povo, pertence apenas àqueles cavalheiros e sua facção. O corpo de pessoas da Inglaterra não partilha dela. Elas a negam profundamente. Resistirão com suas vidas e fortunas à sua afirmação prática."[10] Assim, ele teme não apenas o espectro das multidões frenéticas em Paris, mas também a teoria do governo por consentimento no coração do liberalismo inglês.

Essa dura negativa do direito do povo de escolher seus líderes parece, no início, ser primariamente uma defesa da constituição inglesa, dado que, se os princípios de Price (e Paine) fossem válidos, a maioria da história da Inglaterra consistiria em governos ilegítimos. "Eles pretendem invalidar, anular ou questionar, juntamente com os títulos de toda a linhagem de nossos reis, o grande corpo de nossa lei estatutária, aprovada por aqueles que agora tratam como usurpadores?"[11] Em 1784, em um discurso sobre a reforma parlamentar, ele argumentara que os princípios dos reformadores radicais simplesmente não podiam coexistir com o sistema inglês de governo: "É ridículo falar com eles sobre a constituição inglesa em qualquer uma ou todas as suas bases, pois eles acreditam que cada homem deve governar a si mesmo e que, aonde não puder ir, deve enviar um representante, que qualquer outro governo é uma usurpação [...] Se essa alegação fosse fundamentada, está claro aonde chegaria."[12] Chegaria, temia ele, à completa rejeição da constituição inglesa e abriria as portas para a sedição e a revolução.

Defensores ingleses dos princípios republicanos, como Richard Price, respondiam a essa acusação de sedição mencionando precisamente a revolução de 1688, que estabelecera a monarquia por escolha. Embora a maioria dos monarcas ao redor do mundo fosse de fato ilegítima, pois governava sem consentimento do povo, a monarquia inglesa fora restabelecida como ato de escolha do Parlamento de 1688 e, portanto, governava de acordo com o princípio de que o povo podia estabelecer e remover seus líderes conforme sua vontade. Burke rejeita determinadamente essa defesa: a Revolução Gloriosa foi um momento de crise extrema, mas os ingleses que ajudaram o país a passar por ela (os "antigos whigs" a quem ele apela) escolheram precisamente evitar transformá-la em uma oportunidade para estabelecer uma república inglesa, encontrando um monarca descendente de uma antiga linhagem e continuando o regime sobre suas fundações estabelecidas. "A revolução foi feita para preservar nossas *antigas* e indisputáveis leis e liberdades e a *antiga* constituição de governo que é nossa única garantia de lei e liberdade", argumenta. "A própria ideia de fabricar um novo governo é suficiente para nos encher de desgosto e horror. Desejamos, na época da revolução assim como agora, extrair tudo que possuímos *da herança de nossos antepassados*."[13]

Essa herança seguramente contém um elemento de escolha e soberania popular, juntamente com outros elementos. Mesmo naquela época, sua preciosa Câmara dos Comuns era, afinal, um elemento relativamente democrático em um regime misto, e ele não faz objeções às eleições populares ou à política democrática. Ele muitas vezes foi acusado, desde críticos como o próprio Paine até acadêmicos do século XXI, de ser apenas um defensor antidemocrático de velhos privilégios. Mas essa acusação requer uma leitura muito crua de suas opiniões sobre consentimento, eleições e representação. Ele frequentemente defende as instituições representativas, que acredita serem contrapesos necessários aos excessos do monarca e da aristocracia. Mas as instituições representativas não são o objetivo do regime, apenas uma de suas partes. Um bom governo deve obter suas pistas das inclinações populares. "Com efeito, seguir, e não forçar, a inclinação pública; dar direção, forma, vestimenta técnica e sanção específica ao senso geral de comunidade — esse é o verdadeiro objetivo da legislatura", e isso exige tanto um meio de permitir que as pessoas tenham voz quanto um meio de sujeitar a vontade popular à liderança prudente e ao sábio comedimento.[14] O problema é pensar no consentimento como princípio definidor essencial de um regime. "Não reprovo nenhuma forma de governo baseada meramente em princípios abstratos", e a democracia certamente pode ser parte de um governo legítimo. Mas a pura democracia, um regime formado para servir acima de tudo à escolha, parece-lhe uma receita para o desastre, tanto na teoria quanto na prática, pois não possui nenhum princípio claro de limites.[15]

Uma longa tradição filosófica, de Platão a Montesquieu e até a época do próprio Burke, notou os perigosos excessos da democracia absoluta, e, ao indicar esses perigos, ele faz um apelo incomumente explícito à filosofia: "Não sendo completamente ignorante sobre os autores que testemunharam e compreenderam a maioria das constituições [democráticas], não posso evitar concordar com sua opinião de que a democracia absoluta, assim como a monarquia absoluta, deve ser reconhecida como uma das formas legítimas de governo [...] Se me recordo corretamente, Aristóteles observou que a democracia tem uma quantidade surpreendente de similaridades com a tirania."[16] Essa noção de uma tirania da maioria desenfreada sobre a minoria, muito presente em sua mente na época da Revolução Francesa, fundamentaria sua crítica da democracia sem controle. Como afirma em *Reflexões*:

> Estou certo de que, em uma democracia, a maioria dos cidadãos é capaz de exercer a mais cruel das opressões sobre a minoria sempre que fortes divisões prevalecerem naquele tipo de política, o que ocorre frequentemente, e de que a opressão da minoria se estenderá a números muito maiores e será imposta com muito mais fúria que o que poderia ser feito por um único cetro. Em tal perseguição popular, os sofredores individuais se encontram em uma condição muito mais deplorável que em qualquer outra.

Sob um rei cruel, argumenta, os membros de uma minoria oprimida "têm o bálsamo da compaixão da humanidade para aliviar suas feridas". Mas, sob a democracia tirânica, todo o público está contra eles. "Eles parecem ter sido deserdados pela humanidade, derrotados por uma conspiração de sua própria espécie."[17] Sua opressão parece de algum modo legítima.

Acima dessa tirania da maioria, e talvez uma ameaça ainda maior ao governo legítimo, está o perigo do domínio arbitrário em uma democracia — de o governo jamais ter de responder por suas ações, pois são realizadas em nome do povo. Em *An Appeal from the New to the Old Whigs*, ele cita extensamente a alegação de Paine de que a eleição é a única fonte legítima de autoridade, parafraseando, então, a atitude que nela vê: "Discuta qualquer um de seus esquemas e sua resposta será que foi um ato do *povo* e isso basta. Devemos negar à *maioria* o direito de alterar toda a estrutura da sociedade, se esse for seu desejo? Ela pode mudá-la, dizem, da monarquia para a república hoje e da república para a monarquia amanhã, indo e voltando tão frequentemente quanto quiser."[18]

Se não há fonte de autoridade para além da momentânea vontade popular, então não se pode esperar que nenhum arranjo ou instituição da sociedade permaneça no lugar por um momento além do desejo público. Isso, argumenta Burke, não somente não é prático (pois conduz a uma debilitante incerteza e torna impossível a qualquer cidadão planejar seu futuro) como também é um erro de princípios. "Nem os poucos nem os muitos têm o direito de agir meramente por sua vontade, em qualquer questão conectada ao dever, à confiança, ao engajamento ou à obrigação." Não faz diferença se a maioria escolhe ou não, "pois nenhum de nós pode dispensar a fé pública ou privada, ou qualquer outro laço ou obrigação moral, assim como não pode nenhum número de nós".[19] Há instâncias cruciais nas quais a escolha simplesmente não é uma opção.

E aqui chegamos à essência de seu problema com o consentimento. Embora as ameaças à constituição inglesa e o risco de uma tirania da maioria o preocupem, o problema mais profundo e fundamental é que o foco da escolha equivale a um mal-entendido básico em relação à condição humana. A política da escolha começa com um erro.

Em sua opinião, o homem está na sociedade não por escolha, mas por nascimento. E os fatos de seu nascimento — a família, o status e a nação em que nasce — exercem inescapáveis demandas sobre ele, ao mesmo tempo que lhe concedem privilégios e proteções que, recém-nascido, nada fez para merecer. Os homens podem modificar suas circunstâncias e acumular ou perder privilégios e obrigações durante o curso de suas vidas, mas, mesmo quando o fazem, assumem em seu novo status novas obrigações que não são simplesmente escolhidas e que não podem ser descartadas à vontade: "O lugar de cada homem determina seu dever."[20] As mais essenciais obrigações e relações humanas — aquelas que envolvem a família, mas também muitas das que envolvem a comunidade, a nação e a fé religiosa — não são escolhidas e jamais poderiam ser realmente escolhidas. A vida política e social provém delas, não de um ato de vontade. "Temos obrigações com a humanidade em geral, que não são consequência de nenhum pacto voluntário especial. Elas surgem das relações entre os homens e das relações entre o homem e Deus, que não são questões de escolha. Ao contrário, a força de todos os pactos que fazemos com qualquer pessoa ou grupo de pessoas depende dessas obrigações prévias. Em alguns casos, as relações de subordinação são voluntárias; em outros, são necessárias — mas todos os deveres são compulsórios."[21] Somente ao começar uma teoria política com um experimento mental altamente implausível sobre pessoas perfeitamente independentes que teriam fundado uma sociedade por escolha pode-se imaginar uma sociedade em que a escolha é necessariamente central. Quando olhamos para os seres humanos como de fato vivem, é impossível ignorar a centralidade e o valor das obrigações compulsórias.

Talvez o fato mais perfeitamente inescapável sobre a maneira como vivemos seja o de que todos os seres humanos entram em um mundo já existente — um mundo no qual pertencem a uma família e a uma comunidade particulares, responsáveis por eles, e para com as quais, por sua vez, possuem obrigações. O erro de Paine, sugere Burke, começa com uma noção falha sobre a liberdade e a independência originais. Em *Appeal*, em resposta direta a Paine, ele revela o coração de sua própria antropologia em uma extraordinária descrição das relações humanas. É bastante possível que seja seu parágrafo mais importante em décadas de textos e, assim, vale a pena citá-lo na íntegra:

> Sombrias e inescrutáveis são as maneiras pelas quais chegamos ao mundo. Os instintos que dão origem a esse misterioso processo da natureza não são de nossa autoria. Mas, de causas físicas desconhecidas e talvez incognoscíveis, surgem os deveres morais, os quais, como somos perfeitamente capazes de compreender, somos indispensavelmente obrigados a cumprir. Os pais podem não ter consentido nessa relação moral, mas, consentindo ou não, estão comprometidos com uma longa cadeia de pesados deveres para com aqueles com os quais jamais firmaram nenhum tipo de contrato. As crianças não consentem nessas relações, mas, mesmo sem seu consentimento, essas relações as subordinam a seus deveres, ou melhor, trazem implícito seu consentimento, porque o consentimento implícito de cada criatura racional está em uníssono com a ordem predisposta das coisas. Desse modo, os homens chegam a uma comunidade com o status social de seus pais, dotados de todos os benefícios e deveres de sua situação. Se, na maioria dos casos, os elos e laços sociais nascidos dessas relações físicas que são elementos de nossa comunalidade começam e continuam independentemente de nossa vontade, do mesmo modo, sem qualquer estipulação de nossa parte, estamos comprometidos com a relação que constitui nosso país e compreende (como já foi dito) "todas as obras de todas as pessoas". Tampouco somos desprovidos de poderosos instintos para tornar esse dever tão caro e gratificante quanto pode ser terrível e coercitivo.[22]

Assim como o entendimento de Paine sobre os direitos e a escolha está no coração de seu pensamento político, essa visão de obrigações não escolhidas, mas mesmo assim obrigatórias, forma o próprio centro da filosofia moral e política de Edmund Burke. Uma enorme porção de sua visão de mundo (e dos conservadores) se torna mais clara à luz da importância que dá aos fatos básicos e ao caráter da procriação humana, e uma enorme porção da visão de mundo de Paine (e dos progressistas) se torna mais clara à luz do desejo que demonstra de ser liberado das implicações daqueles fatos e daquele caráter. Quase todas as questões que chamamos genericamente de "sociais" estão relacionadas à disputa sobre se tal liberação é possível e desejável. Como coloca em causa a relação entre as gerações (conforme veremos no capítulo 7), essa disputa também molda uma surpreendente porção de nossos outros debates proeminentes. Burke assume que o ser humano está envolvido em uma rede de obrigações que dão forma a nossas vidas.

O papel do consentimento nessa visão de sociedade é secundário, no melhor dos casos. As relações sociais fluem das relações naturais e o consentimento é assumido onde não pode ser expressado, não porque o indivíduo escolha aceitar suas obrigações, mas porque se supõe que o consentimento de cada criatura racional está alinhado à "ordem predisposta das coisas". Essa visão de sociedade começa com a família — e não com o indivíduo — e se move para cima na sociedade.

Burke acredita que os revolucionários franceses queriam, deliberada e explicitamente, enfraquecer esses vínculos de obrigações — enfraquecer a família, para começar, minando assim a mais profunda fonte de resistência à ética revolucionária. Em *Letter to a Member of the National Assembly* [Carta a um membro da Assembleia Nacional], escrita em 1791, ele argumenta que os revolucionários, seguindo Rousseau, buscavam rejeitar os deveres da família "por não serem fundados no pacto social e por não serem obrigatórios de acordo com os direitos do homem, porque essas relações, é claro, não são resultado da livre escolha — jamais por parte dos filhos e nem sempre por parte dos pais".[23] A família é o primeiro obstáculo a uma ética da escolha e, assim, um alvo primário dos revolucionários liberais genuinamente radicais.

Se Paine via como obrigação primária do governo proteger a escolha individual e possibilitar a vontade popular, as obrigações que emergem das relações naturais de Burke são as do cuidado e proteção da rede de relações sociais e do patrimônio da sociedade. Ocasionalmente, a escolha é o melhor meio para cumprir essas obrigações, como quando a eleita Câmara dos Comuns restringiu a excessiva intrusão do rei nos assuntos locais, mas, para ele, a escolha jamais é a essência da própria obrigação ou o fim a ser servido. Os fins são definidos pelas relações sociais, pelos deveres criados pela natureza e pela forma da ordem social, e podem ser mais bem atendidos por um sistema político baseado na prescrição — modelada pela própria natureza da sociedade e, assim, mais adequada ao aprimoramento gradual e contínuo. A prescrição, em sua opinião, é um tipo de escolha intergeracional preferível à escolha individual. É isso que lhe permite negar o princípio do consentimento sem, contudo, tolerar o despotismo:

> Essa não é uma escolha feita em um dia ou por um grupo de pessoas, nem uma escolha tumultuosa e frívola. É uma eleição deliberada das eras e gerações, uma constituição criada por algo 10 mil vezes melhor que a escolha, qual seja, as circunstâncias, ocasiões, temperamentos, disposições e hábitos morais, civis e sociais particulares de um povo, que se revelam somente em um longo espaço de tempo. É uma vestimenta que se acomoda ao corpo. Não é uma prescrição de governo formada sobre preconceitos cegos e sem sentido — pois o homem é o mais sábio e o mais imprudente dos seres. O indivíduo é tolo; a multidão, naquele momento, é tola quando age sem deliberação; mas a espécie é sábia e, quando lhe damos tempo, sempre age corretamente.[24]

Embora reconheça que uma ordem civil particular pode começar historicamente com um ato voluntário e que algumas constituições possam ser pactos explícitos entre governantes e governados, ele acredita que tais origens não são nem de longe tão importantes quanto presumem os liberais do Iluminismo. A sociedade não depende de tal fonte para sua legitimidade e a vida política não pode transformar tudo em uma questão de escolha, pois os fatos mais importantes das sociedades humanas não são resultado dela e não podem ser mudados por ela.

Muitíssimas das mais profundas diferenças entre Burke e Paine se tornam aparentes à luz de suas muito divergentes ideias sobre o funcionamento das relações sociais. A opinião de Burke começa com as "sombrias e inescrutáveis" origens biológicas de cada nova geração e, assim, presume um limite a nossa habilidade de compreender e articular explicitamente o caráter da vida política. Como a política não começa com a escolha, não é inteiramente de nossa criação. Temos de construí-la em torno da sociedade, e não construir a sociedade sobre os princípios da teoria política. Como disse seu grande biógrafo, John Morley: "Para Burke, há um elemento de mistério na coesão dos homens em sociedade, na obediência política, na santidade do contrato, e em todo o tecido das leis, das escrituras e das obrigações, escritas ou não, que são o baluarte protetor entre a civilização e a barbárie. Quando a razão e a história já contribuíram com tudo que podiam para a explicação, parece-lhe que a força vital, o segredo da organização e a estrutura vinculativa ainda devem vir de impenetráveis regiões para além do raciocínio e da história."[25]

Em outras palavras, sua descrição da sociedade jamais será o tipo de explicação rígida e total que Paine e outros radicais acreditavam poder obter com suas teorias sobre direitos e liberdades. Nenhum cálculo dos direitos, interesses, obrigações, escolhas e ações do indivíduo pode chegar a um total em sua política, mas somente a uma espécie de retrato das relações. Suas relações sociais fluem e se desenvolvem a partir das relações pessoais e são sustentadas por elos sentimentais e hábitos afetuosos. "Começamos nossas afeições públicas em nossas famílias", escreve ele. "Passamos para nossos vizinhos e para nossas habituais conexões provincianas. São as hospedarias e locais de repouso. Tais divisões de nossa nação foram formadas pelo hábito, e não por um súbito reflexo de autoridade, e constituem uma miríade de pequenas imagens de um grande país no qual o coração encontra algo para amar."[26]

Ao ler *Reflexões*, Paine compreendeu muito bem que essa noção de sociedade como uma variedade de obrigações sobrepostas constituía uma diferença crítica entre sua opinião e a de Burke. Na mente de Paine, as relações sociais eram mais bem entendidas pelo estudo do indivíduo (uma vez que a sociedade é a soma de suas partes), e as camadas de relações sociais que Burke colocava entre os homens e os direitos originais da humanidade eram distrações desnecessárias ou obstruções intencionais, usadas para justificar tradições opressivas. Em *Os direitos do homem*, ele o afirma deste modo:

> Não é o menor dos males dos presentes governos em todas as partes da Europa que o homem, considerado como homem, seja atirado a uma longa distância de seu Criador e que esse abismo artificial seja preenchido por uma sucessão de barreiras ou espécies de portões de pedágio pelos quais precisa passar. Citarei o catálogo de barreiras que o sr. Burke interpõe entre o homem e seu Criador. Colocando-se no papel de arauto, ele diz: "Tememos a Deus; olhamos com admiração para os reis; com afeto para os parlamentares; com senso de dever para os magistrados; com reverência para os padres; e com respeito para a nobreza." O sr. Burke esqueceu de incluir o "cavalheirismo". Também esqueceu de incluir Pedro. O dever do homem não é um ermo de portões de pedágio pelos quais ele precisa de bilhetes para passar. É claro e simples e consiste em dois pontos: seu dever para com Deus, que cada homem deve pressentir, e seu respeito para com os vizinhos, que devem ser tratados como ele gostaria de ser.[27]

Mas, para Burke, essas barreiras e "portões de pedágio" — as camadas de relações e instituições entre o indivíduo e o Estado — *são* a ordem social. Assim, há mais em uma sociedade que o "regime" ou as instituições formais de governo, e uma ordem política e social não pode ser desfeita e refeita à vontade sem prejudicar gravemente a sociedade.

Para Burke, portanto, o "contrato social" não é um *acordo* entre as pessoas — um acordo que determina a forma de seus arranjos políticos —, mas uma *descrição* de relações vinculativas. Em seus textos dos anos 1790, ele foi cada vez mais claro sobre esse ponto. Incitado especialmente pelas críticas de Paine e outros, compreendeu que a disputa sobre o significado do consentimento, do contrato e das relações sociais estava entre os mais profundos pontos de separação entre ele e seus adversários na questão da França. "Não me canso de expor à séria consideração de todos os homens que acham que a sociedade civil está dentro da província da jurisdição moral", escreveu em 1791,

> que, se a devemos a qualquer dever, ela não está sujeita à nossa vontade. Os deveres não são voluntários. Dever e vontade são termos contraditórios. Embora a sociedade civil possa ser, inicialmente, um ato voluntário (e, em muitos casos, sem dúvida foi), sua continuação é regida por um acordo permanente, que coexiste com a sociedade e se impinge a cada indivíduo dessa sociedade, sem qualquer ato formal de sua parte [...] Os homens, sem que seja por sua escolha, retiram benefícios dessa associação; sem que seja por sua escolha, estão sujeitos a deveres como consequência desses benefícios; e, também sem que seja por sua escolha, entram em uma obrigação virtual que é tão vinculativa quanto se fosse real. Olhem para a integridade do sistema da vida e do sistema de deveres. Muitas das mais fortes obrigações morais jamais foram resultado de nossa opção.[28]

Desse modo, ele procura redefinir o conceito de contrato social para se adequar a seu próprio retrato da política.

Seu contrato não é um conjunto de *quid pro quos*, com direitos sendo trocados por obrigações por pessoas livres que fazem escolhas sobre o que é melhor para elas, mas sim uma descrição de relações inescapáveis e vinculativas. A sociedade não é um acordo, mas um arranjo (o "grande arranjo da humanidade"), e o contrato o explicita para que o vejamos, não para que optemos por ele.[29] Sua noção de contrato social é distinta da de Paine e do ensino comum do liberalismo iluminista. Ele o diz mais claramente em uma passagem compreensivelmente famosa de *Reflexões*:

> A sociedade é, de fato, um contrato. Contratos menores, sendo objetos de interesse meramente ocasionais, podem ser dissolvidos à vontade, mas o Estado não deve ser considerado pouco melhor que um contrato de parceria em uma negociação de pimenta e café [...] ou alguma outra questão de pouca importância [...] para ser dissolvido por capricho dos partidos. Ele deve ser olhado com reverência [...] É uma parceria com toda ciência, arte, virtude e perfeição. Como os objetivos de tal parceria só podem ser obtidos depois de muitas gerações, ela se torna uma parceria não apenas entre aqueles que vivem, mas entre aqueles que vivem, aqueles que estão mortos e aqueles que ainda estão para nascer [...] As corporações municipais daquele reino universal não possuem a liberdade moral [...] de dissolvê-la e transformá-la em um caos associal, incivil e desconectado de princípios elementares. É somente a primeira e suprema necessidade, uma necessidade que não é escolhida, mas escolhe, uma necessidade superior à deliberação, que não admite nenhuma discussão e não exige nenhuma evidência, que pode justificar o recurso à anarquia.[30]

Assim, ele emprega o conceito de contrato social para um propósito quase contrário ao de Paine. E suas discussões sobre o contrato quase nunca abordam o assunto geralmente de maior interesse para os teóricos liberais iluministas (e, aliás, para os filósofos políticos em geral): a estrutura do regime e suas instituições. Ele expõe as funções adequadas do governo em termos dos serviços que deve prestar à sociedade, mas afirma que "as circunstâncias e os hábitos de cada país [...] decidem a forma de seu governo", podendo essa forma mudar gradualmente com o tempo, de acordo com as exigências das circunstâncias.[31]

Ele tampouco acha que descrever a natureza da sociedade signifique descrever sua história — como a usual e moderna (e talvez científica) abordagem da vida política busca fazer. Diferentemente, procura o caráter essencial da vida social e, assim, olha para a sociedade como acredita que seja, e não tentando entender a cronologia de seu desenvolvimento. Como seu contrato é uma descrição, ele não estabelece os termos pelos quais a sociedade pode ser dissolvida ou ter continuidade, em vez disso apresentando a relação entre suas partes. Ele argumenta que os teóricos liberais iluministas do contrato social aplicam seu contrato somente a situações extremas, situando-o no momento da fundação e retirando dele regras para quando a revolução possa ser apropriada. "Mas o próprio hábito de enunciar esses casos extremos não é muito louvável ou seguro, porque, em geral, não é certo transformar nossos deveres em dúvidas. Eles são impostos para governar nossa conduta, não para exercitar nossa ingenuidade; desse modo, nossas opiniões sobre eles não devem estar em estado de flutuação, sendo constantes, certas e resolvidas."[32] Seu contrato descreve a vida cotidiana da sociedade.

Negar a centralidade do consentimento certamente é negar também a importância dos direitos, como entendidos pela teoria liberal iluminista. E Thomas Paine argumenta fervorosamente que a notável distorção do contrato social realizada por Burke o incapacita para qualquer discussão sobre direitos. "O sr. Burke pretende negar que o homem possui direitos?", pergunta ele em *Os direitos do homem*. "Se sim, então pretende dizer que não há algo como direitos em nenhum lugar e que ele mesmo não possui nenhum, pois o que há no mundo senão homens? Mas, se o sr. Burke pretende admitir que o homem possui direitos, a questão se torna: que direitos são esses e como os homens originalmente os obtiveram?"[33]

Mas Burke se recusa a permitir que seus oponentes se apoderem da ideia de direitos. Como faz com o conceito de contrato social (e fará igualmente com o de liberdade), ele emprega o vocabulário dos iluministas radicais, mas com significados diferentes em mente: "Ao negar suas falsas reivindicações de direitos, não pretendo ferir aqueles que são reais e que seus pretensos direitos destruiriam completamente."[34] E quais são as reivindicações verdadeiras de direitos? Ele oferece sua resposta mais completa em *Reflexões*:

> Se a sociedade civil foi constituída para benefício do homem, todos os benefícios que a constituem são seus direitos. É uma instituição de beneficência, sendo a própria lei apenas a beneficência agindo através de regras. Os homens possuem o direito de viver de acordo com essas regras e possuem o direito à justiça entre seus companheiros, estejam eles na função política

> ou em ocupações ordinárias. Possuem o direito aos frutos de sua diligência e aos meios para torná-la produtiva. Possuem o direito às aquisições de seus pais, à nutrição e ao aprimoramento de seus filhos, à instrução na vida e ao consolo na morte. O que quer que um homem possa fazer separadamente, sem transgredir os direitos de outrem, ele tem o direito de fazer sozinho, além de ter direito a uma porção justa de tudo que a sociedade, com suas combinações de habilidades e forças, possa fazer em seu benefício.[35]

Essencialmente, ele nega a relevância (embora não necessariamente a existência) de direitos abstratos, individuais, naturais. Em vez disso, define alguns direitos práticos aos benefícios da sociedade. E esses benefícios não equivalem a liberdade ou poder. De fato, alguns dos benefícios da sociedade a que os homens têm direito restringem suas liberdades e paixões:

> O governo não é feito em virtude de direitos naturais, que podem existir e existem em total independência dele e em um grau muito maior de clareza e abstrata perfeição. Sua abstrata perfeição, contudo, é seu defeito prático. Ao ter direito a todas as coisas, querem todas as coisas. O governo é um dispositivo da sabedoria humana para prover o que os humanos *querem*. Os homens têm direito de terem seus desejos atendidos por essa sabedoria. Entre esses desejos deve ser considerado, na sociedade civil, o desejo de restringir suficientemente suas paixões.

A habilidade da sociedade de limitar o escopo de nossas escolhas, portanto, é uma importante vantagem:

> A sociedade requer não apenas que as paixões dos indivíduos sejam sujeitadas, mas também que, tanto nas massas quanto nos indivíduos, as inclinações dos homens sejam frequentemente contrariadas e sua vontade controlada. Isso só pode ser feito *por um poder fora deles* e não por um que, no exercício de sua função, esteja sujeito à vontade e às paixões que é sua tarefa refrear e subjugar. Mas, como as liberdades e as restrições variam com o tempo e as circunstâncias, admitindo infinitas modificações, não podem ser estabelecidas a partir de nenhuma regra abstrata e nada é tão tolo quanto discuti-las com base nesse princípio.[36]

Os seres humanos não podem viver em sociedade se seguirem desenfreadamente seus desejos e paixões; assim, um de seus direitos é ter suas paixões submetidas a algum controle. Desse modo, a sociedade garante algumas liberdades e algumas restrições, e o modo como são equilibradas em tempos normais é uma questão de prudência, não de princípios absolutos. O cálculo da prudência visa não maximizar a escolha, mas sim atender aos verdadeiros desejos do povo, conforme emergem da complexa sociedade em camadas descrita por ele. Seus direitos, consequentemente, são relações, e não direitos individuais — eles descrevem o lugar de uma pessoa no amplo esquema de obrigações e privilégios e oferecem a proteção e os benefícios desse esquema e lugar.

Como a escolha não é central na noção de direitos de Burke, ele descarta facilmente o direito ao autogoverno, a "partilha de poder, autoridade e direção que cada indivíduo deve ter no gerenciamento do Estado".[37] O Estado, como ele o vê, deve certas vantagens ao povo, e quaisquer meios que possam assegurar essas vantagens, ao mesmo tempo retendo a lealdade do povo, devem ser empregados. A chave não é que cada homem deve expressar suas visões de mundo por meio das ações do Estado, mas sim que deve ter suas necessidades atendidas por elas. Os desejos e os interesses do povo podem ser conflitantes e o estadista hábil deve buscar servir os verdadeiros interesses de seu povo. A nação, portanto, deve ser entendida como sendo guiada por um objetivo, e não pelo dever para com suas origens ou os direitos naturais do homem. O Estado prova a si mesmo ao atingir seu objetivo, que é o benefício dos cidadãos.

Mesmo no elemento democrático do regime inglês, o papel de cada membro do Parlamento não é defender seus eleitores, mas sim aplicar sua sabedoria para fazer avançar seus interesses e necessidades e os de toda a nação. Em 1774, logo após vencer a eleição para a Câmara dos Comuns por Bristol — a segunda maior cidade inglesa na época —, Burke disse a seus eleitores que não via seu papel como o de mero representante de suas opiniões: "Seu representante deve a vocês não somente sua diligência, mas seu julgamento, e ele os trai, em vez de servi-los, se o sacrifica à sua opinião."[38] Mesmo a Câmara dos Comuns, em outras palavras, não é uma instituição completamente representativa, e ele não reconhece nenhum direito inerente de participar do autogoverno. O governo não é uma contagem de cabeças, mas uma aplicação da prudência em todas as circunstâncias, e, em sua opinião, não há razão para imaginar que todo homem tem o direito de fazer parte dele — direta ou indiretamente. Em algumas circunstâncias, as instituições democráticas podem servir melhor aos interesses do todo e, nessas situações, devem ser empregadas, mas não como uma questão de direito absoluto.

Essa negação do direito de autogoverno, a mais intensa expressão de sua negação da centralidade da escolha na vida política, certamente aborreceu Paine, para quem o direito de governar era o direito civil essencial do qual fluíam todos os outros. Paine não tinha paciência para os circunlóquios de Burke em torno da questão básica do autogoverno. Ele via nessa nova concepção um misticismo vazio cujo objetivo era defender um governo ilegítimo:

> Ele coloca a nação de tolos de um lado e seu governo sábio, todos homens sábios de Gotham, do outro, e então proclama que "os homens têm o DIREITO de ver seus DESEJOS satisfeitos por essa sabedoria". Tendo feito essa proclamação, explica a eles quais são seus desejos e direitos [...] A fim de imprimir neles uma solene reverência por esse governo-monopólio de sabedoria e sua vasta capacidade para todos os objetivos, possíveis ou impossíveis, certos ou errados, relata, com importância misteriosa e astrológica, seus poderes.

Isso, sugere Paine, é apenas uma maneira de evitar que os leitores percebam que ele nega os princípios básicos da liberdade: "Como a confusa plateia a quem o sr. Burke imagina estar se dirigindo pode não entender esse culto jargão, serei seu intérprete. O significado, meu bom povo, é o seguinte — o governo não é regido por nenhum princípio e pode transformar o mal em bem e o bem em mal, a seu bel-prazer. Em resumo, o governo é um poder arbitrário."[39]

A noção de governo de Burke, preocupa-se Paine, não fornece nenhuma proteção à liberdade, pois não define antecipadamente os direitos exatos do homem que nenhum governo pode infringir e não estabelece limites para ele. Ela usa vagas e variadas noções de vantagens e relações no lugar de uma ideia clara de proteção da liberdade de escolha de cada indivíduo.

Sem dúvida, o novo conceito de contrato social de Burke o priva de uma das grandes vantagens dos teóricos liberais iluministas: um princípio claro com o qual limitar o escopo de ação do governo a fim de evitar a coerção. Em sua opinião, o governo é limitado pelas complexas obrigações, relações e distinções que compõem todas as sociedades. Paine busca eliminar essas distinções, mas impõe em seu lugar limites explícitos ao Estado, em defesa da liberdade individual. Ele acha que os princípios protegem a liberdade individual melhor que as instituições da sociedade. Onde ele impõe ao governo a obrigação de respeitar a liberdade de ação de cada um de seus cidadãos, Burke impõe a obrigação muito menos precisa (embora de certo modo mais exigente) de atender aos desejos do povo e defender os interesses do complexo corpo social. Em sua visão, ordem e interesse, mais que liberdade e escolha individuais, são o objetivo final do governo. E ele acha que, na prática, a topografia social da nação é um guardião melhor da liberdade do povo que um conjunto de regras abstratas, por mais precisas que possam ser.

Mas, novamente aqui, tenta empregar a retórica e o vocabulário dos liberais mais radicais para seus próprios e muito diferentes objetivos. Ele não permite que os liberais iluministas se apossem do termo *liberdade*. "Os efeitos da incapacidade demonstrada pelos líderes populares sobre todos os grandes membros da nação devem ser encobertos pelo 'todo-reparador nome' da liberdade", escreve sobre os eventos na França. "Mas o que é a liberdade sem sabedoria e virtude? É o maior de todos os males possíveis, pois, sem tutela ou limites, é tolice, vício e loucura. Aqueles que sabem o que é a liberdade virtuosa não suportam vê-la desgraçada por líderes incapazes com belas palavras na boca."[40]

E o que é essa "liberdade virtuosa"? Como ela difere da noção que Paine ou os revolucionários franceses têm em mente? Ele oferece uma resposta em 1789, em uma carta a um jovem francês chamado Charles-Jean-François Depont, que sugerira que a revolução que se desdobrava em Paris era um grande exemplo de liberdade em ação. Os franceses certamente mereciam liberdade, respondeu Burke, mas haviam se enganado quanto ao significado do termo. A verdadeira liberdade "não é solitária, desconectada, individual e egoísta, como se cada homem regulasse toda sua conduta de acordo com sua própria vontade. A liberdade que tenho em mente é a liberdade social. É o estado de coisas no qual a liberdade é assegurada pela igualdade das restrições [...] Esse tipo de liberdade é, na verdade, o outro nome da justiça, garantida por leis sábias e assegurada por instituições bem construídas".[41]

Essa talvez seja sua mais ousada e direta redefinição da terminologia liberal. Ele sugere que o individualismo radical é o oposto da justiça e, nesse sentido, também da genuína liberdade. Oferece a "liberdade social" como uma espécie de contrapartida à "liberdade individual", uma expressão bastante favorecida por Paine e muitos liberais iluministas daquela época, e afirma que a liberdade é a mais profunda fonte de força da Grã-Bretanha.[42]

Essa interação entre liberdade e restrição é a chave para seu entendimento tanto do governo quanto dos desafios do estadismo. "Os homens estão qualificados para a liberdade civil na exata proporção de sua disposição para colocarem correntes morais em seus próprios apetites. A sociedade não pode existir a menos que um poder controlador sobre a vontade e o apetite seja colocado em algum lugar, e, quanto menos controle interno houver, mais controle externo se faz necessário. Está ordenado na constituição eterna das coisas que os homens de mente destemperada não podem ser livres. Suas paixões forjam seus grilhões."[43]

Assim, um povo destemperado, incluindo um povo levado à destemperança por uma filosofia política radical, será menos capaz de liberdade e, consequentemente, terá mais probabilidade de ser oprimido pelo regime, por mais nobre que seja a filosofia exposta em suas declarações de direitos.

Encontrar o equilíbrio entre liberdade e restrição é um desafio imensamente difícil, que os revolucionários, certos de sua capacidade de estabelecer um regime a partir do zero, muito provavelmente ignorarão. "Criar um governo não exige grande prudência", escreve ele em *Reflexões*. "Estabeleça a sede do poder, ensine obediência e o trabalho está feito. Conceder liberdade é ainda mais fácil. Não é necessário guiar, basta soltar as rédeas. Mas formar um governo livre, ou seja, combinar esses elementos opostos de liberdade e restrição em uma obra consistente, requer muito raciocínio, profunda reflexão e uma mente sagaz, poderosa e capaz de síntese."[44] Liberdade e restrição não podem ser equilibradas pela aplicação inflexível dos silogismos liberais iluministas retirados dos direitos naturais de cada indivíduo porque o equilíbrio sempre deve ocorrer no complicado contexto da vida social e, portanto, deve considerar as numerosas obrigações, privilégios e hábitos que modelam a sociedade. Na prática, a liberdade como um todo é um compromisso entre restrições e liberdade política. Em carta a alguns eleitores proeminentes de Bristol, ele expõe seu caso contra a noção liberal iluminista de liberdade:

> Longe de qualquer semelhança com aquelas propostas da geometria e da metafísica que não admitem meio-termo, devendo ser verdadeiras ou falsas em toda sua latitude, as liberdades social e civil, como todas as outras coisas da vida comum, são variadamente misturadas e modificadas, gozadas em graus muito diferentes e modeladas em uma diversidade infinita de formas, de acordo com o temperamento e as circunstâncias de cada comunidade. O EXTREMO da liberdade (que é sua perfeição abstrata, mas sua falha real) não é e não deve ser obtido em lugar nenhum. Porque os extremos, como bem sabemos, em todos os pontos relacionados a nossos deveres ou satisfações na vida, são destruidores tanto da virtude quanto do prazer.[45]

A única liberdade genuína, argumenta ele em 1774, "é a liberdade conectada à ordem, que não apenas existe juntamente com a ordem e a virtude, como não pode existir sem elas. Ela é inerente ao governo bom e constante, sendo sua substância e seu princípio vital".[46] Essa liberdade ordenada é a essência do que um bom governo deve ao povo. É o que o contrato social protege, o que os direitos do homem, propriamente compreendidos, envolvem e o que a liberdade realmente significa. Ela é assegurada pelo estadista prudente, alerta para as relações sociais não voluntárias que moldam a sociedade e para a história, os hábitos e os costumes únicos que seu povo desenvolveu para cumprir essas obrigações e perseguir o gradual e incremental progresso político e social.

Burke e Paine, portanto, abordam a questão das relações sociais — a escolha e a obrigação como fins da sociedade — de maneiras profundamente diferentes, movidos por suas diferentes premissas sobre o caráter da vida humana e, acima de tudo, por sua profunda divergência sobre o contexto: a importância do mundo dado para definir nossas opções e deveres. Suas opiniões gerais sobre essa questão modelam muitas de suas opiniões e instintos particulares sobre a imensa variedade de questões que abordaram em seus textos. Mas essas opiniões tomam formas complicadas e muitas vezes surpreendentes.

Para analisarmos essas complicações de modo mais detalhado, examinaremos as opiniões de ambos sobre duas questões particulares: o patriotismo (ou dever para com o país) e a política de bem-estar social (ou dever para com os outros).

A nação e os pobres

Thomas Paine busca colocar princípios universais em prática. Ao basear os direitos e as liberdades do homem na natureza, e não na história, ele os entende como igualmente verdadeiros e aplicáveis em todas as situações e, consequentemente, não embasados nas circunstâncias ou ideais de qualquer nação em particular. Seus textos, assim, são notavelmente desprovidos de apelos ao patriotismo e aos deveres para com a pátria. Mesmo em seus textos sobre a guerra revolucionária americana, incluindo a série *A crise americana*, que pretendiam fortalecer a determinação popular, ele quase sempre apela para a causa universal da liberdade, e não para o amor particular pelos Estados Unidos.

Como disse R. R. Fennessy: "A única lealdade de Paine era, de fato, para com seus princípios. Quando os Estados Unidos os adotaram, ele se tornou cidadão americano [...] Quando, mais tarde, achou que a França estava prestes a seguir o exemplo americano, ficou feliz em aceitar a cidadania francesa — e igualmente feliz em abrir mão dela quando descobriu que os franceses, afinal, não compreendiam princípios políticos."[47] Paine frequentemente se descreveu nos mesmos termos. "Meu país é o mundo e minha religião é fazer o bem", escreveu em diversas ocasiões.[48]

Em seus textos, ele afirma claramente que seus princípios exigem que se coloque acima da mera identidade nacional. Contrastando os velhos e os novos modos de pensar sobre o governo em *Os direitos do homem*, observa que "um encoraja os preconceitos nacionais, enquanto o outro promove a sociedade universal".[49] Ele vê as obrigações sociais como obrigações para com os outros homens. Elas podem fluir por uma comunidade ou país, mas não são obrigações *para com* a comunidade ou o país. Ele acha difícil justificar a pura reverência por um país e, para ele, o amor à pátria não substitui o julgamento claro e inteligente sobre a legitimidade de um governo.

Edmund Burke, é claro, coloca muito mais ênfase no contexto social e geracional da política, argumentando que os intermediários entre cada homem e a humanidade em geral são cruciais para a ordem política, sendo a nação especialmente importante. A nação é o meio pelo qual a ordem é estabelecida, mantida e tornada bela. Uma nação constrói sobre suas realizações passadas, por meio da prescrição, ao olhar para sua história comum e descobrir nessa história tanto uma fonte de orgulho quanto os princípios para a reforma e o aperfeiçoamento. As afeições familiares se tornam afeições comunitárias e, finalmente, laços nacionais. Todo indivíduo está inserido em múltiplas comunidades — seus vizinhos geográficos, seus colegas de trabalho, mercadores ou nobres — e todas elas apontam na direção da nação e, apenas provindo dela e por meio dela, da humanidade como um todo.[50]

Isso não significa que devemos simplesmente aceitar tudo sobre nosso país, certo ou errado. Mas devemos começar com uma atitude de gratidão pelo que nos foi dado. E o estadista deve apoiar a ligação entre o povo e seu país. "Para que amemos nosso país, ele deve ser digno de amor", escreveu em *Reflexões*.[51] Mas, quer seja digno de amor quer tenha necessidade de reforma, nosso país não é simplesmente uma instância de princípios universais em ação. Da maneira como Paine descreve, cada país seria mais ou menos o mesmo se todos seguíssemos os mesmos princípios de liberdade e justiça, mas Burke acha que a experiência histórica de cada nação define seu caminho. Cada sociedade tem suas próprias instituições e trajetórias tradicionais e dá a seu povo algo único e seu para amar. "Nosso país não é meramente uma localidade. Ele consiste, em grande medida, na antiga ordem em que nascemos."[52]

Mas, se suas diferenças sobre a natureza das obrigações públicas os levaram a divergentes visões de patriotismo, as mesmas diferenças, ironicamente, os conduziram a opiniões muito similares sobre as relações econômicas e as então emergentes teorias capitalistas. Tanto a direita quanto a esquerda começaram com altas esperanças em relação ao capitalismo, embora por razões muito diferentes e com noções muito distintas sobre o que significaria para a sociedade e seus membros — e, sobretudo, que obrigações materiais os cidadãos teriam para com os outros.

Por várias vezes, Paine deixa claro que é um defensor do comércio porque acredita que relações comerciais irrestritas e uma economia livre farão avançar suas causas radicais ao erradicar arranjos sociais e políticos tradicionais.[53] E conseguirão isso ao fazer com que os homens foquem em suas necessidades materiais e ao mostrar maneiras de satisfazê-las. O sistema dos velhos governos europeus, argumenta, foi mantido no lugar por trapaças e distrações (incluindo, especialmente, o quase permanente espectro da guerra) que poderiam ser, e já começavam a ser, dissipadas por uma economia racional. "Com a condição do mundo sendo materialmente modificada pela influência da ciência e do comércio, é adequado não apenas admitir, mas desejar, uma extensão da civilização. O principal e praticamente único inimigo remanescente que ela agora encontra é o preconceito."[54]

O apoio de Burke a um comércio e uma indústria amplamente desimpedidos começou aproximadamente no canto oposto. Para ele, a manipulação da economia pelo governo seria profundamente perturbadora para a ordem social, pois envolveria a grosseira manobra de forças econômicas e sociais muito complicadas que, quase inevitavelmente, estariam além do entendimento dos legisladores. Mesmo em seus próprios termos materiais, a economia funciona melhor quando é deixada em paz, argumenta ele, referindo-se em um ensaio "às leis do comércio, que são leis da natureza e, consequentemente, leis de Deus".[55] Uma economia livre ajudaria a sustentar a estabilidade da sociedade e, por conseguinte, sua riqueza — parte da qual poderia (e deveria) ser usada para auxiliar os pobres.

A paixão pela riqueza não era algo bom, mas tentar mitigá-la por meio da política seria um erro. Ela teria de ser contraposta pela cultura, e não pela política, que deveria procurar qualquer bem que pudesse ser retirado dela. "O amor pelo lucro, levado a um excesso às vezes ridículo, às vezes cruel, é a grande causa da prosperidade de todos os Estados. Nesse princípio natural, razoável, poderoso e prolífico, cabe ao sátiro expor o ridículo, ao moralista censurar o cruel, ao coração empático reprovar o duro e empedernido, ao juiz combater a fraude, a extorsão e a opressão, mas, ao estadista, cabe empregá-lo como o encontra, tendo em mente todas as suas concomitantes excelências e imperfeições."[56]

Em sua opinião, os legisladores são tentados a empregar o peso do governo para desfazer desigualdades econômicas, mas tais tentativas sempre produzem mais danos que benefícios. Ele reconhece que a economia moderna relega algumas pessoas à pobreza desesperadora ou a posições degradantes e se inquieta com "as inumeráveis ocupações servis, aviltantes, inadequadas, pouco viris e frequentemente nocivas e pestíferas às quais, em função da economia social, tantos miseráveis estão fadados".[57] Mas o custo de remediar a situação, não apenas para a sociedade como um todo, mas inclusive para os envolvidos, seria muito pior que seu sofrimento atual, pois as pessoas miseráveis são as mais vulneráveis aos deslocamentos econômicos, que muito provavelmente seriam feitos por desajeitadas manipulações governamentais de preços ou salários.

Em um curto ensaio intitulado "Thoughts and Details on Scarcity" [Pensamentos e detalhes sobre a escassez], escrito majoritariamente em 1795, seu último ano de vida, para aconselhar o primeiro-ministro contra a tentativa de gerenciar o pagamento dos trabalhadores rurais através da legislação, Burke expressa profunda desconfiança das interferências governamentais na economia, sobretudo em benefício dos pobres: "Minha opinião é contra o exagero em qualquer tipo de administração e, mais especialmente, contra a mais momentosa de todas as interferências por parte da autoridade, a interferência na subsistência do povo."[58] As necessidades dos pobres são da mais alta importância, mas têm de ser supridas por instituições de caridade, que devem ser amplamente apoiadas pelos abastados e nobres. O governo não pode assumir esse cuidado, pois fazê-lo jamais funciona e, no processo, perturba a ordem social. O auxílio aos pobres, nesse sentido, é uma obrigação privada, não pública.

Seu ardente capitalismo foi notado por ninguém menos que uma autoridade contemporânea no assunto, Adam Smith, que escreveu que "o sr. Burke é o único homem que já conheci que pensa nas questões econômicas exatamente do mesmo modo que eu, sem qualquer comunicação prévia entre nós dois".[59] Ironicamente, contudo, Paine critica o pensamento econômico de Burke citando exatamente Smith. "Se o sr. Burke possuísse talentos similares aos do autor de *A riqueza das nações*, teria compreendido todas as partes que entram e, por agrupamento, formam uma constituição", escreve ele em *Os direitos do homem* ao desconsiderar as queixas de Burke sobre o suposto mau gerenciamento da economia francesa por parte dos revolucionários.[60]

Paine estava indubitavelmente certo sobre algumas das consequências sociais da economia de livre mercado e Burke certamente estava enganado ao argumentar que o livre comércio e o capitalismo manteriam os elementos da sociedade em seus lugares e promoveriam a estabilidade. Poucas forças no Ocidente moderno perturbaram tanto (para o bem ou para o mau) a ordem estabelecida. Mas a mais profunda diferença entre os dois não se deu sobre as consequências do capitalismo, mas sim sobre a obrigação da comunidade para com os pobres. Enquanto o frequentemente comunitarista Burke argumenta que o auxílio aos necessitados deve permanecer amplamente uma função privada, para benefício desses mesmos necessitados, o frequentemente libertário Paine faz uma defesa enérgica de algo parecido com o moderno sistema de bem-estar social. Ao fazê-lo, ajuda a demonstrar como a moderna esquerda se desenvolveu do liberalismo iluminista para formas embrionárias de liberalismo de bem-estar social quando suas utópicas esperanças políticas pareceram colidir com as impiedosas realidades da revolução industrial.

As opiniões de Paine a esse respeito oferecem um raro exemplo de sua clara mudança de posição durante o curso de sua carreira. Em seus textos iniciais, ele descreve um escopo muito limitado para o governo: "O governo só é necessário para cuidar dos poucos casos em que a sociedade e a civilização não são convenientemente competentes, e não faltam exemplos de que cada coisa útil que poderia ter acrescentado foi realizada pelo consentimento comum da sociedade, sem governo."[61] Mas, em 1791, tendo testemunhado em Paris e Londres os efeitos iniciais da iminente economia industrial e tendo pensado nas implicações de suas opiniões sobre as origens da ordem social, passou a escrever com eloquente paixão sobre "a obrigação moral de cuidar da idade avançada, da infância desprovida e da pobreza".[62] Cumprir essa obrigação, argumenta na segunda parte de *Os direitos do homem*, é um objetivo-chave do governo. "O governo civil consiste não na execução, mas na provisão para a educação da juventude e o suporte da velhice, a fim de excluir, tanto quanto possível, o desregramento na primeira e o desespero na segunda."[63] Ele clama por auxílio para os pais pobres quando do nascimento de um filho, por apoio do governo para pagar por educação básica, por pensões para os idosos que não podem trabalhar e mesmo por ajuda pública para despesas com funerais para aqueles que não podem pagá-las.[64] "Esse apoio é da natureza não da caridade, mas do direito."[65] A assistência pública aos pobres se revela uma verdadeira obrigação social.

Em 1797, Paine devotou um curto panfleto intitulado *Agrarian Justice* [Justiça agrária] à exposição mais completa de sua defesa desse protoestado de bem-estar social e das razões pelas quais deveria ser visto como um direito dos necessitados. O caso se baseia em seu método usual de raciocinar a partir das origens humanas:

> A terra, em estado natural ou cultivado, era e sempre seria *propriedade comum de toda a raça humana*. Nesse Estado, cada homem nasceria com direito à propriedade [...] Mas, em seu estado natural, como foi dito, a terra é capaz de suportar apenas um pequeno número de habitantes, se comparado ao que é capaz de fazer em estado cultivado. E, como é impossível separar as melhorias conseguidas através do cultivo da terra em si, sobre a qual as melhorias foram realizadas, surgiu a ideia de propriedade. Mesmo assim, é verdade que é o valor da melhoria que constitui a propriedade individual, e não a terra em si. Cada proprietário de terras cultivadas, portanto, deve à comunidade *aluguel* (pois não conheço um termo melhor para expressar a ideia) pela terra que cultiva e é desse aluguel que o fundo mencionado deve sair.[66]

Como a primeira geração humana tinha direito a toda a terra e como, subsequentemente, alguns negaram esse direito à maioria, é apenas justo que compensações sejam pagas, retiradas de um imposto sobre a propriedade e disponíveis para todos. Ele é muito claro sobre esse último ponto: não apenas os pobres, mas todos (incluindo os proprietários de terras) devem receber pagamentos do fundo comum: "Propõe-se que os pagamentos, como já declarado, sejam feitos por todas as pessoas, ricas ou pobres. É melhor que seja assim para evitar distinções preconceituosas. Também é certo que seja assim, pois o pagamento ocorre no lugar da herança natural, que, como direito, pertence a cada homem, acima e além da propriedade que possa ter criado ou herdado dos que o fizeram. As pessoas que escolherem não receber podem deixá-los no fundo comum."[67]

Ele discorda expressamente da noção de Burke de que a caridade pode cuidar dos pobres:

> Existem, em todos os países, algumas magníficas instituições de caridade criadas por indivíduos. Cada indivíduo, contudo, pode fazer muito pouco, quando se considera toda a extensão da miséria a ser mitigada. Ele pode satisfazer sua consciência, mas não seu coração. Pode dar tudo que tem, e esse tudo ajudará apenas um pouco. É somente organizando a civilização para que aja como um sistema de polias que todo o peso da miséria pode ser removido [...] Em todos os grandes casos, é necessário ter um princípio mais universalmente ativo que a caridade; e, com respeito à justiça, não se deve deixar à escolha de indivíduos independentes se a farão ou não.[68]

Parece que a pobreza é tida por ele como uma daquelas realidades coercitivas que restringem a liberdade das pessoas e das quais o Estado deve protegê-las, a fim de permitir que imperem sua vontade e livre escolha. "A áspera face da sociedade, marcada pelos extremos da fartura e do desejo, prova que alguma violência extraordinária foi cometida e clama para que justiça seja feita. A grande massa de pobres nos países se tornou uma raça hereditária e é quase impossível para ela sair sozinha desse estado."[69] Essa pobreza persistente cria uma obrigação social para os outros — a pobreza é uma ameaça à liberdade que produz naquele que a sofre o direito de ser libertado dela.

Para Burke, entretanto, a pobreza é uma das realidades que sempre existiram e é parte da condição humana mais ampla, e não um afastamento dela. Os indivíduos abastados têm o dever moral e religioso de ajudar a combater a pobreza, mas ela jamais pode ser erradicada pelo governo. A pobreza certamente é uma restrição à escolha, mas não uma falha do governo, dado que, em sua opinião, a proteção da escolha não é um de seus objetivos fundamentais.

Paine, assim, recorre à política para superar impedimentos à nossa liberdade de vivermos como escolhemos viver, o que, com o tempo, o leva a recorrer ao Estado para mitigar a privação material severa. Ele argumenta que tal privação se origina de distorções (às vezes necessárias, às vezes evitáveis) do igual direito de toda a humanidade aos frutos da terra e é exacerbada com o tempo pelos regimes que negligenciam ou ignoram os direitos do povo. Para corrigir esse erro, o governo tem um papel na mitigação da miséria e no fornecimento a todos de algo próximo à chance igualitária de crescerem por seus próprios méritos. Nesse sentido, novamente, ele compreende as obrigações sociais como advindas primariamente da importância da liberdade e da escolha individuais. O governo existe para lidar com violações dos direitos à liberdade e à escolha e, ocasionalmente, deve fazê-lo por meio de uma modesta redistribuição de recursos materiais, a fim de evitar que os mais pobres fiquem abaixo do padrão mínimo de dignidade humana. Assim, ele é um capitalista ardente, mas está alerta para alguns dos efeitos do capitalismo sobre os pobres. Antes da emergência completa da revolução industrial, compreendeu que o progresso econômico não eliminaria a pobreza e, ao contrário, poderia criar circunstâncias que necessitariam de uma ação pública sem precedentes.

Burke, por sua vez, acreditava que nossas obrigações são funções não de nosso direito de escolha, mas de nosso profundamente arraigado lugar na ordem social. Cada um de nós vive em uma relação particular com a sociedade, que carrega consigo tanto deveres quanto privilégios, e a sociedade só funcionará bem se todos os seus membros cumprirem suas obrigações. A atenção aos pobres certamente está entre essas obrigações, mas ela cabe aos ricos, não ao Estado agindo em nome de todos, pois não é algo que ele possa fazer sem causar danos ainda maiores. Precisamente por estabelecer uma distinção menos rígida entre sociedade e governo —

tratando ambos como descritos pelo contrato social, que é uma parceria em todas as coisas —, ele também possui uma noção mais limitada do papel do governo. Paine dá grande importância à diferença entre governo e sociedade, mas, na prática, essa diferença frequentemente significa que os deveres que são tomados como obrigações públicas são todos designados ao governo, ao passo que a vida privada é mantida conceitualmente separada da política.

Os entendimentos de ambos sobre as relações sociais, consequentemente, diferem dramaticamente e em linhas similares (e nelas enraizadas) às de sua discordância sobre a natureza e a história. Edmund Burke começa com o mundo dado e busca fortalecer a vida social e política como meio de enfrentar situações que não escolhemos. Thomas Paine começa com princípios de liberdade, igualdade e direitos naturais e constrói instituições políticas sobre essas bases, a fim de defender as prerrogativas do indivíduo. Os dois diferem nitidamente sobre a importância do que foi feito antes e sobre a permeabilidade das relações humanas a esforços filosoficamente inspirados de reconstrução fundamental.

Em suas opiniões divergentes, também encontramos ecos de suas abordagens mais gerais sobre a mudança política efetiva. O pensador, que trabalha primariamente com ideias e princípios, olha para circunstâncias não escolhidas e as considera consequências de aplicações passadas de princípios. Tal pessoa vê em circunstâncias que são menos que ideais a marca de princípios que são menos que corretos. Dessa forma, busca melhorar as circunstâncias oferecendo um novo começo, baseado em princípios mais corretos. O estadista, que trabalha com circunstâncias políticas, começa necessariamente com suas (mais herdadas que escolhidas) afiliações e obrigações para com sua comunidade particular e suas várias subdivisões e, dessa maneira, parte do que existe e busca meios de melhorar. Dessa maneira, a distinção entre escolha e obrigação encontra sua contrapartida na distinção entre razão e prescrição, pois a primeira se aplica aos fins da política e a última, a seus meios. Passaremos agora, portanto, à profunda discordância entre Burke e Paine sobre os méritos relativos da razão e da prescrição e, com elas, da teoria e da prática.

5

Razão e prescrição

Se a igualdade natural é a premissa crucial da política liberal iluminista e o governo por consentimento é sua forma essencial, então a razão humana é sua grande força motriz. A razão corta através das moralizantes platitudes da velha ordem, demonstra a verdade e as consequências de nossos direitos e nos ajuda a modelar uma nova ordem construída para servir à justiça. A era das revoluções se entendia como defensora da causa da razão na vida política.

Nos Estados Unidos, os líderes revolucionários entendiam que "o respeito decente pelas opiniões da humanidade exige que sejam declaradas as causas que incitam" as ações, para inspeção da abrasadora luz da razão. Na França, os revolucionários mais ardentes se consideravam uma espécie de "culto da razão", como disse o líder revolucionário Jacques Hebert. E, para um grande número de europeus que descreveram sua época como uma era de iluminação, foi a razão humana libertada (especialmente pelas novas ciências naturais e seus métodos) que lançou nova luz sobre velhos dilemas.

Dado quão central era a ideia de uma política verdadeiramente racional para o autoentendimento do liberalismo iluminista, esse era, sem surpresa, um ponto de grande contenda entre Burke e Paine. Paine entendia sua própria era como "a era da razão" (como intitulou seu último livro). Ele achava que a combinação de novos insights na ciência política e mais espaço para que os cidadãos exercessem sua própria razão individual em relação às questões públicas livraria as sociedades liberais de antigos preconceitos e abriria caminho para uma nova política de liberdade. Burke achava que governar comunidades humanas era uma tarefa complexa demais para ser simplificada em uma série de questões pseudocientíficas a serem resolvidas por exercícios lógicos. Isso exigia, em sua opinião, um grau de conhecimento e sabedoria sobre as questões humanas que só poderia ser obtido com a própria experiência em sociedade. Suas opiniões, em outras palavras, eram extensões diretas de suas visões de mundo mais amplas, apresentadas até agora, e oferecem um melhor entendimento das questões fundacionais da política moderna. Sua disputa, consequentemente, aprofunda-se ao se mover dos fins para os meios do pensamento político.

A prescrição de Burke e os limites da razão

A crença de Edmund Burke na complexidade da natureza humana e na insuficiência da escolha o levou a ser bem mais cético que a maioria de seus pares sobre o potencial da razão para guiar a ação política. Ele rotineiramente zombava da ideia de que o racionalismo dos radicais trouxera grande iluminação a um mundo até então sombrio. Tendo lido, como disse, "mais do que pode ser justificado por qualquer outra coisa que não o espírito de curiosidade, as obras desses iluminadores do mundo", ele se diz perplexo com suas alegações de possuírem um novo caminho para a sabedoria. "Onde os antigos autores que leu e os homens idosos com quem conversou o deixaram no escuro, ele ainda está no escuro."[1]

Há mais nisso que sarcasmo contra os autonomeados faróis da razão. Ele acredita que a ênfase na razão dos liberais e radicais do Iluminismo começa com um entendimento errôneo da natureza humana — o erro de tomar a parte pelo todo: "A política deve se ajustar não ao pensamento humano, mas à natureza humana, da qual a razão é apenas uma parte, e de modo algum a maior."[2] Ao ignorar as partes maiores — especialmente os sentimentos e as ligações afetivas que impulsionam as pessoas —, perdem-se os mais importantes fatores por trás das ações políticas e dos elos sociais. Muitos dos maiores desafios que um estadista deve enfrentar surgem de elementos menos racionais do caráter humano.

Governar, é claro, é uma atividade racional, e o pensamento político certamente deve ser guiado por alguns princípios gerais, mas é um erro assumir que princípios efetivos podem ser retirados de premissas abstratas, em vez de da experiência. O geral deve ser derivado do particular, não o contrário. "Parece-me uma maneira ilógica de raciocinar, e uma perfeita confusão de ideias, tomar as teorias que homens experimentados e especulativos criaram [a partir da prática do] governo e então, supondo que ele criou as teorias que foram criadas a partir dele, acusar o governo de não corresponder a elas."[3]

Essa confusão sobre a relação entre teoria e prática em política pode ter consequências perigosas, adverte Burke, porque, quando a vida política se torna uma representação da teoria, em vez de uma resposta a necessidades e desejos sociais particulares, ela se desliga tanto dos fins que devem guiá-la quanto dos limites que devem restringi-la. Ele acredita que a importação de teorias diretamente para a vida política está entre os principais erros tanto do governo inglês ao lidar com os Estados Unidos no fim dos anos 1770 quanto dos revolucionários na França uma década depois. Várias e várias vezes, ele previne contra o perigo de confundir política com metafísica e descreve suas preocupações de três maneiras distintas, porém relacionadas.

Primeiro, ele acredita que a tentativa de aplicar à política o que chama de métodos metafísicos confunde os políticos e os cidadãos sobre seu objetivo — levando-os a achar que governar é provar um argumento, e não defender os interesses e a felicidade de uma nação. O problema não é que os princípios não pertençam à política. Ao contrário: "Não tiro as ideias abstratas totalmente da equação, pois sei muito bem que, se o fizesse, estaria dispensando princípios e que, sem o guia e a luz de princípios benéficos e bem compreendidos, todos os raciocínios na política, como em qualquer outra coisa, seriam apenas uma mistura confusa de fatos e detalhes particulares, sem os meios para chegarmos a qualquer conclusão prática ou teórica."[4] O problema está na insistência sobre a precisão abstrata e na mensuração da prática por medidas teóricas. Essa insistência pode nos confundir sobre o real objetivo da política. O governo é "uma coisa prática, feita para a felicidade da humanidade", não para "gratificar os esquemas de políticos visionários". Consequentemente, enfrenta problemas quando estadistas "dividem e anatomizam a doutrina do governo livre, como se fosse uma questão abstrata relacionada à liberdade e à necessidade metafísicas, e não uma questão de prudência moral e sentimentos naturais".[5]

Sua objeção é, em essência, metodológica. A política não pode ser compreendida por um método minucioso e abstrato demais para o assunto. Dado que "o homem age por motivos adequados relacionados a seus interesses, e não a partir de especulações metafísicas", a política deve estar sintonizada com esses motivos e interesses.[6] Isso não significa que não se possam fazer distinções, mas distinções triviais e especulativas são muitas vezes específicas demais para serem úteis. "Não podem ser estabelecidas linhas para a sabedoria civil ou política. É impossível defini-las com exatidão. Mas, embora nenhum homem possa traçar o limite entre o dia e a noite, a luz e a escuridão são toleravelmente distinguíveis."[7]

Praticantes da política, portanto, não devem esperar conhecimento preciso e devem se acostumar a fazer julgamentos cautelosos e incertos. "Toda questão política que já encontrei continha tantos prós e contras que nada, com exceção do sucesso, podia decidir qual proposta deveria ser adotada", confessou ele a um amigo.[8] No calor do momento, um político não pode se servir da certeza científica e, ao buscá-la, corrompe sua prática, que deve consistir em aproximações informadas. "Não é incomum estarmos errados na teoria e certos na prática."[9] E o sucesso da política deve ser medido na prática, não por sua aderência a uma teoria especulativa. "Um estadista difere de um professor universitário", afirmou ele em um discurso de 1781, pois "o último possui apenas uma visão geral da sociedade, e o primeiro tem um número de circunstâncias para combinar com essas ideias gerais e levar em consideração."[10]

Essa diferença aponta para a segunda maior preocupação de Burke sobre a teoria na política, que é o fato de ela frequentemente ignorar circunstâncias e pontos particulares cruciais para o sucesso da política e a felicidade da sociedade. A teoria é geral e universal, mas a política deve ser sempre muito particular. "Na realidade, as circunstâncias (que, entre alguns cavalheiros, nada significam) dão a cada princípio político sua cor distinta e seu efeito discriminativo. São as circunstâncias que tornam cada esquema civil e político benéfico ou nocivo para a humanidade."[11] Nesse sentido, a política é mais, e não menos, precisa que a teoria: ela é concreta e particular. E ele acredita que características, necessidades e interesses concretos são prejudicados quando a política é transformada em uma espécie de metafísica aplicada. Em carta aos eleitores de Bristol, assegura: "Jamais coloquei seus sólidos interesses sobre bases especulativas."[12] É absurdo fazer julgamentos políticos em caráter abstrato, escreve em outra carta: "Devo ver a coisa, devo ver os homens."[13] É impossível governar bem sem levar em conta essas distinções e diferenças. "Os legisladores que planejaram as antigas repúblicas", escreve em *Reflexões*,

> sabiam que sua tarefa era árdua demais para ser realizada com o aparato da metafísica de um estudante, e da matemática e aritmética de um coletor de impostos. Eles lidavam com homens e eram obrigados a estudar a natureza humana. Lidavam com cidadãos e eram obrigados a estudar os efeitos dos hábitos comunicados pelas circunstâncias da vida civil. Eram sensíveis ao fato de que a operação dessa segunda natureza sobre a primeira produz uma nova combinação e, por isso, surgem muitas diversidades entre os homens, de acordo com seu nascimento, educação, profissão, o período de suas vidas, sua residência em cidades ou no campo, suas várias maneiras de adquirir e manter propriedade e a própria qualidade da propriedade, todas coisas que os transformam em tantas espécies diferentes de animais [...] O legislador teria ficado envergonhado com o fato de o rude fazendeiro saber bem como separar e usar suas ovelhas, cavalos e bois e ter suficiente bom-senso para não abstraí-los e igualá-los todos como animais, sem fornecer a cada espécie a comida, o cuidado e o uso apropriados, ao passo que ele, o economista, guardião e pastor de sua própria família, sublimando-se em um aéreo metafísico, estava resolvido a nada saber sobre seus rebanhos, além de que são homens em geral.[14]

Quando estadistas praticam tal abstração igualitária, falham em conhecer seu povo. E essa falha se traduz na prática como fracasso em reconhecer diferenças e ligações cruciais, que Burke acreditava serem essenciais para a vida política. Em lugar de governar o povo através de suas categorias e distinções nativas ou organicamente emergentes, os radicais na França buscaram "confundir todos os tipos de cidadãos, tão bem quanto puderam, em uma massa homogênea e então dividir esse amálgama em certo número de repúblicas incoerentes".[15] Ele tinha em mente a decisão da assembleia revolucionária de dividir a França em distritos perfeitamente quadrados, em vez de governar suas regiões tradicionais. A erradicação dos elos e práticas tradicionais que se seguiria a tal movimento (e que era, de fato, seu objetivo) não eliminaria os preconceitos e faria as pessoas se conectarem à sua identidade nacional, como esperavam os revolucionários. Em vez disso, destruiria qualquer elo com a comunidade e deixaria um desenfreado governo em Paris a cargo de uma nação grandemente enfraquecida.

Nesse protesto contra a erradicação racional das distinções tradicionais, encontramos uma pista da moderação essencial de Burke, que rejeitava não apenas o caos, mas também o excesso de ordem. Teorias políticas redutivas lhe pareciam uma força quase despótica na sociedade. Elas primeiro desfaziam todos os arranjos existentes, enfraquecendo as pessoas para além de qualquer remédio, e então impunham uma ordem artificial desconectada e pouco adequada ao caráter daqueles sendo governados. E ele temia que, nesse rearranjo radical, estivessem as sementes de um extremismo político sem limites, empregando a sociedade como uma espécie de laboratório metafísico.

Esse mesmo medo indica sua terceira preocupação. Ele teme que a confiança excessiva na teoria possa gerar extremismo e falta de moderação ao desconectar a política de suas entidades. "Seus princípios sempre vão até os extremos", escreveu sobre os radicais de seu tempo.[16] Como perseguem a vindicação de um princípio, não podem parar até alcançar o sucesso total. Mesmo quando seus objetivos são bem concebidos, os radicais não aceitam uma boa coisa se "não vier da perfeição integral da ideia abstrata" e, em vez disso, "pressionam por algo mais perfeito, que não pode ser obtido sem reduzir a fiapos todo o tecido da comunidade".[17] Ele acreditava que, quando o perfeito é transformado em inimigo do bom, a vida política jamais pode ser satisfatória, dado que não existe perfeição na política.

Na prática, a busca pela perfeição teórica é uma busca pelos extremos. E precisamente porque é fortalecida por teorias sofisticadas, seu extremismo resiste à contenção. Queixas antiquadas — movidas por lealdades locais ou nacionais ou necessidades materiais — possuem amarras naturais. O despotismo antiquado — movido pelo simples desejo por poder de um tirano carismático — não pode mascarar prontamente seus excessos. Mas uma multidão movida por uma teoria não tem limites naturais e não pode ser facilmente dissuadida, e os líderes que alegam defender uma verdade obtida por especulação filosófica não se adequam ao perfil familiar do tirano. Os antigos tiranos adorariam poder fazer o que os modernos revolucionários especulativos fazem com facilidade.[18]

Além disso, na busca de tais extremos, a fidelidade do povo à sociedade está sempre em questão. "Essas questões vexatórias, que na verdade pertencem antes à metafísica que à política, jamais podem ser feitas sem sacudir as fundações dos melhores governos já constituídos pela sabedoria humana."[19] Quando a política se torna uma maneira de pôr em prática premissas especulativas, toda prática, instituição e aliança política deve se explicar em termos filosóficos, de modo que nenhuma antiga tradição, instituição ou hábito pode resistir à luz escaldante da análise especulativa. Uma política construída sobre a moderna razão inevitavelmente se torna uma profecia autorrealizável: rejeitando tudo que não pode se explicar em termos da moderna razão e, desse modo, deixando no lugar apenas os elementos da vida política que correspondem a seus padrões — sem levar em conta o que a sociedade realmente necessita ou o que se provou capaz de servir à comunidade em anos passados. Ao buscar uma precisão teorética generalizada na política, ignorando características e fatos particulares e libertando um espírito de extremismo, o método especulativo dos radicais iluministas ameaça romper os elos entre a natureza humana e a vida política como Burke a compreende. E faz isso apoiado em uma noção de razão humana que exagera amplamente a capacidade da mente individual de discernir as verdades políticas diretamente.

Assim, para além de sua preocupação com a importação dos *métodos* da filosofia especulativa na política, ele expressa profunda inquietação com o *conceito* de razão no coração desses métodos: uma faculdade racional individual que, sozinha, baseada em princípios evidentes derivados de reflexos na natureza, pode avaliar a verdade ou falsidade de qualquer hipótese e aplicar regras gerais a qualquer circunstância. Esse ideal moderno de razão é parecido demais com o mito moderno do individualismo, sugerindo que cada verdade deve ser demonstrável ao indivíduo racional. Ao contrário, a razão humana, por mais importante que seja, é muito mais limitada do que sugere esse ideal, e esses limites indicam aos seres humanos mais sua mútua dependência que um individualismo radical. A natureza da razão, incluindo seus limites, é crucial para compreender os meios adequados de pensamento e ação política.

Desde seus textos mais iniciais, Burke ficou profundamente impressionado com os limites da razão humana e sua inabilidade para resolver questões filosóficas básicas. Em *Uma investigação filosófica sobre as origens de nossas ideias do sublime e do belo*, ele nota que "no geral, pode-se observar que, entre a humanidade, há menos diferença em questões de gosto que na maioria daquelas que dependem da pura razão".[20] É muito mais provável que concordemos sobre a qualidade de uma passagem poética de Virgílio que sobre a veracidade de uma das teorias de Aristóteles. E isso implica que há limites ao que a razão pode resolver integralmente.

Sua persistência durante séculos de discussões entre filósofos brilhantes sugere a Burke que alguns dos limites à nossa capacidade racional são simplesmente permanentes — existe um número limitado de coisas que podemos saber com certeza. "O homem que crê poder, com qualquer artifício da sabedoria humana, abordar a perfeição pensa alto demais e, consequentemente, pensa de maneira débil e ilusória."[21] E não é nossa falta de disposição em seguir a razão que dá conta dessas imperfeições permanentes, mas seus próprios limites. "É verdade que o entusiasmo frequentemente nos engana", mas "a razão também o faz. Tal é a condição de nossa natureza e nada podemos fazer a respeito."[22] Isso significa que devemos equilibrar razão e paixão, mas mesmo tal equilíbrio oferece pouca confiança. Nenhuma pessoa tem em si a capacidade de superar a radical debilidade e imperfeição do homem. Nenhum indivíduo está à altura dessa tarefa, não importando sua inteligência ou seu conhecimento dos princípios da ciência e dos fatos da natureza. Em vez disso, devemos aprender com a experiência combinada de muitos e, particularmente, daqueles que viveram antes de nós.

"Tememos fazer com que os homens vivam e se relacionem baseados em seu estoque privado de razão porque suspeitamos que, em cada um deles, esse estoque é pequeno e que eles fariam melhor em se servirem do banco e do capital geral das nações e das eras", escreve em *Reflexões.*[23] Mesmo quando, como indivíduos, não podemos perceber prontamente o significado da sabedoria inerente a nosso capital cultural, o próprio fato de ele ter chegado até nós com a reverência e o respeito das gerações passadas deveria fazer com que o levássemos a sério como guia de nossas ações e investigações ou, ao menos, com que lhe déssemos o significativo benefício da dúvida. Em uma passagem particularmente reveladora de *An Appeal from the New to the Old Whigs*, escreve: "Se alguma vez não estivermos dispostos a admirar aqueles escritores ou artistas, como Tito Lívio, Virgílio, Rafael ou Michelangelo, que todas as pessoas cultas admiraram, [não devemos] seguir nossos próprios impulsos, mas estudar até saber como e o que devemos admirar e, se não pudermos chegar a essa combinação de admiração e conhecimento, é melhor acreditarmos que somos néscios a crer que o restante do mundo sofreu uma imposição."[24]

Devemos, nesse sentido, estar abertos para permitir que algumas questões sejam prejulgadas para nós pela sabedoria coletiva das gerações passadas e aceitar — se não cegamente, certamente com fé — o peso e a gravidade de sua razão combinada como maior que nossa capacidade individual. Essas gerações passadas estavam engajadas nos mesmos objetivos que perseguimos — viver vidas gratificantes como indivíduos e em sociedade e tirar o máximo de sua natureza imperfeita — e o fato de que encontraram certas ferramentas especialmente úteis deveria significar algo para nós.

Ele emprega a palavra *preconceito*, um termo carregado mesmo em seu próprio tempo, para descrever tal sabedoria recebida. Um preconceito obviamente pode ser uma coisa muito ruim quando é apenas uma inclinação individual sem evidência ou razão. Mas pode ser muito bom quando é um hábito de opinião ou ação formado pelo longo uso social e comunicado pela tradição. Como nenhum indivíduo pode esperar reconsiderar cada questão desde o início, algumas opiniões devem ser recebidas, mas as melhores são formadas por grandes comunidades através do tempo. Os revolucionários, ao tentarem remover todos os preconceitos de seus compatriotas, na verdade apenas trabalhavam para substituir o produto de gerações de raciocínio por um conjunto de preconceitos próprios e muito menores, baseados em premissas mal consideradas sobre a natureza humana e a política. Os amigos da constituição inglesa agiam de modo diferente: "Muitos de nossos homens voltados à especulação, em vez de explodirem os preconceitos gerais, empregam sua sagacidade para descobrir a sabedoria latente que prevalece neles. Se encontram o que buscam (e raramente falham), acham mais sábio continuar com o preconceito envolvendo a razão que jogar longe a capa do preconceito e não deixar nada além da razão nua, pois o preconceito, com sua razão, tem um motivo para dar ação a essa razão e uma afeição que lhe dará permanência."[25]

A errônea destruição do preconceito deixaria os homens incapazes de agir na política. Preconceitos adequadamente envelhecidos e desenvolvidos, por sua vez, permitem que os homens ajam com base em princípios comprovados, sem precisarem raciocinar sobre eles desde o zero, e suportam os sentimentos morais necessários à paz social.[26]

E quando tais preconceitos envelhecidos não estão disponíveis, devem ser empregados outros meios para obter a sabedoria de muitos. A ausência de uma orientação clara do passado não é motivo para se apoiar na razão de um único indivíduo ou olhar para a teoria bruta em busca de padrões. Em vez disso, é motivo para desejar deliberação e ação coletivas na política. "O arranjo político, sendo uma obra para fins sociais, só deve ser forjado por meios sociais. Mentes devem conspirar com outras mentes."[27] Mas o objetivo de tal cooperação não é determinar a vontade da maioria. Claramente, Burke argumenta que não o desejo, mas precisamente a razão (dentro de seus limites, como ele os compreende) deve guiar a ação política. Seus oponentes radicais erroneamente empregam a razão individualista para racionalizar sua defesa da política como expressão da vontade da maioria. "Se o governo fosse uma questão de vontade em qualquer lado", diz ele a seus eleitores de Bristol, "a sua, sem dúvida, seria superior. Mas o governo e a legislação são questões de razão e julgamento."[28] O que ocorre é que sua noção de razão e julgamento é diferente e menos individualista. "Conheci e, quanto pude, cooperei com grandes homens", escreveu, falando sobre sua carreira política, "e ainda não vi nenhum plano que não tenha sido modificado pelas observações daqueles que eram muito inferiores, em entendimento, à pessoa que assumiu a liderança."[29] A política não é uma questão de gênio individual, mas de atividade conjunta dirigida ao benefício comum.

Esse senso dos limites da razão humana individual e da importância da deliberação e ação conjuntas o torna um defensor declarado do partidarismo político — uma opinião muito incomum em sua época, ainda mais que na nossa. Há muito se crê que os partidos são incompatíveis com o bom governo, pois representam interesses particulares, e não o bem do todo. Os radicais iluministas argumentavam que, se a razão fosse corretamente empregada na política, indivíduos poderiam — por meio do pensamento racional, da persuasão e da aplicação de princípios adequados — chegar às conclusões necessárias para o bom governo. Os partidos não tinham papel nesse processo, pois apenas obscureciam a verdade. Paine certamente partilhava dessa opinião e sugeriu que a disputa partidária era uma distração para o governo: "Desejo com toda a devoção de um cristão que os nomes whig e tory jamais sejam mencionados novamente."[30]

Burke discordava entusiasticamente e baseava seu caso precisamente nas opiniões aqui discutidas: os limites da razão e da teoria e o fato de que os homens precisam trabalhar juntos para serem sábios e efetivos. Primeiro, é um grande erro imaginar que a razão pode resolver todas as disputas partidárias, pois elas resultam precisamente das permanentes imperfeições do conhecimento e da razão. Os participantes da política buscam compreender o que é melhor para o todo, não apenas para si mesmos. Mas não somos equipados pela natureza para conhecer o todo ou compreender integralmente o que é melhor, e os métodos teóricos dos liberais iluministas não superam essa limitação. Podemos conhecer apenas partes, e pessoas diferentes enfatizam diferentes partes moldadas por suas experiências de vida, movidas pelo estudo ou, talvez, persuadidas por argumentos. Para algumas, o perigo de desordem pode ser supremo; para outras, a injustiça do poder arbitrário, o respeito pela vontade de Deus, as tradições de nossos ancestrais, a promessa de progresso ou outras prioridades podem estar em jogo. A política em uma sociedade livre é uma competição entre "partidários" dessas diferentes partes. Estadistas são confrontados pelas opções de ação e o que enfatizam sobre a natureza humana, a política ou as circunstâncias de uma situação — as partes do conhecimento humano que possuem ou acham mais crucial — modelará as escolhas que farão.

Partidários defendem suas causas oferecendo razões para enfatizar as partes do conhecimento humano que julgam mais importantes, mas essas razões jamais persuadirão a todos, porque pessoas diferentes são modeladas de maneiras distintas por suas experiências e circunstâncias e, assim, estão inclinadas a enfatizar diferentes partes. O partidarismo, portanto, jamais será extinto por argumentos. Jamais saberemos o bastante para nos situarmos acima dele e nenhum partido poderia persuadir todos a ficarem a seu lado. Cada um dos diferentes partidos tem parte da verdade, mas nenhum a possui integralmente. Por essa razão, escreve Burke, "sabemos que os partidos sempre devem existir em um país livre".[31] Saber disso não torna quem o sabe apartidário ou o coloca acima da briga partidária. Ele ainda possui suas próprias opiniões e acha que é sua obrigação participar ativamente dos grandes debates partidários de sua época.

Os oponentes dos partidos, argumenta, os confundem muito facilmente com facções. Mas os grandes partidos políticos da Grã-Bretanha não são facções privadas. Em sua definição do termo, "um partido é um corpo de homens unidos para promover, por seu esforço conjunto, os interesses nacionais com base em alguns princípios sobre os quais todos eles concordam".[32]

A política é uma negociação dessas diferenças baseadas em princípios, em resposta a necessidades e eventos particulares, e, nesse processo, os participantes se beneficiam imensamente da ação comum tanto ao formularem quanto ao colocarem em prática suas opiniões — em ambos os casos, porque não há homem cuja razão e habilidade individuais estejam à altura da tarefa. Os partidos políticos não devem ser tratados como inadequados. Ao contrário, são os meios pelos quais políticos bem-intencionados se unem como compatriotas honrados para promover o que veem como o melhor curso para seu país. É nobre o esforço para esposar visões comuns e conduzir pessoas que as partilham ao poder, "facilmente distinguível da mesquinha e interessada luta por cargos e emolumentos".[33] Isso não significa preferência cega por um partido. As opiniões que levam um estadista a se unir a outros devem ser as que o motivam e, se o partido deixar de defendê-las, ele tem o direito de abandoná-lo. De fato, apesar de toda sua defesa do partidarismo, Burke rompeu muito publicamente com seu partido na questão da Revolução Francesa, a um grande custo para ambos.

Mas, desde que suas opiniões sejam, de modo geral, partilhadas por outros partidários e especialmente se visões opostas forem representadas por outros partidos, cabe a qualquer político sério se atrelar a um partido e trabalhar em conjunto. "Nenhum homem", escreve Burke, "que não tenha sido levado ao entusiasmo pela vanglória pode acreditar que seus esforços singulares, não sistemáticos e sem suporte tenham o poder de derrotar os sutis desígnios e cabalas dos cidadãos ambiciosos. Quando homens maus se combinam, os bons devem se associar; de outro modo, falharão um por um, tornando-se um sacrifício não lastimado em uma luta desprezível. Não é suficiente, em uma situação de confiança na comunidade, que um homem deseje bem a seu país." Um estadista deve encontrar meios de transformar suas boas intenções em ação efetiva e, na maior parte do tempo, somente os partidos políticos oferecem esses meios.[34] Não é o membro de um partido, mas sim o político que afirma estar acima dos partidos que deve atrair a suspeita de defender apenas interesses privados.[35]

Mas o partidarismo não é a consequência mais significativa dos limites da razão individual. Ele oferece meios para organizar a atividade política, dados esses limites, mas não oferece, em si mesmo, uma orientação alternativa para o julgamento e a ação política. Se as premissas do liberalismo iluminista são inadequadas e se a resultante fé na moderna razão é injustificada, qual o princípio organizador da mudança política e quais os meios apropriados de se pensar sobre ela? A resposta se baseia em tudo que vimos sobre sua crítica da política especulativa, sua ênfase no real e seu entendimento da natureza humana. É a prescrição — sua grande inovação anti-inovacionista.

O termo *prescrição* se originou na lei romana, referindo-se à posse em virtude do uso por longo período de tempo, e não por ato formal. Burke usa o termo para descrever o modo como práticas e instituições que servem à sociedade há muito tempo recebem o benefício da dúvida contra inovações que poderiam solapá-las e são usadas como padrão e modelo para a vida política. Desse modo, reformas e inovações são julgadas por sua continuidade e conformidade às formas políticas existentes.

Esse novo conceito está firmemente enraizado em seu senso dos limites da razão individual. Gerações de estadistas lidaram com os tipos de desafios que a era atual deve enfrentar e, "se não chamarmos em nosso auxílio os estudos passados de homens considerados inteligentes e experientes, seremos sempre iniciantes".[36] Mas a humildade perante a sabedoria do passado não significa apenas aprender com os argumentos que grandes homens de gerações passadas defenderam em discursos e textos. Sua herança é a própria nação — suas instituições, práticas e formas, "resultado das ideias de muitas mentes, em muitas eras".[37] A prescrição, portanto, significa, acima de tudo, respeitar e preservar a ordem política como nos foi entregue e mesmo tratá-la com reverência.

Assim, a prescrição começa com um tipo de humilde gratidão. Como construir um arranjo político funcional é extremamente difícil, nós, que herdamos tal arranjo, devemos ser gratos por ele, mesmo que não possamos compreender integralmente as fontes de seu sucesso. Em qualquer esforço de reforma, "começo com perfeita desconfiança de minhas próprias habilidades, total renúncia a especulações de minha autoria e profunda reverência pela sabedoria de nossos ancestrais, que nos deixaram como herança uma constituição tão feliz e um império tão florescente".[38] Abordar a constituição como fazem os radicais, comparando-a a uma teoria especulativa e sem respeito inerente por suas formas estabelecidas, é preferir a própria razão à sabedoria coletiva de gerações de compatriotas.[39] Em sua opinião, os revolucionários franceses cometeram precisamente esse erro. Dirigindo-se a eles em *Reflexões*, ele afirma que, embora o velho regime tenha terríveis falhas, também contém as sementes de uma possível melhoria:

> Vocês começaram mal, porque começaram desprezando tudo que lhes pertence. Iniciaram seu negócio sem capital. Se as últimas gerações de seu país surgiram sem muito brilho a seus olhos, vocês poderiam tê-las ignorado e derivado suas reivindicações de uma raça mais antiga de ancestrais.

> Sob a respeitosa predileção por esses ancestrais, suas imaginações teriam percebido neles um padrão de virtude e sabedoria, para além da prática vulgar do momento, e vocês teriam obtido o exemplo a cuja imitação aspiram. Respeitando seus antepassados, teriam respeitado a si mesmos.[40]

Burke, portanto, não argumenta que a constituição inglesa é um regime ideal para todos, mas que cada sociedade deve se basear em suas melhores tradições ao confrontar desafios e problemas. Os franceses deveriam ter apreciado os sucessos passados de seus próprios ancestrais, em vez de abandonar suas realizações em favor de um ideal teórico.

A tentação de proceder de outra maneira é grande. Faz parte da natureza humana perder de vista o valor do que possuímos e ser conquistado pelo potencial do que imaginamos possível. Assim, é necessário despertar nas pessoas a apreciação pelo que possuem e que não deveriam tomar como favas contadas, e até mesmo transformar em orgulho a capacidade de resistir às inovações precipitadas.[41]

Desse modo, ele busca descrever seus compatriotas britânicos como única e admiravelmente sensíveis aos perigos de abandonar as realizações de seus ancestrais. "Graças à nossa taciturna resistência à inovação e à fria lentidão de nosso caráter nacional, ainda portamos a marca de nossos antepassados", escreve.[42] "Da Carta Magna à Declaração de Direitos, tem sido a política uniforme de nossa constituição reivindicar e avaliar nossas liberdades como *herança vinculativa* deixada a nós por nossos antepassados e a ser transmitida à posteridade; como estado pertencente especialmente ao povo deste reino, sem qualquer referência a outro direito mais geral ou anterior."[43] Em carta privada ao poeta Richard Cumberland (que escrevera para cumprimentá-lo por *Reflexões*, mas perguntara se seus compatriotas realmente mereciam tantos elogios), Burke é notavelmente franco sobre seus objetivos e métodos retóricos: "O tempo mostrará se descrevi nossos compatriotas adequadamente. Espero que sim, mas, de qualquer modo, talvez a melhor maneira de os persuadir a agirem corretamente seja supor que já o fazem. Grandes corpos, assim como grandes homens, devem ser instruídos da maneira pela qual sentirão mais prazer em receber instrução, e a própria lisonja pode ser convertida em modalidade de conselho."[44]

Tal lisonja pretende sugerir aos ingleses que eles já possuem o material necessário para superar os muitos desafios que enfrentam. E isso significa que são capazes não apenas de manter suas posições contra inovações mal concebidas como de responder efetivamente às circunstâncias ao construírem sobre o que já têm.

O principal medo de Burke, particularmente durante o período da Revolução Francesa, mas também na incessantemente agitada década e meia anterior, era que, em condições de crise, os ingleses fossem tentados a recorrer ao que chamava desdenhosamente de política especulativa metafísica. Assim, ele ofereceu a prescrição primeiro como meio de resistência. Muito antes da Revolução Francesa e falando dos perigos da exagerada reação inglesa à crise americana de 1775, ele ofereceu este conselho à Câmara dos Comuns:

> Se perceberem que, em uma concessão, serão pressionados pelo processo metafísico às linhas extremas e perderão toda autoridade durante um argumento, meu conselho é o seguinte: quando tiverem recuperado sua antiga, forte e sustentável posição, virem-se para o lado contrário — parem imediatamente, não façam mais nada, não argumentem — e empreguem a antiga política e prática do império como muralha contra as especulações dos inovadores de ambos os lados da questão. Assim, estarão em solo admirável, viril e seguro. Fixem suas máquinas nessa sólida base e elas trarão mundos até vocês.[45]

Hipóteses de longa data e preconceitos testados pelo tempo são igualmente úteis durante uma crise. "O preconceito é de imediata aplicação em uma emergência: ele engaja previamente a mente em um curso constante de sabedoria e virtude e não deixa o homem hesitante em um momento de decisão, cético, confuso e sem saber o que fazer. Os preconceitos transformam a virtude do homem em hábito e não em uma série de atos desconectados. Por meio apenas do preconceito, seu dever se torna parte de sua natureza."[46]

Mas a essência de seu ensino sobre a prescrição não é dirigida à resistência durante as crises. A prescrição é, acima de tudo, um meio de controle e gradual modificação, em resposta a necessidades públicas percebidas — não uma oposição a qualquer mudança, mas uma busca cuidadosa, preferindo, sempre que possível, as mudanças de substância às de forma e, sempre que necessário, as reformas incrementais às radicais.[47] Burke não era, de modo algum, um tradicionalista radical que se opunha a qualquer reforma. Longe disso; era um dos principais (em alguns aspectos, *o* principal) reformadores do Parlamento em sua época (ver capítulo 6). Mas acreditava que a reforma bem-sucedida devia começar com as circunstâncias existentes, não com especulações teóricas. A máxima dos ingleses era "jamais se afastar da antiguidade inteiramente ou de uma vez só".[48] Isso não significava que nenhum afastamento deveria ser tentado, mas que as tentativas deveriam ser parciais e incrementais, com o objetivo de melhorar ou corrigir, e não de começar do zero.

De fato, ele argumenta que a mudança, entendida como "princípio de crescimento", não somente é permissível como também essencial, e essencial precisamente à tarefa de preservar a ordem existente.[49] "Um Estado sem meios para mudar está desprovido dos meios para sua conservação."[50] Tal princípio de crescimento ou de meios para a mudança deve ser uma característica permanente do regime, e não apenas um caminho até um último e correto arranjo que já não será mudado.

Nesse sentido, sua abordagem é na verdade mais aberta à mudança que a de muitos de seus oponentes radicais, incluindo Paine. Eles tentavam estabelecer princípios corretos e permanentes para guiar o trabalho do governo. Burke argumenta que a mudança é, em si mesma, um princípio permanente e que, embora os fins do governo não mudem, os meios para esses fins devem ser alterados sempre que necessário, o que às vezes inclui até mesmo os detalhes da forma de governo.

A preservação da ordem política, que está entre suas principais preocupações, requer e deve acomodar mudanças constantes e assegurar que sejam contínuas e graduais, não desordenadas e súbitas.[51] É isso, precisamente, que a prescrição busca fazer: basear o novo no velho, transformar a mudança em extensão e, desse modo, fornecer continuidade e estabilidade, a fim de que os problemas sejam solucionados sem que a ordem geral seja indevidamente perturbada. Ele quer que os julgamentos políticos, mesmo em situações extremas, sejam guiados pelo padrão do normal e do usual, e não o contrário. E argumenta que tal abordagem, baseada, como vimos, no modelo da herança, "fornece um princípio seguro de conservação e transmissão, sem excluir, de modo algum, o princípio de melhoria [...] Ela mantém a aquisição livre, mas assegura o que adquiriu. Quaisquer vantagens obtidas por um Estado procedendo de acordo com essas máximas são rapidamente guardadas, como em uma espécie de patrimônio familiar".[52]

Seu modelo para tal gradualismo cuidadoso é a profissão legal, que admira profundamente. Advogados, diz ele, sempre buscam precedentes e apresentam inovações como modestas ampliações desses precedentes. Ele reconhece que esse método às vezes força os limites da credulidade e deturpa a natureza dos precedentes, de forma a obscurecer o grau de genuína inovação em questão, mas elogia essa prática como indicação do desejo dos advogados de minimizar a desordem social — sugerindo, talvez, que seu próprio método inclua tal obscurecimento de uma perturbação real.[53] Os advogados compreendem que a autoridade da lei depende de sua estabilidade e que o povo constrói suas vidas em torno de certas suposições que não devem ser perturbadas desnecessariamente. Isso é ainda mais verdadeiro quando a perturbação em questão é mais profunda que na maioria dos casos legais — quando a forma ou a função do próprio regime está em questão. A mudança gradual que constrói cuidadosamente sobre os materiais existentes permite que a sociedade se ajuste e empregue suas forças para solucionar suas fraquezas.

Essa confiança nos precedentes não significa que todas as circunstâncias possuam analogias com eventos históricos anteriores. Certamente há desafios políticos sem precedentes. Ao confrontar o fracasso do governo em conter a revolta colonial nos Estados Unidos, ele disse a seus colegas parlamentares que a longa história da Grã-Bretanha não oferecia nada parecido para consideração.[54] Sobre a guerra europeia que viu emergir na onda da Revolução Francesa em seus últimos anos de vida, disse: "Não consigo me persuadir de que essa guerra tenha qualquer semelhança (além do fato de ser uma guerra) com qualquer outra que já tenha ocorrido no mundo — não consigo me persuadir de que quaisquer exemplos ou argumentos retirados de outras guerras e outras políticas possam ser aplicáveis a ela — e penso, verdadeira e sinceramente, que todas as outras guerras e políticas foram brincadeira de criança."[55] Mas precisamente em face de tais dificuldades e crises sem precedentes, que clamavam por novas formas de pensar, a nação tinha de recorrer à força e à estabilidade de sua antiga constituição, adaptada, como fora, durante os séculos para responder a uma ampla variedade de desafios. Ela era valiosa não porque já lidara com crises como as de sua época, mas porque solucionara efetivamente uma desconcertante variedade de novos e diferentes tipos de problemas.

A constituição é valorizada, afinal, não por ser velha, mas porque se desenvolve e evolui há muito tempo e, assim, é adequada à nação, a seu caráter e a suas necessidades. Nesse sentido, é muito atual, adaptada e adaptável às circunstâncias do mundo real. Consequentemente, é provável que seja muito melhor que qualquer teoria em lidar com novas circunstâncias, uma vez que a teoria possui elevadas expectativas e é muito rígida, ao passo que um regime de longa data está acostumado a se ajustar conforme as coisas mudam.

As mudanças e reformas sofridas pela constituição, além disso, não apontam todas na mesma direção, sendo respostas a eventos que tentam levar o sistema ao equilíbrio. Às vezes, a resposta apropriada é aumentar o escopo das instituições representativas, como as teorias liberais iluministas sugeriam que deveria ocorrer sempre, mas, em outras ocasiões, a resposta apropriada é aumentar as prerrogativas do monarca ou da aristocracia.

Como vimos no capítulo 3, Burke acredita que a estrutura da constituição e as práticas regulares das gerações precedentes oferecem os únicos meios disponíveis para obter padrões de mensuração para além da utilidade e argumenta que a política deve responder a e ser modelada por esses padrões. Mas eles são descobertos por meio de melhorias graduais testadas pelo tempo. A história não é um desdobramento, mas antes um processo de elucidação por meio da experiência, e a mudança política está entre suas características constantes. Nenhuma mudança particular estabelece uma direção única para os desenvolvimentos futuros. Todas são modificações prudentes em resposta a circunstâncias e demandas únicas. "Essas exceções e modificações não são feitas por processos lógicos, mas pelas regras da prudência. A prudência não é apenas a primeira das virtudes políticas e morais, mas também a diretriz, a regulamentação, o padrão de todas elas."[56] As regras da prudência são aplicadas e, portanto, desenvolvidas em resposta a eventos, não anteriormente a eles, e sua validade é medida por seu sucesso ou fracasso prático em manter o povo seguro, feliz e livre.

As instituições que cresceram dessa maneira orgânica podem não ser organizadas, mas são fortes e funcionais, e a tentativa de forçá-las a se adequarem a uma teoria estrangeira a seu desenvolvimento não termina bem. "O velho edifício está bastante bem, embora seja meio gótico, meio grego e meio chinês, até que se tenta forçá-lo à uniformidade. Então ele pode cair sobre nossas cabeças, em destroços muito uniformes."[57] Em vez de perseguir tal uniformidade, deveríamos ver quão bem as instituições desenvolvidas servem às necessidades e aos desejos do povo.

Para Burke, essa abordagem orgânica estabelece um padrão diferente e mais prático não apenas para a política, mas também para os princípios políticos. "As consequências práticas de qualquer pressuposto político desempenham grande papel na avaliação de seu valor. Os problemas políticos não estão primariamente relacionados ao verdadeiro ou falso. Estão relacionados ao bem ou mal. Aquilo cujo resultado provável é produzir o mal é politicamente falso; aquilo que produz o bem é politicamente verdadeiro."[58] Assim, dentro dos limites da constituição, a política não é um ramo da filosofia, em uma busca expressa pela verdade ou suas aplicações, mas sim a tentativa de produzir bons resultados práticos, que ajudam a indicar verdades mais elevadas, mas não diretamente. Ele deixa esse ponto excepcionalmente claro em vários momentos de sua carreira, talvez mais notavelmente ao se referir à crise americana: "Não entrarei na questão de o quanto a verdade é preferível à paz. Talvez seja muito melhor. Mas como raramente temos a mesma certeza em relação a uma do que temos em relação à outra, a menos que a verdade seja realmente evidente, eu me agarraria à paz."[59]

Assim, ele retorna aos limites da razão. Nossa habilidade de antever as consequências práticas de determinada política excede, e muito, nossa habilidade de avaliar a verdade de uma alegação filosófica. Na política, portanto, quase sempre devemos julgar pelos efeitos, e não por especulação.

Burke compreende que, como sua alternativa à razão moderna começa com sua rejeição, sua abordagem é excessivamente vulnerável a tentativas de aplicação dessa mesma razão. Para que a prescrição sirva a seu propósito, ela deve ser aceita implicitamente, e não discutida.[60] Ele espera que seu sucesso prático proteja suas raízes da curiosidade indevida. "A maioria da humanidade não é excessivamente curiosa sobre quaisquer teorias enquanto está realmente feliz, e um sintoma certo de um Estado mal conduzido é a propensão das pessoas a recorrerem a elas."[61] Mas ele também sabe que os radicais iluministas pretendem investigar o regime em termos teóricos, independentemente de seu sucesso prático, e entende o perigo que esse escrutínio pode apresentar para um regime prescritivo. "É o infortúnio — e não a glória, como pensam esses cavalheiros — desta era que tudo precise ser discutido, como se a constituição de nosso país devesse ser sempre objeto mais de altercação que de prazer."[62] Quando a fundação do regime se torna assunto de discussão, a fidelidade implícita do povo pode ser perdida para sempre.

Não é que nenhum argumento possa ser apresentado em defesa da constituição inglesa. Longe disso, acredita Burke. Mas nenhum deles pode conseguir a força de ligação que a prescrição cria por hábito, prazer e despreocupada lealdade. Por meio de argumentos legalistas, um estadista pode demonstrar que seu regime é legítimo, mas não fazer com que os cidadãos amem seu país ou se sacrifiquem por ele durante uma crise, e, na verdade, poderia minar com facilidade tal patriotismo ao transformar o país em alvo de tal impudente investigação.[63] Um regime funcional, com raízes profundas no passado e uma história de desenvolvimento incremental que serviu bem às necessidades de seu povo, deve ter o benefício da dúvida e não necessita ser sujeitado à luz abrasadora da enganosa investigação filosófica do Iluminismo, movida, como é, por uma exagerada noção do poder da razão. Os radicais e seus esquemas devem ter o ônus da prova e suas ideias, por sua vez, devem sofrer extremo escrutínio. "A arrogância de suas pretensões nos provoca e desafia a inquirir sua fundação."[64] É por isso que ele se empenha tanto em examinar o regime revolucionário e suas alegações, métodos, ações e resultados em *Reflexões*. Embora os regimes prescritivos gozem de certa imunidade dessa perseguição por causa de seu comprovado sucesso, novos regimes revolucionários devem esperar ser escrutinados.

Sua defesa dos limites da razão humana na política pode facilmente ser tomada como caso anti-intelectual contra o uso da razão na política ou em qualquer outro assunto, como o foi muito frequentemente. Mas ela é mais bem compreendida como argumento sobre o caráter particular da esfera política. Burke claramente não nega o valor da vida contemplativa em seus próprios termos, e várias vezes afirmou que as virtudes contemplativas são superiores às ativas. Em junho de 1777, recebeu uma carta de William Richardson, professor escocês de humanas, juntamente com um exemplar do livro que escrevera, analisando as bases filosóficas de algumas peças de Shakespeare. Em sua carta (que não sobreviveu), Richardson aparentemente elogia com grande humildade a vocação política de Burke como sendo superior à sua própria vida especulativa. Em sua resposta, Burke discorda com veemência dessa descrição: "Como você pode pensar que eu seria indiferente às opiniões de um cavalheiro em sua honrosa e feliz situação, por mais afastada que esteja do que você acredita ser a importância da ocupação política? [...] A virtude contemplativa está, na ordem das coisas, acima da ativa [...] a outra, no melhor dos casos, é apenas um corpo bastante rude e concreto, constantemente dependente, frequentemente derrotado, sempre obstruído."[65]

E, todavia, a superioridade da virtude contemplativa não lhe dá o direito de suplantar a virtude ativa em sua esfera própria. A vida política, para ele, é o reino da virtude ativa, dado que a política governa a ação humana, não o pensamento humano. Afirmar o contrário e importar uma mentalidade especulativa e teórica para a política é tanto distorcer o caráter e o objetivo da política quanto exagerar a natureza e o poder da razão. O liberalismo iluminista o faz como resultado de suas premissas sobre a natureza humana, o individualismo, a escolha, a razão e o mundo real. A pesada resistência de Burke a essas premissas modela sua veemente rejeição da política racionalista dos radicais de sua época, bem como sua inovadora alternativa: a prescrição como modo de mudança e preservação.

Assim, ele oferece a prescrição como resposta à elevação da razão no coração tanto do pensamento iluminista quanto da filosofia política de Thomas Paine. Mas Paine, quase sozinho entre os liberais iluministas e radicais de sua época, não somente defende a visão a que Burke se opõe como também responde diretamente à sua alternativa e reafirma sua fé na razão.

O racionalismo de Paine e a era da razão

Thomas Paine via a razão como força profundamente libertadora que poderia ajudar o homem a descobrir seus direitos e estabelecer governos equipados para defendê-los e lutar por eles. "Nessa questão do governo, há uma manhã da razão nascendo sobre os homens, que nunca foi vista antes. Conforme se expira o barbarismo dos atuais governos, as condições morais das nações, em relação umas às outras, devem mudar."[66] Seu declarado objetivo é defender a causa da política racional. "Está na hora de as nações serem racionais, e não governadas como animais, para o prazer de seus cavaleiros."[67] Tornar as nações racionais era, de um jeito ou de outro, seu objetivo em cada esforço político.

Ele argumenta claramente que os princípios devem preceder as instituições políticas, e não, como defendia Burke, ser derivados delas. Em *Os direitos do homem*, afirma que seu objetivo é "estabelecer um sistema de princípios como base sobre a qual os governos devem ser erigidos".[68] E esse foi seu objetivo não somente durante seu tempo na França. Em uma carta de 1806 a John Inskeep, prefeito da Filadélfia, reflete sobre sua agitada carreira: "Meu motivo e objetivo em todas as minhas obras políticas, começando com *Senso comum*, a primeira que publiquei, foi resgatar o homem da tirania e dos falsos sistemas e princípios de governo e lhe permitir ser livre e estabelecer um governo por si mesmo."[69] Esses sistemas falsos e princípios pouco razoáveis eram centrais em todas as suas descrições do mundo, especialmente como causas principais das guerras e do despotismo. "O homem só é inimigo do homem por meio de um falso sistema de governo."[70] Se os regimes fossem estabelecidos sobre princípios adequados, alinhados com a razão, a humanidade floresceria como nunca antes.

Com base na visão liberal iluminista da natureza humana e da política, ele argumenta que a premissa crucial do pensamento iluminista — a igualdade natural entre os homens — inescapavelmente leva a uma política de individualismo e razão individual. Se os homens são iguais, nenhum deles pode simplesmente comandar o assentimento dos outros e nenhum deles aceitará, como questão de fé, a sabedoria superior de outros. A igualdade entre os homens dita que, em um governo legítimo, tudo deve estar aberto à discussão e à análise de todos. E isso é uma grande virtude, e não, como afirmara Burke, um vício da política moderna. "No sistema representativo", escreve Paine, "a razão para tudo deve surgir publicamente. Cada homem é proprietário do governo e considera necessário entendê-lo. É de seu interesse porque afeta sua propriedade. Ele examina os custos e os compara às vantagens e, acima de tudo, não adota o hábito servil de seguir aqueles que, em outros governos, são chamados de líderes."[71] A insistência de Burke de que o âmago do regime não deve ser questionado ou aberto à inspeção lhe parece uma reação interessada daqueles que "são chamados de líderes" contra a nova política racional. Eles defendem suas prerrogativas cobrindo-as com nomes elegantes e enfatizam o perigo da razão individual porque "tremem à aproximação dos princípios e temem os precedentes que ameaçam derrubá-los".[72]

Para evitar essa derrubada, fazem com que o governo pareça sutil e frágil demais à abordagem dos cidadãos, "cegando o entendimento do homem e fazendo-o acreditar que o governo é alguma coisa maravilhosamente misteriosa".[73] Mas, compreendido em termos adequados e racionais, não é nenhum mistério.[74] A ciência do governo, consequentemente, deveria ser uma ciência de princípios, não de exemplos singulares, e esses princípios deveriam estar acessíveis à razão de todo indivíduo racional. A Revolução Francesa, argumenta ele, deve ser compreendida nesse contexto. O mais importante sobre ela não é a quebra radical com os padrões do passado, mas o fato de que substitui princípios errados pelos corretos.

Burke, em sua opinião, busca obscurecer a questão dos princípios ao focar em particularidades históricas: nas pessoas e nos detalhes das instituições. É difícil discernir claramente "quando as circunstâncias são usadas como argumentos, o que frequentemente é o caso com o sr. Burke".[75] A afirmação de Burke de que princípios abstratos são estranhos à vida política lhe parece simplesmente uma desculpa para evitar toda a questão dos princípios em sua amada constituição inglesa, o que também o faz desculpar as estarrecedoras injustiças cometidas na França. Em *Os direitos do homem*, escreve:

> O sr. Burke parece não ter qualquer noção de princípios quando contempla o governo. "Há dez anos", diz ele, "eu teria felicitado a França por ter um governo sem pesquisar sua natureza ou o modo como era administrado." Essa é a linguagem de um homem racional? É a linguagem de um coração sensível, como deveria ser, aos direitos e à felicidade da raça humana? Nessas bases, o sr. Burke deveria cumprimentar cada governo do mun-

> do, enquanto as vítimas que sofrem sob eles, vendidas como escravas ou torturadas até a morte, são completamente esquecidas. É o poder, e não os princípios, que o sr. Burke venera, e, sob essa abominável depravação, não é qualificado para discernir entre eles.[76]

É precisamente esse tipo de confusão entre pessoas e princípios e entre poder e razão que está por trás da defesa do governo hereditário, afirma Paine. "O sr. Burke não compreende a distinção entre homens e princípios."[77] A regra hereditária é "meramente um sistema animal", sem nenhum componente racional. Seus defensores jamais poderiam persuadir o povo a estabelecer tal sistema se ele já não estivesse instaurado (de forma ilegítima, há muito tempo).[78]

E o fato de que o sistema está instaurado há muito tempo dificilmente é um argumento a favor de sua persistência. Afirmar que o longo uso transforma uma prática injusta em justa é absurdo, "pois significa colocar o tempo no lugar do princípio ou torná-lo superior ao princípio, ao passo que o tempo não tem mais conexão ou influência sobre o princípio que o princípio sobre o tempo".[79] Uma instituição ou prática precisa se provar perante o crivo da razão. As leis não podem derivar sua autoridade da idade, mas apenas "da justiça de seus princípios".[80]

Em todos os seus textos, ele rejeita o apelo à autoridade e exige o apelo à razão como padrão de julgamento. Ele se orgulha de, em suas próprias obras, evitar defender seus argumentos citando autoridades familiares ou notórias — uma prática que Burke adota com frequência. "Raramente cito; a razão é que sempre penso."[81] Mesmo quando outros indicam pontos em que sua obra claramente se baseou em autoridades notáveis, ele resiste incondicionalmente à implicação. Certamente há algo de estranho na insistência de um homem obviamente culto de que não está familiarizado com os grandes escritores de sua época e do cânone ocidental, mas, para ele, o ponto substantivo vale mais que o biográfico: a referência direta aos princípios originais é mais importante que a demonstração de sua compreensão dos precedentes. A ênfase na razão individual e sem auxílio é crucial para o caso que tenta defender. Ele argumenta que todo indivíduo é capaz de, empregando apenas a própria razão, discernir a veracidade ou falsidade de uma questão política e, assim, nenhum recurso ao passado ou ao raciocínio coletivo é necessário. Novamente, ele crê que todo indivíduo tem a capacidade de começar do zero, em vez de começar onde os outros pararam.

Na questão da razão, como em outras que já analisamos, essa afirmação da autossuficiência separa severamente os dois homens. Paine busca demonstrar a capacidade do indivíduo para o autogoverno mantendo cada indivíduo separado do todo mais amplo — tanto social quanto temporal. A fim de seguir os ditames da razão, devemos colocar de lado todo contexto e autoridade do mundo real e buscar diretamente a verdade abstrata e universal. E a razão libertada pelo Iluminismo nos permite (e, de fato, exige) fazer exatamente isso. Essa moderna razão sem auxílio externo é nossa maneira de conhecermos a verdade e não precisarmos aceitar nenhuma alegação de verdade de outras pessoas.

A razão pode assumir o lugar da autoridade mesmo no âmbito da religião — na verdade, talvez especialmente nele, que durante tanto tempo foi o domínio da autoridade e da fé. As mais expressivas e explícitas alegações de Paine sobre o poder da razão individual surgem em seus textos sobre a religião, sobretudo em sua defesa em dois volumes do deísmo iluminista, intitulada (não por coincidência) *A era da razão*.

A era da razão é, em alguns aspectos, um livro surpreendentemente destemperado e pode distrair os leitores da defesa da razão feita por Paine. Ele inicia cáusticos ataques a todas as formas de cristianismo organizado e percorre a Bíblia indicando inconsistências e implausibilidades. "A mais detestável perversidade, as mais horríveis crueldades e as maiores misérias que já afligiram a raça humana tiveram sua origem nessa coisa chamada revelação ou religião revelada."[82] É absurdo e insultante ao próprio Deus, afirma em relação às origens de Jesus, "acreditar que o Todo-poderoso cometeu libertinagem com uma mulher prometida em matrimônio".[83]

Mas, por trás desses ataques aos dogmas particulares e às consequências da religião organizada, seu último livro contém sua mais extensa e assertiva defesa da centralidade da razão humana individual. Sua rejeição da religião organizada é uma elevação da razão individual: "Não acredito no credo professado pela igreja judaica, romana, grega, turca, protestante ou qualquer outra que conheça. Minha mente é minha própria igreja."[84] Ele rejeita qualquer alegação de autoridade religiosa que não possa ser independentemente verificada por uma pessoa racional. "Uma coisa na qual todo mundo deve acreditar exige que as provas e evidências sejam universais e iguais para todos."[85] Simplesmente não se pode esperar que acreditemos, por força da autoridade, em algo que não vimos por nós mesmos, inclusive no caso das revelações. "Quando for revelado a mim, acreditarei que é uma revelação, mas, antes disso, não é e não posso ser obrigado a acreditar que é uma revelação."[86] Em vez de livros que afirmam a autoridade da revelação, os seres humanos deveriam procurar Deus em sua criação, que está disponível a todos, por meio de seus sentidos e sua faculdade de raciocínio:

> A criação é a Bíblia do deísta. Lá ele lê, na caligrafia do próprio Criador, a certeza de Sua existência e da imutabilidade de Seu poder, e todas as outras bíblias e testamentos são para ele falsificações [...]
>
> [...] Só podemos conhecer Deus por meio de Suas obras. Não podemos conceber nenhum atributo sem seguir os princípios que levam até ele. Teremos apenas uma confusa ideia de Seu poder se não tivermos os meios de compreender algo de sua imensidão. Só poderemos ter alguma ideia de Sua sabedoria se conhecermos a ordem e a maneira pelas quais ela age. Os princípios da ciência levam a esse conhecimento, pois o Criador do homem é o Criador da ciência, e é por esse meio que o homem pode ver a Deus, como se fosse face a face.[87]

Assim, a moderna ciência, empregando a moderna razão, oferece-nos o caminho para a autêntica e verificável verdade, mesmo sobre Deus. "O que agora chamamos de filosofia natural, abarcando todo o círculo da ciência, da qual a astronomia ocupa o lugar principal, é o estudo das obras de Deus e do poder e da sabedoria de Deus em Suas obras, e essa é a verdadeira teologia."[88]

Paine argumenta que a libertação da razão por meio da ciência e seu posterior refinamento e emprego nas revoluções políticas da época inevitavelmente levariam a novas maneiras de conhecer Deus e suas obras e, assim, inspirariam uma revolução religiosa. "Logo depois que publiquei o panfleto *Senso comum* nos Estados Unidos, vi a imensa possibilidade de que uma revolução no sistema de governo fosse seguida por uma revolução no sistema religioso."[89] A razão, concebida em termos iluministas como faculdade analítica individual, é o meio para se conhecer a verdade. Nenhuma alegação de autoridade ou antiguidade pode se colocar acima dela. Se isso é verdade em relação ao conhecimento de Deus e da moral, certamente o é ainda mais em relação às coisas políticas. A política, não menos que a teologia e a moral, deve ser uma aplicação da razão individual e deve ser designada e gerenciada para facilitar sua operação.

E, de fato, a política, como Paine a descreve, é uma tarefa excepcionalmente intelectual — quase puramente um exercício da razão. Vezes sem conta, ele distingue um regime propriamente funcional (com o que quer dizer algo como uma república representativa) do despotismo da aristocracia, com base em suas diferentes relações com o exercício da razão:

> Essas duas distintas e opostas formas se erigem nas distintas e opostas bases da razão e da ignorância. Como o exercício do governo requer talentos e habilidades, e eles não são hereditários, é evidente que a sucessão hereditária requer do homem uma crença que sua razão não pode subscrever e que só pode ser estabelecida sobre sua ignorância; quanto mais ignorante for o país, mais adequado se torna para essa espécie de governo. Em uma república bem constituída, ao contrário, o governo não requer do homem nenhuma crença para além da que a razão pode lhe dar. Ele vê a lógica de todo o sistema, sua origem e suas operações e, como o governo é apoiado quanto mais é entendido, as faculdades humanas agem com ousadia e adquirem gigantesca virilidade.[90]

Paine usa as palavras de Burke em defesa de sua posição, particularmente a afirmação, feita em *Reflexões sobre a revolução na França*, de que "o governo é um dispositivo da sabedoria humana" (ver capítulo 4).[91] Nessa passagem, Burke alega que as instituições políticas são não obras da natureza, mas criações do homem (embora minimize a diferença entre ambas). Paine, muito habilmente, emprega a referência para sugerir que o governo é um ato de puro intelecto. Em *Os direitos do homem*, argumenta: "Admitindo-se que o governo é um dispositivo da sabedoria humana, necessariamente se segue que a sucessão hereditária e os direitos hereditários (como são chamados) não podem fazer parte dele, pois é impossível tornar a sabedoria hereditária."[92]

Essa é uma parte crucial de seu caso contra a monarquia — o fato de que, como o governo é uma obra intelectual, não há razão para supor que a habilidade de governar seja hereditária e, de qualquer modo, ninguém seria sábio o bastante para receber tanto poder e privilégios quanto um rei. "Para que um rei mereça 1 milhão de libras esterlinas por ano de uma nação, deveria ter uma mente capaz de compreender desde o átomo até o universo e, se a tivesse, estaria acima de receber pagamento."[93] Por essa razão, a própria existência da monarquia demonstra uma rejeição intencional da política da razão. "A sucessão hereditária é uma sátira da monarquia. Ela a coloca sob a mais ridícula luz, ao apresentá-la como posição que qualquer criança ou idiota pode ocupar [...] Esse tipo de superstição pode durar mais alguns anos, mas não resistirá por muito tempo à razão despertada e ao interesse do homem."[94] Em uma sociedade que compreende adequadamente o caráter integralmente racional da política, tal prática não pode fazer sentido.

Tal política de avaliação racional, é claro, baseia-se na premissa de que, se a razão tiver rédea solta, as escolhas corretas serão feitas. O republicanismo de Paine repousa sobre a opinião de que a razão é bem (embora não igualmente) distribuída pela sociedade e, sem interferência, levará a maioria tanto a eleger para o poder aqueles com os maiores poderes mentais quanto a fazer o tipo correto de escolha direta. "É sempre do interesse do maior número de pessoas em uma nação consertar as coisas, em vez de deixá-las erradas, e quando as questões públicas são abertas ao debate e o julgamento público é livre, elas não decidem errado, a menos que decidam apressadamente."[95]

Assim, ele discorda completamente da opinião de Burke de que o julgamento político requer mais sabedoria do que a razão individual pode reunir e que, portanto, preconceitos antigos e bem-sucedidos devem receber credibilidade: "Nenhum homem tem preconceitos a favor de uma coisa sabendo que é errada. Ele está ligado a ela pela crença de que está certa e, quando vê que não está, o preconceito desaparece."[96]

O uso prolongado não é exceção. "A questão não é se esses princípios são novos ou velhos, mas se estão certos ou errados."[97] E a recusa em confrontar diretamente essa questão leva a sociedade a aceitar muitas coisas erradas e persistir em muitas injustiças — sobretudo em guerras desnecessárias. No emergir da era da razão, "os objetos geradores de guerra diminuíram muitíssimo e raramente há algo sobre o que disputar, com exceção do que surge daquele demônio da sociedade, o preconceito, e as consequentes soturnez e intratabilidade de caráter", escreveu em 1782.[98]

Uma razão crucial pela qual a sociedade não pode superar facilmente o demônio do preconceito é precisamente a confiança nos precedentes que Burke valoriza tanto. "O governo por precedentes, sem qualquer respeito pelos princípios desses precedentes, é um dos sistemas mais vis que podem ser estabelecidos."

> Ao associar esses precedentes a uma supersticiosa reverência por coisas antigas, como monges que exibem coisas antigas e as chamam de sagradas, a humanidade em geral é iludida quanto a seu desígnio. Os governos agora agem como se tivessem medo de despertar uma única reflexão no homem. Eles o conduzem suavemente ao sepulcro dos precedentes, para amortecer suas faculdades e chamar a atenção para a cena das revoluções. Sentem que ele está chegando mais rápido do que gostariam ao conhecimento e sua política de precedentes é o barômetro de seus medos.[99]

Além disso, como os precedentes mais antigos são os mais valorizados, a doutrina de precedentes sugere que a história humana é um declínio, "que a sabedoria se degenera nos governos conforme envelhecem e eles só conseguem seguir em frente mancando, apoiados nas pernas de pau e muletas dos precedentes".[100] Assim, ele rejeita a opinião no âmago da doutrina da prescrição de Burke: a de que as práticas que passaram pelo teste do tempo merecem respeito e evoluíram gradualmente para melhor se adequarem às necessidades do presente. Na verdade, as práticas do passado não foram construídas sobre o conhecimento racional e, desse modo, não fornecem um modelo para a política. Ele objeta ao emprego dos precedentes não apenas na vida política, mas também nos tribunais.[101]

E, pelas mesmas razões, acha que a sabedoria de muitos não tem precedência sobre a sabedoria de um — todas devem passar pelo mesmo teste da razão, realizado por cada indivíduo. Assim, rejeita completamente a ideia de que os partidos políticos permitem que muitas mentes trabalhem juntas e de que os limites da razão significam que são inevitáveis em uma sociedade livre, pois diferentes pessoas enfatizam diferentes partes da verdade de diferentes maneiras. Para ele, a verdade é cognoscível pela razão e deve persuadir a todos. Consequentemente, os partidos políticos só podem ser facções em busca de fins particulares acima do bem comum. Seu ideal de legislatura republicana "sempre foi baseado na esperança de que quaisquer que fossem os partidos pessoais em um Estado, todos deveriam se unir e concordar sobre os princípios gerais de bom governo — que as diferenças partidárias seriam abandonadas no limiar do palácio do governo e que o bem comum ou bem de todos seria o princípio governante da legislatura em seu interior".[102] Uma política livre do preconceito e iluminada pela razão não precisa ser uma política de partidarismo. Assim como a defesa dos partidos feita por Burke emerge de seu entendimento da natureza humana e dos limites da razão, a recusa de Paine é baseada nos mesmos fatores.

Similarmente, ele rejeita a noção de que cada nação deve seguir os padrões de sua própria história e de que nenhum princípio de forma ou função política pode servir a todas. Tal visão começa por assumir que a política não tem nenhuma relação com a razão e o conhecimento e não responde a princípios de nenhum tipo, mas somente à experiência contingente. No caso da monarquia, por exemplo, certamente um grupo de ingleses na Grã-Bretanha deveria ser capaz de explicá-la a outro grupo nos Estados Unidos, mesmo vivendo em circunstâncias diferentes. "Se há algo na monarquia que as pessoas nos Estados Unidos não compreendem, eu gostaria que o sr. Burke tivesse a gentileza de nos informar."[103] Mas, na verdade, o oposto é o caso:

> Vejo nos Estados Unidos um governo se estendendo por um país dez vezes maior que a Inglaterra e conduzido com regularidade, por um quadragésimo do custo do governo inglês. Se eu perguntar a um homem nos Estados Unidos se ele quer um rei, ele me perguntará se eu o tomo por idiota. Como ocorre essa diferença? Somos mais ou menos sábios que outros? Vejo nos Estados Unidos a maioria do povo vivendo em um estado de abundância desconhecido em países monárquicos e vejo que o princípio de seu governo, que é o dos direitos igualitários do homem, está fazendo rápido progresso no mundo.[104]

Certamente, se é bom para os Estados Unidos, será bom também para os outros, pois é comprovadamente baseado em argumentos acessíveis.

Por todas essas razões, ele acredita que as preocupações de Burke com o perigo de desarraigar antigos preconceitos e práticas são inapropriadas e que sua política (baseada, como é, nos limites da razão) é errônea. Não é, de modo algum, um infortúnio que tudo seja discutido. Discutir abertamente é o modo de se racionalizar a política e adequadamente definir, guiar e implementar as mudanças. Quando princípios básicos como a igualdade entre os homens e a necessidade de consentimento são estabelecidos, as grandes injustiças evidentes em tantos regimes mundiais se tornam insustentáveis. "É impossível que governos como os que até agora existiram no mundo tenham começado por qualquer outro meio que não a total violação de todos os princípios sagrados e morais."[105] Ele argumenta contra a afirmação de Burke de que esses governos fazem a maioria das coisas direito e não deveríamos focar em suas poucas falhas. O oposto é verdade: "As mais básicas formas desses governos estão erradas e as poucas coisas que funcionam são meramente exceções que comprovam a regra."[106]

Um governo legítimo e funcional, portanto, combinará os princípios adequados com suas formas correspondentes. Nesse sentido, para Paine, a política realmente responde a princípios abstratos, mas o faz pela convicção de que os princípios corretos são pré-requisitos inescapáveis para as práticas corretas e, uma vez que a razão e os princípios adequados sejam introduzidos na vida política, estabelece-se um curso irrevogável que levará a um governo mais justo e efetivo. A revolução que ele tem em mente é primariamente do conhecimento, permitida pela razão, e aqueles que se opõem a ela são essencialmente agentes da ignorância voluntária: "As revoluções nos Estados Unidos e na França lançaram um feixe de luz sobre o mundo, que chegou até o homem. As enormes despesas dos governos fizeram com que as pessoas pensassem, fazendo-as sentir, e, quando o véu começa a se esgarçar, não admite reparos. A ignorância é de uma natureza peculiar: uma vez dissipada, é impossível restabelecê-la [...] O sr. Burke trabalha em vão para impedir o progresso do conhecimento."[107]

Assim, um governo baseado em tais avanços do conhecimento fala por si mesmo, em termos racionais, através de suas próprias formas e funções. Ele defende sua causa explicitamente, para que cada cidadão possa considerá-la, e expõe abertamente seus princípios. Isso significa, entre outras coisas, que deve apresentar esses princípios e formas para o mundo por meio de uma constituição escrita. Tal documento deve dar expressão à origem adequada do governo em um contrato entre as pessoas e é, com efeito, a forma legal desse contrato. Tal constituição, portanto, incorpora o que é conhecido pela razão sobre as origens do governo e a natureza do homem, e fala em termos claros à razão de cada pessoa razoável, de modo que ninguém possa questionar sua legitimidade. O que Burke chama de constituição inglesa — que é não um documento, mas as formas e estruturas reais do governo inglês — não é, para Paine, uma constituição, mas apenas as práticas acumuladas de um regime essencialmente injusto.

Suas definições de constituição personificam suas opiniões sobre a razão e a mudança política. Para Burke, a constituição é o produto da prescrição, sendo a defesa da primeira o objetivo da segunda. Paine acredita que a constituição é produto do raciocínio explícito com base em princípios abstratos e é defendida pelo argumento esclarecido. A constituição de Burke é um regime, se não uma nação. A constituição de Paine é um documento legal. Uma constituição, escreve, "não é uma coisa apenas em nome, mas de fato. Não tem um ideal, mas existência real, e, se não pode ser produzida em forma visível, não existe. O sr. Burke pode apresentar a constituição inglesa? Se não, podemos concluir com justeza que, embora se fale tanto sobre ela, não existe nem jamais existiu e, consequentemente, o povo ainda tem uma constituição a formar".[108]

Tal constituição, que descreve claramente o governo em termos racionais e em sua totalidade, também simplifica enormemente sua função e evita as imensas e desnecessárias complexidades e ineficiências do sistema inglês, com seus incontáveis órgãos vestigiais sendo retidos por pura inércia e indisposição para a mudança. Essa complexidade é, em si mesma, uma marca do caráter pouco razoável desse regime. A racionalização se traduz em simplificação. "Retiro minha ideia sobre a forma de governo de um princípio da natureza que nenhum artifício pode superar, qual seja, que quanto mais simples for uma coisa, menos provável será de ser desordenada e mais fácil de reparar se desordenada", escreve ele em *Senso comum*.[109]

Esse ponto responde pela discordância mais ampla entre os dois sobre a relação da vida política com a razão e a ciência, como compreendidas pelos filósofos do Iluminismo. Burke rejeita explicitamente a noção de que a simplicidade no governo é uma virtude. Instituições complicadas, construídas através dos anos, têm muito mais probabilidade de funcionar bem porque se desenvolveram para equilibrar pressões e ambições opostas. Os seres humanos não são simples e seu governo tampouco pode sê-lo. "Quando ouço a simplicidade de composição buscada e elogiada em qualquer nova constituição política, não tenho dificuldade para decidir que seus artífices ignoram grosseiramente o que fazem ou negligenciam totalmente seu dever. Os governos simples são fundamentalmente defeituosos, para não dizer pior."[110]

Mas a prática política de equilibrar excessos opostos, diz Paine, "resume-se em uma acusação à Providência, como se ela não tivesse deixado ao homem nenhuma outra escolha, em termos de governo, senão entre dois males".[111] Como ele não acredita que seja o caso, rejeita o tipo de abordagem de verificação e equilíbrio para o desenho institucional que caracteriza mesmo a maioria dos filósofos políticos liberais e argumenta que governos mistos são inaceitáveis. Nesse sentido, é um verdadeiro iluminista radical, mais parecido com os revolucionários franceses que com os americanos.

As várias argumentações de Burke sobre a aristocracia e as prerrogativas do rei sempre defendem a integridade do regime misto — o rei, os nobres e as pessoas comuns equilibrando os interesses uns dos outros para conseguir uma vida política estável. "Afirmo que [os lordes] são absolutamente necessários à constituição, mas acho que só são bons quando mantidos em seus limites."[112] Foi por isso, explica, que defendeu o Parlamento contra o poder real nos anos 1760, mas se tornou ferrenho defensor da prerrogativa real contra os advogados do republicanismo nos anos 1780.[113]

Mas Paine acredita que tal instabilidade e irregularidade resultam da falha de se aplicar princípios adequados ao governo. Um regime misto é uma mixórdia confusa e carece de legitimidade porque carece de verdadeiro republicanismo.[114]

Por razões similares, ele geralmente não defende verificação e equilíbrio *no interior* de um regime republicano. Tampouco afirma que um arranjo muito específico do sistema representativo seja uma função necessária dos princípios republicanos; é uma questão de preferência, desde que se mantenha a aderência ao princípio representativo.[115] Mas sua própria preferência é pela simplicidade e pelo minimalismo no desenho institucional.

Em *Senso comum*, ele oferece uma ideia do que acreditava ser o melhor formato para o autogoverno americano depois que os ingleses fossem expulsos. Ele pede assembleias estaduais unicamerais eleitas anualmente, sem executivos estaduais (ou governadores). As assembleias teriam poder sobre todas as questões domésticas, mas estariam sujeitas à autoridade do Congresso Continental em questões externas. No nível federal, queria os diferentes estados divididos em distritos iguais que enviariam um grande número (talvez trinta cada) de representantes para o congresso nacional, que também seria um corpo unicameral. Todos os votos no congresso exigiriam maioria de três quintos e seu presidente seria escolhido por sorteio entre os estados, com cada um tendo sua chance de presidir. Pouca ou nenhuma discórdia surgiria em tal estrutura, pois ela seria a melhor representação da verdadeira vontade do povo, ao mesmo tempo permitindo a avaliação racional dos problemas políticos.[116] Essa estrutura tinha o objetivo de facilitar as decisões racionais e ignoraria quase totalmente o papel da ambição, dos interesses e da paixão nos assuntos humanos — todos evitáveis pela atenção adequada aos princípios corretos de governo.

Sua rejeição do bicameralismo (que modificou um pouco nos anos 1790, mas jamais abandonou durante sua carreira) é particularmente reveladora nesse caso. Em *Os direitos do homem*, ele argumenta que "duas câmaras arbitrariamente checando ou controlando uma à outra é algo inconsistente, pois não pode ser provado, pelos princípios da justa representação, que uma delas seria mais sábia ou melhor que a outra".[117] Essas palavras foram publicadas em 1792 e provavelmente escritas no fim de 1791, bem depois da adoção da constituição americana, que, é claro, envolvia uma estrutura institucional muito diferente. Embora Paine jamais o diga explicitamente, seus textos constitucionais dos anos 1790 sugerem fortemente que tinha sérias objeções de princípios ao desenho do sistema constitucional americano, com seus complicados esforços para neutralizar, por meio de instituições, a ambição, a inveja e a fome pelo poder.

Para ele, a simplicidade no governo é a expressão apropriada das verdades simples e acessíveis que lhe são subjacentes. Assim, ele não apenas se opõe a intrincados projetos de constituição, mas também rejeita o tipo de pompa e circunstância que frequentemente se liga ao poder de Estado. Enquanto Burke argumenta que elevar as instituições e as grandes pessoas de Estado "com majestade e sóbria pompa" ajuda a formar elos sentimentais cruciais e enobrece toda a empreitada política, Paine acha que é apenas um meio de disfarçar a injustiça e a insensatez fundamentais do regime. Ele pretende remover a sentimentalização da política. As arrogantes pretensões da aristocracia lhe parecem ridículas. "Títulos são apenas apelidos e cada apelido é um título."[118] E a autoimportância da monarquia é cômica: "Eu a comparo a algo mantido atrás de uma cortina, a respeito do que há grande azáfama e estardalhaço e um maravilhoso ar de aparente solenidade, mas quando, por acidente, a cortina se abre e os presentes veem do que se trata, todos caem na gargalhada."[119]

Burke não discorda da noção de que expor a monarquia ao ridículo pode enfraquecê-la, mas, para ele, essa é precisamente a razão para tratá-la com solenidade — a aparente solenidade é mais verdadeira e valiosa para a natureza humana que o riso. Paine rejeita isso como um insulto à natureza humana. "Quanto ao sr. Burke, ele é um defensor obstinado da monarquia [...] Possui uma opinião desprezível sobre a humanidade, que, por sua vez, está fazendo o mesmo em relação a ele. Ele a considera uma horda de seres que devem ser governados pela fraude, pela efígie e pelo espetáculo; para ele, um ídolo seria uma figura monárquica tão boa quanto um homem."[120] Os revolucionários expressam suas opiniões mais elevadas sobre o homem colocando de lado essas exibições aviltantes. "Os patriotas da França descobriram, e já não era sem tempo, que a posição e a dignidade em sociedade devem ocorrer sobre uma nova base. A antiga ruiu. Elas devem agora se erigir sobre a substancial base do caráter, em vez da quimérica base dos títulos, e eles levaram seus títulos ao altar e os queimaram em uma oferenda à razão."[121]

Para Paine, se todas as pretensões e quimeras da aristocracia fossem abandonadas e se os princípios políticos desnudados pela razão pudessem governar, as preocupações a que as ações corretivas de Burke respondiam se provariam infundadas. Uma política da razão resolveria amplamente aquelas que podem parecer tensões inerentes à natureza humana. Os princípios errôneos de governo e os regimes construídos sobre eles são as causas essenciais de problemas humanos como a pobreza e as guerras. Se a razão fosse libertada, demonstraria às pessoas que esses princípios são falsos e que, portanto, esses sistemas são ilegítimos. "Não acredito que a monarquia e a aristocracia continuarão por mais sete anos que seja nos países iluministas da Europa", escreveu Paine em 1792. "Se melhores razões puderem ser apresentadas a seu favor que contra elas, permanecerão; caso contrário, não."[122] E, uma vez que as razões tivessem sido avaliadas e os velhos governos derrubados, novos regimes, mais bem fundamentados na razão, resolveriam o que sempre pareceu serem problemas intratáveis. A existência da pobreza desesperadora em muitos países "não reside em algum defeito natural nos princípios da civilização, mas em se evitar que esses princípios tenham operação universal, cuja consequência é um sistema perpétuo de guerra e de despesas de guerra que drenam o país e destroem a felicidade geral de que cada civilização é capaz".[123] Mais tarde, ele argumentaria:

> Se os homens se permitem pensar como seres racionais devem pensar, nada parece mais ridículo e absurdo, mais afastado de todas as reflexões morais, que o custo de construir navios, enchê-los de homens e mandá-los para os oceanos, a fim de ver qual consegue afundar o outro mais rapidamente. A paz, que nada custa, possui muito mais vantagens que qualquer vitória, com todas as suas despesas. Mas isso, embora seja a melhor resposta para o objetivo das nações, não o é para os governos das cortes, cuja política habitual é de impostos, posições e cargos [...] Quando todos os governos da Europa tiverem estabelecido o sistema representativo, as nações se conhecerão e as animosidades e preconceitos fomentados pela intriga e pelo artifício das cortes cessarão. O soldado oprimido se tornará um homem livre e o marinheiro torturado, já não sendo arrastado pelas ruas como um criminoso, fará sua viagem mercantil em segurança.[124]

Paine acreditava fervorosamente que a guerra era causada pelas consequências de erros e da negação intencional da verdade. Em uma era da razão, ela se tornaria coisa do passado. Uma vez que os princípios adequados fossem instaurados, permaneceriam apenas questões de opinião e preferência. Elas iriam dos menores detalhes sobre as instituições do regime (com os maiores sendo, de fato, questões de princípios) a outras, menos significativas e apenas momentâneas, de política e vontade. Poderiam não ser resolvidas por recurso direto aos princípios abstratos, mas, em um sistema desenhado sobre tais princípios, seriam resolvidas muito eficientemente por uma deliberação racional democrática e por tentativa e erro. E nenhum erro persistiria por muito tempo.[125]

"Às vezes acontecerá de a minoria estar certa e a maioria, errada, mas, assim que a experiência provar que é o caso, a minoria se transformará em maioria e o erro se corrigirá sozinho, pela tranquila operação da liberdade de opinião e da igualdade de direitos."[126] Desde que a estrutura mais ampla e os princípios do regime estejam adequadamente estabelecidos e a razão reine livremente, as pessoas escolherão bem.

Paine percebe, é claro, que nenhum sistema será perfeito. Ele também reconhece que mudanças nas circunstâncias exigirão mudanças na lei, mesmo que o governo esteja baseado nos princípios corretos. Ele aprova as provisões das constituições americana e francesa que permitem mudanças nessas bases. Embora acredite que princípios razoáveis devam modelar o regime, o sujeito sobre o qual a razão é aplicada muda com o tempo e, assim, as leis também devem fazê-lo. "Talvez seja impossível estabelecer algo que combine princípios com opinião e prática, e que o progresso das circunstâncias, com o passar dos anos, não vá em alguma medida perturbar ou tornar inconsistente."[127] Mas essas deficiências serão modestas e rapidamente notadas e corrigidas, desde que o sistema geral de governo esteja estabelecido sobre princípios de igualdade e representação e que as pessoas tenham liberdade para empregar sua razão aos problemas políticos, sem trapaças ou opressão. Quando o preconceito e o hábito forem substituídos pelo exame racional e pela aplicação de princípios na política, a era da razão, embora não um paraíso perfeito e sem problemas, conhecerá a paz, a prosperidade e o progresso.

Na verdade, o caráter progressivo da transformação que ele deseja é crucial para seu argumento mais amplo. Paine acredita que o projeto iluminista libertará a razão humana, há muito acorrentada. Ele removerá as instituições e práticas que causaram os problemas humanos mais profundos e as substituirá por outras que fortalecerão ainda mais a razão. Além disso, uma vez fortalecida, a razão humana permitirá uma série contínua de bons julgamentos e escolhas. Ele crê que esses desenvolvimentos positivos representam o princípio de um grande movimento na história — um futuro que ficará cada vez melhor conforme as melhorias se construam umas sobre as outras.

Essa visão informa sua abertura à possibilidade de melhoria nas instituições políticas, inclusive aquelas que ele mesmo propõe. "A melhor constituição que poderia ser concebida agora, consistente com a condição do presente momento, pode ficar muito longe da excelência que alguns poucos anos poderiam proporcionar." A era da razão está apenas começando.[128] E como o conhecimento, uma vez adquirido, não pode ser perdido, esse tipo de transformação política não será revertida, avançando sempre com o tempo. Guiadas pela razão, as novas instituições republicanas livres defenderão as causas dos direitos, da justiça, do comércio, da ciência e do conhecimento, e cada uma delas construirá sobre as outras. Trata-se realmente de um tempo sem precedentes. Em vez de olhar para trás em busca de orientação, Paine argumenta que devemos olhar para a razão e, com sua ajuda, movermo-nos para frente.

Ele rejeita a acusação de Burke de que, como sempre olha para frente, sua causa jamais terá provas concretas de sua efetividade. Ele também quer provar sua filosofia política através de seus efeitos, e não apenas por especulação. "Quando se puder dizer, em um país qualquer do mundo, 'meus pobres são felizes e não se encontram ignorância ou aflição entre eles; minhas prisões estão vazias de prisioneiros e minhas ruas, livres de mendigos; os idosos não passam necessidade e os impostos não são opressivos; o mundo racional é meu amigo, porque sou amigo da felicidade', então esse país poderá se vangloriar de sua constituição e de seu governo."[129] Sua alegação de ser capaz de causar tais efeitos pode ser amplamente prospectiva, dado que defende uma inovação ainda não testada, ao passo que Burke fala de uma constituição estabelecida há muito. Assim, ele tenta provar pela razão que o que defende trará uma transformação progressiva da vida social. Mas, no debate sobre a Revolução Francesa, quando seu anúncio da razão estava no auge, também apontou para um crucial e proeminente sucesso prático de seus princípios: os Estados Unidos.

Tanto durante quanto depois da Revolução Americana, Paine a compreendeu e explicou em termos de princípios universais e da marcha da razão e dos direitos. Assim, ela serviu como primeiro exemplo de estabelecimento de sua visão iluminista da política e como modelo para o que esperava que pudesse acontecer na França e em outros lugares. E contudo, para Burke, a mesma crise americana ofereceu um estudo de caso para uma visão quase oposta da razão humana e de seu lugar nos assuntos públicos.

O significado dos Estados Unidos

Burke e Paine, na verdade, estavam do mesmo lado na questão americana, o lado (eventualmente) da independência para as colônias. Mas, como se torna mais claro à luz de suas diferenças sobre a razão na política, foram movidos por análises completamente opostas dos eventos em questão e de sua importância.

"A independência dos Estados Unidos, considerada meramente uma separação da Inglaterra, teria sido uma questão de pouca importância, se não tivesse sido acompanhada por uma revolução de princípios e práticas de governo", afirmou Paine uma década depois da Revolução Americana, em *Os direitos do homem*. "Eles estabeleceram uma posição não apenas para si mesmos, mas para o mundo, e olharam para além das vantagens que poderiam receber."[130] Para ele, desde seus primeiríssimos textos sobre os Estados Unidos até o fim de sua vida, a história americana era a história da vindicação da razão iluminista e dos princípios que ela ajudou a revelar. Como vimos, ele começou seus apelos pela independência americana em *Senso comum*, com a defesa da igualdade e liberdade dos liberais iluministas, e sempre esteve ávido para deixar claro que a essência da causa era uma questão de princípios, e não meramente uma exigência prática. "A causa dos Estados Unidos é, na maior das medidas, a causa de toda a humanidade."[131]

Quando, em 1782, o abade Raynal — um padre e acadêmico francês — escreveu um breve livro sobre a (ainda em curso) guerra revolucionária americana, acusando os americanos de se revoltarem por nada além de uma mesquinha reclamação sobre impostos, Paine respondeu com uma acalorada carta pública, afirmando que o caráter da luta era essencialmente uma questão de princípios. A Revolução Americana era um ato político totalmente novo, diferente de qualquer outro já visto na história: "Aqui o valor e a qualidade da liberdade, da natureza do governo e da dignidade do homem foram conhecidos e compreendidos, e a ligação dos americanos a esses princípios produziu a revolução como consequência natural e inevitável. Eles não tinham nenhuma família particular para estabelecer ou derrubar. Nada pessoal foi incorporado a sua causa." Em vez disso, esteve em questão a defesa da razão e dos princípios.[132] "A verdadeira ideia de uma grande nação é o que estende e promove os princípios da sociedade universal."

O que os americanos haviam começado, longe de ser uma briga mesquinha entre ingleses, iria "se distinguir por iniciar um novo sistema de civilização estendida".[133] Por sua reivindicação de autoridade sobre as colônias sem a extensão de direito de voto e outras proteções, os ingleses haviam suscitado a questão da liberdade racional, e o povo americano estava singularmente bem equipado para compreender a questão e sua resposta adequada e para agir com base nessa compreensão. Uma vez independentes, eles estabeleceriam um modelo de republicanismo que indubitavelmente atrairia a atenção e a emulação de outros países e demonstraria que os princípios do racionalismo iluminista podiam oferecer sólidas fundações para uma comunidade política florescente.

Nas duas décadas subsequentes, como (embora não sem obstáculos e tropeços) o experimento americano de fato pareceu ser um sucesso, Paine recorreu constantemente a ele como exemplo do potencial de seus princípios revolucionários. Os americanos haviam obtido sucesso não por razões específicas ou locais — ao contrário, as circunstâncias desfavoráveis a eles eram muito variadas. Eles haviam sido bem-sucedidos por terem empregado os princípios adequados para a fundação de um novo regime. Em 1792, ele o disse desta maneira:

> Se há um país no mundo onde o acordo, a concordância com o cálculo comum, seria menos esperado, são os Estados Unidos. Composto, como é, por pessoas de diferentes nações, acostumadas a diferentes formas e hábitos de governo, falando diferentes línguas e ainda mais diferentes em seus modos de adoração, pareceria que a união entre tais pessoas seria impraticável, mas, pela simples operação de construir um governo sobre os princípios da sociedade e dos direitos do homem, cada dificuldade se retira e todas as partes chegam a um cordial uníssono. Lá os pobres não são oprimidos e os ricos não são privilegiados. A indústria não é mortificada pela esplêndida extravagância de uma corte guerreando às suas custas. Seus impostos são baixos porque seu governo é justo, e não há nada para torná-los miseráveis, nada para engendrar motins e tumultos.[134]

Os Estados Unidos são exatamente o que Burke insiste faltar no argumento de Paine: prova concreta, na vida de uma comunidade real, de que seus princípios de governo podem funcionar na prática. Essa evidência lhe permite virar a mesa e acusar Burke de ignorar as circunstâncias reais em favor de preocupações abstratas. Com os floreios que lhe são característicos, argumenta, em *Os direitos do homem*, que "um homem metafísico como o sr. Burke teria torturado sua imaginação para descobrir como [os americanos] poderiam ser governados. Teria suposto que alguns o conseguiriam por fraude e outros pela força, e todos por algum artifício; que o gênio deveria ser contratado para se impor sobre a ignorância e os shows e as paradas para fascinar o vulgar".[135] Em vez de todo esse som e fúria, os americanos escolheram a simplicidade da razão e dos princípios liberais iluministas e demonstraram, com seu sucesso, que nada mais é necessário e que outros regimes, fundados sobre outros princípios, são desnecessariamente opressores e injustos. "Uma das maiores vantagens da Revolução Americana foi levar à descoberta dos princípios e expor a imposição dos governos. Todas as revoluções até então haviam trabalhado dentro da atmosfera da corte e jamais no grande solo de uma nação." A

Revolução Americana era um experimento prático da nova ciência de governo e comprovava a eficácia de seus princípios e de seu entendimento da razão humana na política.[136]

Mas Edmund Burke aprendeu uma lição mais ou menos oposta com a história da independência americana. Ele esteve profundamente envolvido no debate inglês sobre o assunto e provavelmente foi o mais proeminente e vocal dos amigos dos Estados Unidos no Parlamento. Mas jamais atribuiu caráter filosófico às opiniões e ações americanas. Nem uma única vez, em seus escritos públicos ou privados, ele se refere aos eventos como revolução, falando sempre em crise americana, guerra americana ou mesmo guerra civil. Em sua opinião, haviam sido os ingleses, e não os americanos, a romper com a prescrição em nome de alegações meramente teóricas e especulativas sobre o governo, ao impor um regime sem precedentes de impostos e limites ao comércio em solo americano, partindo da premissa de que o Parlamento tinha autoridade ilimitada para governar diretamente os assuntos coloniais.

Os americanos, em sua opinião, buscavam meramente preservar as tradições da Constituição inglesa e os privilégios de que sempre haviam gozado. Ele teme que o exemplo dos americanos, perseguindo tão habilmente sua independência e parecendo sofrer tão pouco, pudesse levar outros ao redor do mundo a tentar o mesmo, mas não atribui o apelo desse exemplo a qualquer fundamento filosófico de sua causa e culpa os ingleses por provocá-lo.[137] Os americanos defendiam seus direitos implícitos e a natureza de seu relacionamento passado com Londres — eles queriam continuidade e o Parlamento não a permitia. Burke, na verdade, leu a segunda metade da Declaração de Independência (um documento que certamente conhecia, mas evitava escrupulosamente mencionar), e não a primeira, ao passo que Paine fez o oposto.

De fato, o argumento de Burke contra as ações do governo inglês envolveu algumas de suas mais claras e adamantinas defesas da prescrição contra a razão abstrata, mas todas dirigidas aos ingleses, e não aos americanos. O ato de taxar as colônias pela receita, em vez de apenas controlar o comércio internacional da Grã-Bretanha (ou seja, passar da alfândega e suas tarifas para uma taxação interna do consumo), era profundamente sem precedentes e foi essa novidade, e não o custo dos impostos, que alarmou os americanos e os levou a resistir. "Quaisquer que fossem os direitos, esse modo de empregá-los foi absolutamente novo, na política e na prática."[138]

O gesto foi defendido pela administração de Lorde North com base no fato de que o Parlamento tinha o direito de taxar as colônias da maneira que desejasse. Os princípios da soberania e as cartas das colônias o permitiam. Burke jamais negou esse ponto; apenas argumentou que a política deve levar em conta mais que princípios abstratos. "A questão, para mim, não é se vocês têm ou não o direito de tornar as pessoas miseráveis", disse ele ao Parlamento, "mas se não é de seu interesse torná-las felizes. Não é o que um advogado diz que posso fazer, mas o que a humanidade, a razão e a justiça dizem que devo fazer."[139] Os americanos haviam vivido durante muitos anos essencialmente como ingleses, com um aparato de autogoverno e um desenvolvido senso de independência. Quando o Parlamento decidiu, sem consultá-los, alterar seu esquema tributário, ele rudemente os lembrou dos limites de sua independência, o que foi uma provocação desnecessária. "As pessoas devem ser governadas de uma maneira concorde com seu temperamento e disposição, e os homens de caráter e espírito livre devem ser governados com no mínimo alguma condescendência por esse espírito e esse caráter."[140] Em vez de ofender tão duramente os sentimentos americanos, o Parlamento poderia ter aumentado a taxação comercial e, desse modo, incrementado sua receita sem incomodar os americanos. Burke insistiu que eles teriam concordado, pois estavam acostumados. "Os homens suportam a inevitável constituição de sua natureza original com todas as suas enfermidades", argumentou. "O ato de navegação [de 1660] atendeu as colônias desde sua infância, cresceu com seu crescimento e se fortaleceu com sua força. Elas o obedeciam muito mais por hábito que por cumprimento da lei."[141]

Estar certo em princípio não era desculpa para estar errado na prática, e Burke avisou ao Parlamento que esquecer essa verdade poderia ter um alto custo, pois levaria os americanos a questionarem todo seu relacionamento com Londres. Precisamente por não acreditar que os americanos estivessem se voltando contra a prescrição ou criando ameaças genuínas ao regime (como acreditaria estar ocorrendo na França na década seguinte), ele achava terrivelmente imprudente, por parte dos ingleses, romper com o padrão de suas práticas passadas.[142]

Por várias vezes em 1775 e início de 1776, ele implorou para que a Câmara dos Comuns prestasse atenção "à verdadeira natureza e às circunstâncias peculiares" do conflito, pois "queiramos ou não, devemos governar os Estados Unidos de acordo com essa natureza e essas circunstâncias, e não de acordo com nossa imaginação, com ideias abstratas sobre o que é certo ou com meras teorias gerais de governo. Em nossa atual situação, o recurso a elas me parece completamente frívolo".[143] Com o tempo, essa linha de argumentos fez com que ele concluísse que os americanos deveriam seguir seu caminho separadamente, pois o Parlamento contrariara demais tanto o temperamento americano quanto a constituição inglesa e não deixara nenhuma esperança de reconciliação. As afeições humanas, argumentou ele nessa e em outras ocasiões, são a chave para qualquer sociedade funcional e, uma vez que o desafeto se instaure, os elos sociais e políticos têm pouca chance de sobreviver.

Ele falou e escreveu notavelmente pouco sobre os Estados Unidos após o fim da guerra, em 1783. Ao contrário de Paine, não recorreu ao exemplo da crise americana em batalhas políticas posteriores. Sua única referência mais longa surge em uma passagem de *An Appeal from the New to the Old Whigs*, de 1791. Nessa discussão, ele essencialmente reitera seu argumento contra a política do governo durante a crise americana e sua crença (reafirmada, segundo ele, por conversas com Benjamin Franklin em Londres) de que os americanos não queriam a independência ou buscavam a afirmação de princípios filosóficos, mas apenas reagiram compreensivelmente a uma provocação imprudente. Os americanos estiveram, naquela ocasião, "na mesma relação com a Inglaterra que a Inglaterra esteve com o rei James II em 1688".[144]

Tanto para Burke quanto para Paine, a crise americana serviu como comprovação de seus entendimentos muito diferentes sobre a razão e a mudança política. A defesa da independência americana feita por Paine é uma defesa da política da razão iluminista e do princípio racional. A de Burke é uma defesa da prudência e da prescrição. Ao ficarem em lados opostos na questão da Revolução Francesa uma década depois, eles usaram quase que exatamente os mesmos argumentos que haviam empregado antes, acerca dos Estados Unidos. Sua concordância sobre a questão americana refletia entendimentos bastante diferentes sobre os eventos ocorridos por lá, ao passo que sua discordância sobre a França refletia uma concordância geral sobre as ações dos revolucionários franceses. Em ambos os casos, discordaram profundamente sobre a natureza humana, a mudança política e a adequada relação entre razão e política.

Debatendo a razão

Em seus textos públicos e privados sobre uma variedade de assuntos políticos durante várias décadas, Thomas Paine faz uma extensa e determinada defesa da supremacia da razão humana individual e sem auxílio externo, como compreendida pelo liberalismo iluminista, sobre o hábito e a tradição. Com essa afirmação, surge a necessidade de submeter cada instituição, prática, questão e ideal político à inspeção racional de cada indivíduo. Como a sociedade e a política respondem a princípios racionais e universais, elas devem responder à razão de um e de todos.

Em seus muitos textos políticos, discursos e cartas do mesmo período, Edmund Burke faz vigorosas objeções a esse modo de pensar. Suas objeções se baseiam em sua visão muito diversa da natureza humana, da vida política e dos limites da razão. Burke defende uma ação política guiada pela prescrição e com vistas a mudanças graduais em resposta a necessidades particulares. Essa abordagem compensa o conhecimento limitado e os limites permanentes da razão por meio da confiança em precedentes passados e em uma agregação das opiniões individuais na (inevitavelmente partidária) política.

Essa disputa entre princípios universais e precedentes históricos — entre uma política de conhecimento explícito e uma de conhecimento implícito — está no âmago do debate que ainda define a política atual. Até hoje, as vozes progressistas argumentam que nosso sistema político deve favorecer a especialização para tratar de problemas políticos e sociais com habilidade técnica. E os conservadores afirmam que devemos favorecer as instituições (como famílias, igrejas e mercados) que canalizam o conhecimento implícito de muitos indivíduos e gerações, passaram pelos testes do tempo e contêm, em suas próprias formas, mais sabedoria que qualquer pessoa poderia ter. Essa disputa, que Burke e Paine tornaram tão explícita, é outra versão da discordância sobre se a política deve considerar indivíduos abstratos, solitários e racionais ou sociedades humanas particulares em seus cenários sociais e históricos. A questão forma uma corrente unificadora no debate Burke–Paine. Enquanto discutem a razão, eles discordam sobre o passado e sua relação com o presente — sobre se as circunstâncias que nos recebem quando entramos no mundo podem legitimamente fazer exigências sobre a maneira como pensamos a política.

Essas discordâncias se combinam em uma profunda diferença sobre a natureza da mudança e da melhoria políticas. Suas diferentes avaliações da natureza dos eventos nos Estados Unidos de certo modo mascararam a disputa, mas, quando a era das revoluções chegou ao clímax na França, suas diferenças chegaram rapidamente à superfície e moldaram o acalorado debate público entre eles. A discordância sobre a razão e a prescrição é, em essência, uma discussão sobre as fundações teóricas ou conceituais da política. Mas as posições de Burke e Paine possuem consequências muito práticas quando aplicadas à mudança política. Da razão e da prescrição, e de suas visões da natureza humana e da sociedade, eles chegaram aos argumentos pelos quais são mais conhecidos: aqueles sobre a revolução e a reforma.

6

Revolução e reforma

Burke e Paine estavam muito conscientes de que as ideias políticas resultavam em ação política. Ambos eram escritores e pensadores, mas também estavam profundamente envolvidos nas questões de seu tempo, quando os elos entre ideias e ações eram incomumente claros. Suas ideias, consequentemente, apontam para duas visões da ação e da mudança — com Burke se baseando na prescrição para defender uma reforma lenta e incremental, e Paine usando a política racional para argumentar que somente um reinício radical a partir dos primeiros princípios poderia redimir um governo ilegítimo.

Essas visões estavam evidentes em seus textos desde seus primeiros engajamentos políticos e derivam claramente, como vimos, de suas reflexões sobre a sociedade e o homem. Mas vieram à tona mais forçosamente no período da Revolução Francesa, quando a questão sobre a relação entre os meios e os fins da mudança política se tornou subitamente urgente e proeminente. Ambos estavam mais bem preparados que a maioria de seus contemporâneos para tratar dessas questões, e a paixão e a intensidade com que o fizeram, desde então, definiram seus legados.

A revolução pela justiça de Paine

Thomas Paine era um revolucionário autodeclarado. "Tomar parte de duas revoluções é viver com algum propósito", escreveu orgulhosamente a George Washington.[1] Esse propósito, desde suas explorações políticas mais iniciais até o fim de seus dias, foi a causa da justiça, através da aplicação da razão e dos princípios. Como vimos, ele acreditava que tal aplicação deveria começar do início, pois um regime profundamente corrupto ou danificado precisava ser substituído, e não consertado.

Várias vezes, ele expressou desgosto com as desculpas que os governos ilegítimos criavam para o fato de maltratarem o povo em seus esforços para se manterem no poder. "Conforme o tempo oblitera a história de seu início", escreveu, falando dos déspotas que fundaram todas as antigas nações, "seus sucessores assumem novas aparências para romper o vínculo com sua desgraça, mas seus princípios e objetivos permanecem os mesmos."[2] Simplesmente não era possível consertar os problemas em regimes dessa natureza, pois o princípio do despotismo estava embebido em toda parte. "Quando o despotismo se estabeleceu durante eras em um país, como na França, o despotismo hereditário original residente na pessoa do rei se divide e subdivide em milhares de formas, até que o todo passa a agir por delegação."[3]

Nada menos que uma solução total poderia dar conta de uma corrupção tão profunda. Para Paine, portanto, falar de revolução era falar de destituição, de se livrar do peso de gerações de mau governo e iniquidade, deixando apenas a sociedade, essencialmente em seu estado natural.

Ele não tinha a ilusão de que tal revolução seria fácil e nem encarava levianamente os riscos e problemas envolvidos. "O mal é mais fácil de ser iniciado que exterminado" e os revolucionários sempre carregariam consigo uma carga de malefícios.[4] Ele insistiu no fato de que não estava enamorado pelas revoluções em si. De maneira geral, "é melhor obedecer a uma lei ruim, ao mesmo tempo lançando mão de todos os argumentos para demonstrar seus erros e causar sua revogação, que violá-la à força".[5] Somente quando o regime é tão fundamentalmente corrupto que torna impossível a própria ideia de uma boa lei é que as ações mais extremas se fazem necessárias. Ele teve o cuidado de enfatizar essa advertência porque queria deixar perfeitamente claro que nem um governo estabelecido sobre princípios adequados nem a revolução exigida para conseguir tal governo eram o objetivo de seus esforços. "Em primeiro lugar, é necessário distinguirmos os meios utilizados para derrotar o despotismo a fim de preparar o caminho para o estabelecimento da liberdade e os meios a serem utilizados depois que for derrotado."[6]

O objetivo da revolução é estabelecer uma nova ordem, não um estado revolucionário permanente, e somente a promessa dessa nova ordem, juntamente com os abusos da antiga, justifica a revolução. É uma insurreição que visa ao estabelecimento de um arranjo político estável. "A autoridade da presente Assembleia é diferente da autoridade das futuras assembleias", escreve ele sobre o Parlamento francês nos estágios iniciais da revolução. "A autoridade da atual é formar uma constituição; a autoridade das futuras será legislar de acordo com os princípios e formas prescritos nessa constituição e, se a experiência mostrar que alterações, emendas ou adições são necessárias, a constituição indicará o modo pelo qual devem ser feitas, sem deixar a decisão ao poder discricionário do futuro governo."[7]

Mas, apesar de todas essas advertências, o mandato que concede à revolução é excepcionalmente amplo, pois ele atribui a miséria humana à própria ideia de "monarquia e governo hereditário", e não apenas aos abusos particulares de certos regimes.[8] Em alguns textos (especialmente na primeira parte de *Os direitos do homem*, escrita enquanto alguns dos revolucionários franceses, incluindo seu amigo, o marquês de Lafayette, tentavam reter algum papel simbólico para o rei no novo regime, e portanto escrita com certa cautela), ele relutantemente reconhece o direito do povo de escolher um monarca. Mas, no auge da revolução, e muito claramente na segunda parte de *Os direitos do homem*, escrita cerca de um ano depois da primeira, ele se declara republicano absoluto. "Todo governo hereditário é tirânico por natureza", escreve, atacando passionalmente a própria noção de monarquia e aristocracia hereditárias.[9]

Quando governos legítimos estivessem estabelecidos em todo o mundo, as revoluções seriam raras e os cidadãos deveriam solucionar seus problemas por meio da persuasão e da legislação. Mas, enquanto não fosse o caso (e, em sua opinião, não era o caso em nenhum lugar do mundo, com exceção dos Estados Unidos e da França revolucionária), o único remédio à mão era recomeçar. Na era do moderno conhecimento sobre a política, os velhos regimes europeus simplesmente já não eram adequados. "Se as formas e máximas dos governos que ainda estão em prática estavam adaptadas às condições do mundo no período em que foram estabelecidos não é a questão. Quanto mais velhos são, menos correspondência possuem com o presente estado de coisas. O tempo e as mudanças nas circunstâncias e opiniões têm o mesmo efeito de obsolescência sobre os modos de governo que sobre as práticas e costumes."[10] O avanço do conhecimento e da civilização, ajudado pelo avanço da moderna razão e da ciência, torna cada vez mais agudas a inadequação e a ilegitimidade dos velhos regimes, e a ilegitimidade só pode ser solucionada pela revolução total.

Na prática, portanto, ele argumenta que o momento exige um completo e profundo recomeço político. As pessoas de todas as nações devem depor os velhos governos que pesam sobre elas e recomeçar a partir de suas fundações sociais, construindo instituições políticas que estejam de acordo com os princípios da igualdade, da escolha e da representação, tornados evidentes pela razão. Sua ideia de revolução é menos um remédio para um conjunto particular de problemas sociais e políticos e mais uma resposta à ausência de fundações políticas adequadas. Ele quer o retorno da sociedade natural que acredita preceder a formação do governo e, desse ponto em diante, a construção de instituições e práticas completamente novas, desconectadas de qualquer uma que tenha existido no velho regime. Isso exige o projeto e a implementação de formas sociais e políticas inéditas. A continuidade com os velhos regimes seria, em si mesma, prova da inadequação da reforma. Uma constituição, a fim de funcionar bem, "deve ser novidade, e o que não é novidade deve ser considerado defeituoso".[11] Nada do regime prévio deve ser mantido, e faz muito pouco sentido olhar para modelos ainda mais antigos, como os gregos e romanos, ao estabelecer um novo regime. "A humanidade teve muito pouco propósito se, neste período do mundo, precisa voltar 2 ou 3 mil anos no tempo em busca de lições e exemplos."[12] Em vez disso, devemos olhar não para a história, mas para nosso novo entendimento da natureza e dos princípios da justiça e da sociedade, e iniciar nada menos que um renascimento.

Claramente, em virtude tanto de seu entusiasmo pela revolução quanto de suas advertências em relação às limitadas circunstâncias nas quais ela é adequada, Paine acredita que importante é o que a revolução constrói, e não o que destrói, e fez questão de enfatizar esse ponto. "Ao contemplarmos as revoluções", escreveu em *Os direitos do homem*, "é fácil perceber que elas podem surgir por duas causas distintas: uma, para evitar ou se livrar de alguma grande calamidade; outra, para obter algum grande e positivo bem". E continuou:

> Naquelas que procedem da primeira causa, os temperamentos se tornam enfurecidos e amargos, e a retificação, obtida pelo perigo, é muito frequentemente maculada pela vingança. Mas, naquelas que procedem da segunda, o coração, mais animado que agitado, entra serenamente no assunto. A razão, a discussão, a persuasão e o convencimento se tornam as armas da disputa e é somente quando se tenta suprimi-los que se faz recurso à violência. Quando os homens se unem na concordância de que algo bom pode ser obtido, como, por exemplo, um alívio da taxa tributária e a extinção da corrupção, mais da metade do objetivo já está cumprida. O que aprovam como fim, promoverão com os meios.[13]

Contudo, mesmo nessa passagem, ele deixa transparecer a dificuldade de se distinguir entre destruição e construção em sua visão de mundo. As coisas boas que cita como exemplos são "alívio" dos pesados impostos e "extinção" da corrupção — ambos, na verdade, valores negativos. Como acredita que um governo legítimo pode estar alinhado à ordem racional e natural das coisas, ele considera a injustiça um tipo de imposição. Consequentemente, o estabelecimento da justiça é a remoção de um fardo; o bem é a eliminação do mal. Por essa razão, seus textos revolucionários são quase que inteiramente devotados à deposição de déspotas e tiranos. A revolução é a eliminação de imposições e fardos, o que, na prática, requer a total eliminação dos governos responsáveis por eles.

Ele acredita que, como governar é essencialmente um trabalho intelectual, as pessoas possuem a habilidade de construir um governo adequado partindo do zero, desde que respeitem os princípios da igualdade e da liberdade individuais. Mas a necessária tarefa prévia de desmantelar um regime despótico é um desafio muito maior, que exige imensa vontade política, coragem e comprometimento. Acima de tudo, ele se vê chamado a contribuir para vencer esse desafio, em um esforço que requer os melhores e os mais brilhantes de uma sociedade oprimida — "toda aquela extensão de capacidade que jamais falha em surgir nas revoluções" —, para ajudar o povo a compreender as falhas de seu governo e defender o retorno aos inícios para a construção de uma alternativa.[14]

Para Paine, seu talento particular para a argumentação política era especialmente adequado à natureza do desafio, que exigia uma espécie de despertar. Os hábitos e costumes do velho regime podem facilmente esconder do povo sua injustiça fundamental, dado que o povo tende a amar seu país, seus símbolos e costumes, suportando muita dor por puro hábito. Mas "é curioso observar quão rapidamente esse encanto pode ser quebrado. Uma única expressão, ousadamente concebida e pronunciada, às vezes inspira os sentimentos adequados em toda uma companhia, e nações inteiras agem da mesma forma".[15]

Propriamente desiludida e então instruída sobre os princípios adequados de governo, toda nação possui a capacidade de se libertar por meio da revolução e substituir o despotismo decrépito por um regime livre. Foi nesse sentido que ele famosamente assegurou a seus colegas americanos, em 1776, que eles podiam efetivamente reiniciar o mundo.[16] Temos o poder de nos livrar de velhas suposições, partir dos princípios corretos e construir um governo adequado.

Exposta dessa maneira, sua ética revolucionária se mostra (tanto nos meios quanto nos fins) uma forma aplicada de sua teoria política. Ele pretende instituir a mudança começando do zero, assim como busca avaliar os arranjos políticos olhando para suas origens. Quer tomar o método de raciocínio político empregado pelo liberalismo iluminista e transformá-lo em um método de ação política.

Como sua ideia de revolução está baseada em princípios e envolve uma espécie de libertação da natureza humana da opressão das falsas ideias e dos governos tirânicos, ele acredita que seu progresso será essencialmente irreversível, uma vez que os obstáculos dos velhos regimes sejam devidamente removidos. "O governo fundado sobre uma teoria moral, sobre um sistema de paz universal e sobre a irrevogável hereditariedade dos direitos do homem agora se move de oeste para leste, em um impulso mais forte que o do governo da espada, de leste para oeste. Ele se interessa não pelos indivíduos, mas pelo progresso das nações, e promete uma nova era à raça humana."[17] É uma revolução preocupada não com a substituição de um líder por outro e movida não pelo ódio por um rei ou preferência por outro, mas pelo desejo por justiça, possibilitado pela busca pela verdade.

Mesmo quando as coisas deram errado na França e Paine se viu aprisionado durante quase um ano pelo regime revolucionário, por se associar a facções insuficientemente radicais, ele continuou a argumentar que os princípios adequados estavam lá para serem aplicados e que quaisquer falhas na revolução eram meramente falhas em aplicá-los integral e propriamente. "Todas as desordens que surgiram na França durante o progresso da revolução tiveram sua origem não no princípio dos direitos iguais, mas na violação desse princípio", escreveu em 1795.[18] Nove anos depois, tendo visto o colapso de seu grande sonho e a ascensão de Napoleão, disse a um grupo de moradores francofônicos da Louisiana: "Vocês viram que malefício se deu na França pela posse do poder antes que se compreendessem os princípios. Eles desejavam a liberdade em palavras, mas não de fato. O autor desta esteve na França durante toda a revolução e conhece a verdade do que diz, pois, após tentar incutir-lhe princípios, quase foi vítima de sua fúria."[19] A revolução não foi completamente bem-sucedida pelo fato de ter sido incompleta, e não, como Burke poderia sugerir, porque buscava a implantação de uma visão inadequada e excessivamente especulativa.

Essa opinião o torna um revolucionário consumado, muito antes da ideia do revolucionário como personagem ou tipo político ter entrado em voga. Acreditando que a mudança política deveria ser total e inflexível, ele estava excitado com a perspectiva de destruir a ordem vigente para que uma outra, nova e mais racional, pudesse brotar em seu lugar. E foi excepcionalmente direto em sua defesa da revolução total, sobretudo depois de ser acolhido na França. Ele via toda resistência a um reinício completamente novo como expressão da corrupção ou de algum iníquo motivo privado e acreditava que, durante o período excepcional da revolução, a resistência e a oposição deveriam ser reprimidas pelo bem da causa.

É importante compreender quão além do liberalismo da maioria dos whigs ingleses Paine chegou ao esposar essas opiniões. Ao rejeitar a monarquia em princípio, ele se aliou à minoria radical inglesa de sua época, mas mesmo esses radicais jamais chegaram ao ponto de sugerir a abolição da monarquia na própria Grã-Bretanha. Para Paine, o despotismo era o resultado da falha em aplicar integralmente os princípios da liberdade; assim, os princípios liberais que haviam emergido da visão de mundo whig necessitavam de um republicanismo inflexível. Foi nesse contexto que, em sua última carta a Burke, em 17 de janeiro de 1790, ele escreveu sobre o entusiasmo dos revolucionários e sua determinação em destruírem a si mesmos ou a seu país antes de abandonarem seu plano revolucionário.[20]

É fácil ver por que estava tão excitado. Os eventos que descreveu, nos meses iniciais da Revolução Francesa, corporificavam perfeitamente sua visão de como a mudança política significativa deveria ocorrer e como um regime adequadamente baseado no racionalismo iluminista deveria substituir a antiga monarquia. Os mesmos eventos, contudo, também deram perfeita expressão aos piores medos e às mais profundas preocupações de seu correspondente. As nítidas diferenças entre Burke e Paine jamais foram tão claras quanto no início da revolução na França.

A reforma contrarrevolucionária de Burke

"Houve um tempo em que era impossível fazer o sr. Burke acreditar que haveria uma revolução na França", explica Paine em *Os direitos do homem*. Ele se refere a suas discussões com Burke apenas um ano antes do início da revolução.[21] A revolução total no coração da Europa parecia a Burke uma perspectiva radical demais para ser crível. E, por essa mesma razão, quando ela de fato ocorreu, ele mal conseguiu conter sua preocupação com as consequências. A revolução corporificava cada temor que passara sua vida política tentando evitar. Era uma irrupção de radicalismo filosoficamente inspirado, motivado pelas mesmas teorias sobre a natureza humana e a política que criticava há décadas — um radicalismo que tentava romper os elos da sociedade com seu passado e agia por meio do extremismo e da violência das massas.

Sem surpresa, portanto, sua resposta, do momento em que ficou consciente da escalada da violência em Paris até o fim de seus dias, cerca de sete anos depois, foi uma intensa e determinada oposição aos eventos na França. Ele se dedicou incansavelmente a abrir os olhos de seus compatriotas para o que julgava ser um perigo profundo e sem precedentes. O regime francês "não é um novo poder de uma antiga espécie. É um novo poder de uma nova espécie".[22] Nada assim fora visto antes na cena europeia, mas o regime expressava, no mundo real, os perigos que já há algum tempo se construíam no mundo intelectual. "Nunca antes um conjunto de homens literários se converteu em uma gangue de ladrões e assassinos; nunca antes um antro de vilões e bandidos assumiu o garbo e o tom de uma academia de filósofos", escreveu, em um característico floreio de ansiedade.[23]

Durante a crise americana, que jamais chamou de revolução, ele acreditava que as colônias haviam se rebelado contra o mau governo inglês. Mas os franceses estavam se rebelando em nome do entusiasmo por uma nova teoria sobre o homem e a sociedade e, no processo, abalando bem mais que as estruturas políticas. Nesse sentido, foi precisamente porque a revolução era sobre construir uma nova ordem, em vez de apenas rejeitar uma política ou governante particular, que ele achou que fora longe demais. A justificativa de Paine foi idêntica à sua acusação. "Não é uma revolução no governo. Não é a vitória de um partido sobre outro. É a destruição e decomposição de toda a sociedade, que jamais pode ser consertada por qualquer facção, por mais poderosa que seja; não sem gerar terríveis consequências para todos, tanto no ato quanto no exemplo."[24]

De acordo com Burke, a França após a revolução não era uma nação com um governo diferente, mas um grupo em uma disputa intelectual que ultrapassava suas fronteiras e tinha a ambição de chegar a todos os Estados europeus. "Minhas ideias e princípios me levaram, nessa disputa, a ver a

França não como Estado, mas como facção", escreveu ele em *Letters on a Regicide Peace*.[25] "É uma guerra entre os partidários da antiga ordem civil, moral e política da Europa contra uma seita de fanáticos e ambiciosos ateístas que pretendem mudar tudo. Não é a França estendendo um império estrangeiro sobre outras nações, mas uma seita buscando um império universal e começando pela conquista da França."[26]

E sua veemente oposição foi claramente motivada pela preocupação de que a próxima conquista da seita revolucionária fosse a Grã-Bretanha e de que os próprios radicais ingleses estivessem trabalhando avidamente para criar o cenário para uma nova revolução inglesa, que se seguiria à francesa. Ele temia que as agitações que tais radicais criavam na Grã-Bretanha dessem ao povo, assim como aos estrangeiros, a impressão de que a nação como um todo estava prestes a se rebelar. Em *Reflexões*, trabalhou para desfazer essa impressão, ao mesmo tempo que lembrava a seus compatriotas os princípios de seu regime e rejeitava a revolução como modo de mudança política.[27]

Ele não nega que, por vezes, exista necessidade de sérias mudanças políticas ou que o velho regime francês tivesse grandes problemas (embora certamente os minimizasse às vezes).[28] "Não sou estranho aos problemas e defeitos do governo subvertido na França e acho que não tendo, por natureza ou política, a fazer panegíricos a qualquer coisa que seja objeto de justa e natural censura. Mas a questão agora não são os vícios daquela monarquia, mas sim sua existência. É verdade, então, que o governo francês era tão incapaz ou não merecedor de reforma que foi absolutamente necessário destruir toda a estrutura e limpar a área, a fim de construir um edifício teórico e experimental em seu lugar?"[29] Ele não objeta ao desejo por mudança política, mas à deposição de todo o regime e da tradição política da França para realizar tal mudança.

Algumas das políticas do novo regime poderiam melhorar o destino do povo no curto prazo, pois "quem tudo destrói certamente removerá alguns agravos" e "quem faz tudo novo pode criar algo benéfico". Mas, para desculpar a violência e o radicalismo da revolução apontando para algum benefício em particular, uma pessoa teria de provar que esse benefício não poderia ter sido alcançado por meio de uma reforma menos radical, e isso, segundo ele, era simplesmente falso. Ainda mais importante, o dano causado pelos meios e fins da revolução era muito maior que seus modestos benefícios. "As melhorias na Assembleia Nacional são superficiais; seus erros, fundamentais."[30] O velho regime podia ser bárbaro, mas a violenta revolução meramente libertou no mundo um regime não menos barbárico.[31]

Sem dúvida aquelas não eram as únicas opções. "Esses cavalheiros nunca encontraram, em todos os mundos de teorias e práticas, nada que estivesse entre o despotismo do monarca e o despotismo das massas?"[32] "Para eles, é guerra, revolução ou nada."[33] Ele argumenta que a falha em ver ou buscar um meio-termo não é um descuido, mas uma característica proeminente da visão de mundo radical dos revolucionários. "Temo que sua desistência da tentativa de curar os destemperos comuns com métodos regulares surja não da falta de compreensão, mas de alguma malignidade de disposição."[34]

A derrubada de um governo, é claro, não é inédita, nem mesmo na história da Grã-Bretanha. Mas, para os ingleses, assim como para a maioria das nações civilizadas, a revolução é considerada justificável apenas durante uma necessidade absolutamente inevitável. "A revolução será o último recurso dos refletidos e dos bons."[35] Os franceses, contudo, a transformaram em regra. "Sua noção de seus próprios poderes é sempre retirada do limite mais extremo da competência legislativa e seus exemplos para casos comuns, das exceções causadas pelas mais urgentes necessidades."[36] Esse tipo de extremismo é muito pouco adequado à vida política. "Aquele que incendeia a casa porque seus dedos estão congelados jamais será um bom instrutor do método de fornecer a nossas habitações um calor alegre e salutar."[37]

Além disso, as revoluções necessárias na Grã-Bretanha geralmente foram feitas para devolver algum equilíbrio à constituição. Elas não buscaram substituir completamente o sistema de governo. Tais revoluções totais não podem ser justificadas nem mesmo pela necessidade, pois suas consequências são tão negativas e graves que sempre haverá uma opção melhor. Ao separar a vida política de toda prescrição e instituir o radicalismo iluminista como uma espécie de religião de Estado, a revolução vai além dos limites de qualquer necessidade e instaura um sistema incorrigível — um governo tão cheio de problemas fundamentais que jamais poderá ser bom.[38]

Por que o regime revolucionário seria tão completa e permanentemente sem solução? Burke vê o regime como uma instanciação das opiniões radicais sobre natureza, escolha e razão iluminista descritas até agora e acredita que, quando todas elas são combinadas e colocadas em ação, o resultado é um consumado desastre político que fecha o caminho para seu próprio aperfeiçoamento.

Para começar, a revolução anula as verificações de moderação e os incentivos a ela, libertando os espíritos desenfreados. Seus líderes tratam a França como um país conquistado, apagando todos os vestígios anteriores de identidade e força.[39] Eles jogam as pessoas umas contra as outras para enfraquecer todas as partes da sociedade, com exceção do novo governo, e buscam particularmente "subverter toda a estrutura e toda a ordem dos estados mais bem construídos ao corromper as pessoas comuns com os frutos da pilhagem das classes superiores".[40] Voltam os talentos dos melhores e mais brilhantes da nação contra a fortuna de suas grandes famílias.[41] Tudo isso cria novos hábitos de ação e pensamento que enfraquecem sobremaneira a ordem política. Esses hábitos começam antes da revolução e são essenciais a ela. "Uma revolução silenciosa no mundo moral precede a revolução política e a prepara."[42] E, uma vez conectados aos espetáculos da revolução real, esses hábitos criam uma fome pela ação política radical — uma fome que deixa o povo insatisfeito com a vida normal e, desse modo, pouco inclinado a buscar a estabilidade. "Uma reforma barata e sem sangue e uma liberdade sem culpa lhes parecem insípidas. Deve haver uma grande mudança de cenário, um magnífico efeito de palco e um grandioso espetáculo para excitar a imaginação."[43]

Uma vez agitada, a imaginação permanece assim e busca um alvo para mais espetáculos e efeitos de palco. Burke teme o desencadeamento do fanatismo político. Um regime construído sobre tais teorias, com um público movido pelo fanatismo, rapidamente se tornará "uma tirania de multidões licenciosas, ferozes e selvagens, sem leis, maneiras ou morais, que, longe de respeitar o senso geral de humanidade, insolentemente busca alterar todos os princípios e opiniões que até agora guiaram e contiveram o mundo e forçá-los a se conformarem a suas opiniões e ações".[44]

Libertar essas forças não apenas destrói a estabilidade social como deixa o povo e o Estado em rota de colisão, pois o público rapidamente se cansará de seu novo regime e de suas inevitáveis restrições à liberdade individual, exatamente como foi ensinado a se cansar do velho regime. E o Estado certamente o suplantará em tal conflito. Com o tempo, portanto, a revolução movida pela fé na escolha e no individualismo dará origem a um regime que destruirá a escolha e o individualismo. As ideias políticas por trás dessa revolução encorajam a deslealdade ao país em favor dos princípios iluministas. Mas, quando essa deslealdade se estender ao próprio novo regime, ele terá muito menos recursos que seus predecessores para exercer autoridade, pois terá destruído a calma natural do povo. Tendo nivelado a sociedade, o regime terá apenas a força a seu dispor e se verá compelido a destruir a dissensão. "Os reis são tiranos por uma questão de política quando os súditos se tornam rebeldes por uma questão de princípios."[45] E, nessa crise, o único recurso será um regime militar e, com ele, o fim de toda adorável conversa sobre os direitos do homem. Em *Reflexões*, ele prevê a ascensão de um general carismático ao poder — uma predição que prefigura sinistramente a chegada de Napoleão.[46]

De fato, é precisamente por ser construído sobre um plano racional que o novo regime tem o potencial de possuir um poder imenso e previamente inconcebível e oprimir o indivíduo. "A França difere essencialmente de todos os governos que são formados sem sistema, existem por hábito e se confundem com a multidão e com a complexidade de seus objetivos", escreve ele.

> Ele é sistemático, é simples em seus princípios, possui unidade e perfeita consistência. Naquele país, acabar com um ramo do comércio, fechar uma fábrica, impedir a circulação de dinheiro, violar o crédito, suspender o curso da agricultura, queimar uma cidade ou mesmo destruir toda uma província não lhes causa um só momento de ansiedade. Para eles, a vontade, os desejos, os quereres, a liberdade, a labuta e o sangue dos indivíduos são nada. A individualidade é deixada fora de seu esquema de governo. O Estado é tudo.[47]

Ironicamente, o regime construído explicitamente sobre os direitos do homem se ergue para destruir esses direitos mais efetivamente que qualquer antigo despotismo. Para Burke, os revolucionários confundiram os sinais externos de despotismo (como nobres e padres) com suas causas e então, como geralmente acontece na história, combateram o inimigo errado e podem acabar personificando o próprio mal que buscam combater. "É o que acontece com todos que, olhando apenas para a concha e a casca da história, pensam que estão guerreando contra a intolerância, o orgulho e a crueldade quando na verdade, sob o pretexto de abominarem os princípios nocivos dos antigos partidos, estão autorizando e alimentando os mesmos vícios odiosos em facções diferentes, e talvez piores."[48]

Novamente, Burke argumenta que o esforço para racionalizar a política e eliminar ligações sentimentais e órgãos aparentemente vestigiais terminará por libertar não a razão e a justiça, mas a paixão pelo poder. Sua discordância de Paine em relação à natureza humana leva a expectativas muito diferentes sobre a era das revoluções. Ideias políticas possuem consequências, escreve Burke, e elas devem ser compreendidas à luz tanto das permanentes limitações da natureza humana quanto dos sucessos e fracassos do passado. A revolução é um meio inapropriado de mudança política porque não é adequada para capitalizar as lições implícitas do passado ou para deixar espaço para a imperfeição permanente de todas as empreitadas humanas. Os desafios de governar são sutis e complexos demais para permitir tal força bruta.

Os revolucionários franceses, como ele os compreendia, simplesmente ignoravam sua complexidade. "Um homem ignorante, que não é tolo o bastante para desmontar seu relógio, sente-se confiante para achar que pode seguramente tomar e montar de acordo com seu bel-prazer as peças de uma máquina moral de diferente aparência, importância e complexidade, composta de muito mais engrenagens, molas e balanças, e contrapor e operar seus poderes. Os homens pensam pouco sobre quão imoralmente agem ao interferir de modo precipitado no que não compreendem. Sua ilusória boa intenção não é desculpa para sua presunção."[49]

O prazer que os revolucionários pareciam ter em levar a cabo tal destruição de arranjos de longa data apenas confirma suas preocupações. "É uma disposição acerba, maligna e invejosa, sem gosto pela realidade ou por qualquer imagem ou representação da virtude, aquela que vê alegria na queda sem mérito do que por muito tempo floresceu em esplendor e honra. Não gosto de ver nenhuma coisa destruída, nenhum vazio produzido na sociedade, nenhuma ruína na paisagem."[50] Ele acredita que essa fome pela ruína decorre da falta de apreciação pelo mundo dado. "A ingratidão é, de fato, as quatro virtudes cardinais compactadas e amalgamadas em uma", afirma em *Letter to a Noble Lord* [Carta a um nobre lorde].[51]

Novamente, portanto, suas mais profundas objeções aos revolucionários e sua abordagem da mudança política têm a ver com suas relações com o passado — a avaliação de que a mudança política deve superar o passado, em vez de construir sobre ele. Burke argumenta que essa visão, bem como as hipóteses proximamente relacionadas dos revolucionários no tocante à natureza, à escolha e à razão, leva a uma abordagem extremamente errônea da ação e da mudança políticas. Além disso, o resultante regime revolucionário não apenas poderia causar terríveis danos à sociedade como também fecharia os caminhos para corrigir seus próprios erros.

Por todas essas razões, ele considera absolutamente crucial resistir à revolução, tanto se opondo a sua extensão e crescimento na França quanto, ainda mais importante, evitando sua importação para a Grã-Bretanha. Se não encontrasse firme resistência já no início e tivesse oportunidade de se infiltrar na corrente sanguínea política dos ingleses, seus efeitos poderiam ser irreversíveis. Em uma famosa passagem da conclusão de *Thoughts on French Affairs* [Pensamentos sobre as questões francesas], ele destaca a dificuldade e o perigo que os contrarrevolucionários sempre enfrentaram, já desde sua época: "Se uma grande mudança for feita nas questões humanas, as mentes dos homens estarão prontas para ela e as opiniões gerais e os sentimentos seguirão em sua direção. Cada medo, cada esperança se dirigirão a ela, e então eles, que persistem em se opor à poderosa corrente das questões humanas, parecerão resistir aos decretos da própria Providência, e não aos meros desígnios do homem. Não serão resolutos e firmes, mas perversos e obstinados."[52] Ele claramente teme que o apelo intelectual e quase espiritual da chamada revolucionária por justiça supere suas grandes deficiências práticas na mente do povo e que, uma vez que a revolução tenha raízes firmes, seja essencialmente impossível reverter seus efeitos ou lembrar às pessoas o quanto custou.

Ele também está alerta ao perigo de parecer se opor meramente à mudança — de parecer defender o *status quo* apenas porque é assim que as coisas são. Ao contrário, argumenta, ele não defende o *status quo*, mas meios eficazes de reforma em oposição a um ineficaz e que ameaça retirar da sociedade qualquer possibilidade de melhoria real.

À luz de sua veemente oposição à Revolução Francesa, hoje somos muito facilmente inclinados a desconsiderar essa avaliação e vê-lo apenas como defensor da ordem estabelecida. Mas os fatos de sua carreira e a natureza de seu caso contra a revolução nitidamente apontam em outra direção. Ele teve papel de liderança em quase todo esforço de reforma feito no Parlamento durante suas três décadas no cargo. Buscou (frequentemente, mas não sempre, com sucesso) reformar as finanças, o comércio e as restrições aos católicos e dissidentes da nação. Tentou moderar os excessos (em especial as punições excessivas) da lei criminal, controlar a Companhia das Índias Orientais e levar o comércio de escravos a um fim gradual. E de modo efetivo apoiou a Revolução Americana. Mas sempre abordou a reforma das instituições existentes com respeito por seu pedigree e valor, buscando construir sobre o que funcionava para corrigir o que não funcionava, em vez de destruir as fundações do regime e recomeçar.

Nesse sentido, sua oposição à Revolução Francesa, especialmente como exposta em *Reflexões*, envolve um contraste entre dois modos de mudança, mais que entre dois tipos de regime ou duas visões da política. O contraste que faz entre a França e a Grã-Bretanha é, de fato, um contraste entre revolução e reforma. Os franceses, argumenta, separaram-se de suas gloriosas tradições e, em um esforço para corrigir os erros do antigo regime, introduziram erros ainda piores. Seu Parlamento estava cheio de canalhas inexperientes, sua economia em frangalhos e sua população em declínio; sua burocracia era inepta, suas leis malformadas e seu crédito inexistente, seu dinheiro inútil, seus cofres vazios; seu rei era um escravo e seus juízes tolos; e seu Exército estava em frangalhos. Enquanto isso, a Inglaterra gozava do glorioso calor de sua velha e reverenciada constituição — segura, sadia, livre, ordeira, abastada e confortavelmente bem abastecida.

Não há dúvidas, como Thomas Paine frequentemente procurou mostrar, de que Burke exagera nos dois casos. Suas descrições do regime revolucionário e dos eventos que cercaram sua emergência muitas vezes são inexatas e sua avaliação dos dois séculos anteriores da história inglesa (durante os quais, afinal, seus compatriotas degolaram um rei e depuseram outro) é, para dizer o mínimo, uma sanitização em benefício do argumento.

E o argumento não é que o que quer que exista deve ser bom, mas que a reforma deve ser realizada gradualmente, por razões práticas, políticas, sociais e morais. Em uma passagem especialmente notável de *Reflexões*, ele discute longamente as realizações e glórias dos franceses durante os séculos da monarquia Bourbon. E se pergunta como os beneficiários de tudo aquilo, mesmo à luz de muitos abusos e outras falhas nos anos finais do regime, podem ter decidido que nada além da revolução total poderia melhorar a situação: "Não reconheço, em vista das coisas, o despotismo da Turquia. Nem julgo que o caráter de um governo que foi, no geral, tão opressivo, corrupto ou negligente seja profundamente inadequado *para qualquer reforma*. Devo pensar que tal governo merece ter suas excelências fortalecidas, suas falhas corrigidas e suas capacidades aprimoradas, nos moldes da constituição inglesa."[53]

Quando fala da constituição inglesa nesse contexto, ele quer dizer o modelo de precedentes lentamente ampliados, e não particularmente o modelo das Câmaras dos Comuns e dos Lordes. Os reformadores deveriam construir a partir de suas tradições nacionais.

O insight fundamental de sua defesa da reforma é que o estadista deve começar com gratidão pelo que funciona em sua sociedade, e não com ultraje pelo que não funciona. Ele deve começar com um senso do que tem e do que vale a pena preservar e, a partir daí, construir na direção do que quer e vale a pena conseguir. Mas, sem dúvida, a mudança é não apenas inevitável, como também desejável. E, sem desenvolver um modo efetivo de mudança, uma nação "pode até mesmo correr o risco de perder a parte da constituição que desejava mais fervorosamente preservar".[54]

A difícil tarefa da melhoria preservativa é, para ele, o mais exigente e importante dos desafios da vida política:

> Quando as partes úteis do velho establishment são mantidas e o que é adicionado se adequa ao que é mantido, uma mente vigorosa, atenção perseverante e constante, vários poderes de comparação e combinação e os recursos de um entendimento pleno de expediente devem ser exercidos, em contínuo conflito com as forças combinadas dos vícios opostos — a obstinação que rejeita qualquer melhoria e a leviandade que está desgostosa e enjoada de cada uma de suas posses.[55]

Daí sua famosa afirmação de que "a disposição para preservar e a habilidade de aprimorar, juntas, são meu padrão para um estadista".[56] E uma chave para essa disposição é que a reforma deve ser dirigida a problemas específicos e individuais. "A mudança deve ser confinada apenas à parte pecadora; à parte que produziu a necessária divergência."[57] Em vez de ver todo o Estado como um problema, ele busca discernir o que há de bom e mau. Essa inclinação fala de seu entendimento do caráter dos regimes em geral. Como vimos, ele acredita que os governos existem por razões muito amplas, não para defender um conjunto particular de opiniões ou direitos, mas para responder pelo bem-estar geral do povo e servir às necessidades de uma sociedade complexa. No lugar de ver todo o sistema como sucesso ou fracasso, busca vê-lo como um mosaico de instituições acumuladas que podem exigir reforma de tempos em tempos para responder ao surgimento de dificuldades, mas que, na maioria das vezes, devem funcionar em paz.

Ao contrário do planejado regime dos revolucionários, "os Estados do mundo cristão cresceram até sua presente magnitude em um longo período de tempo e por uma grande variedade de acidentes. Foram aprimorados para o que vemos hoje com maiores ou menores graus de felicidade e habilidade. Nenhum deles foi formado de acordo com um plano regular ou qualquer unidade de projeto", observou em *Letters on a Regicide Peace*.[58] Quando algo dá errado nesse tipo complexo de organização, o tratamento requerido está mais próximo da medicina que da engenharia: um processo de cura que busca corrigir para preservar.

Saber como atingir tal equilíbrio é uma verdadeira arte. E, quando é realizada corretamente, uma reforma oportuna e gradual pode evitar o desafeto público e, dessa maneira, mudanças mais perturbadoras ou extensas. "Reformas iniciais são arranjos cordiais com um amigo no poder; reformas tardias são feitas com ânimos inflamados. Nesse estado de coisas, as pessoas não notam nada de respeitável no governo. Veem o abuso e nada mais. Adquirem o temperamento de um populacho furioso levado à desordem em uma casa de má fama: jamais tentam corrigir ou regular, trabalham por meio de atalhos e, para lidar com uma chateação, botam a casa abaixo."[59]

Uma década antes da Revolução Francesa, Burke liderou um esforço para realizar essa reforma hábil e preventiva, com o objetivo de conter o desperdício e o abuso na apropriação de recursos públicos, especialmente o dinheiro gasto na luxuosa manutenção da família real e dos vários funcionários oficiais nas residências reais. Esses cargos de prestígio com frequência não envolviam trabalho real e eram simplesmente recompensas para amigos e familiares dos politicamente bem conectados. Vendo o potencial para desafeto público com o sistema de governo mais amplo em função de tal desperdício e abuso, ele liderou uma iniciativa de sucesso para conter os gastos, revisando detalhadamente cada despesa das residências reais. Perto do fim da vida, refletiu sobre esse esforço, empregando termos retirados da medicina para descrever a tarefa do estadista: "Encontrei grande desequilíbrio na comunidade e o tratei de acordo com a natureza do mal e do paciente. A doença era profunda e complicada, nas causas e nos sintomas. E o tratamento tinha muitas contraindicações." E esse modo de tratamento foi motivado pela compreensão da diferença entre consertar e substituir um sistema estabelecido que funcionava, mas tinha alguns problemas:

> Eu sabia que havia manifesta e marcada distinção, que homens hostis com propósitos hostis ou homens fracos e incapazes de qualquer propósito constantemente confundem, entre mudança e reforma. A primeira altera a substância dos próprios objetos e se livra de todo seu bem essencial, assim como do mal acidental anexado a eles. A mudança é novidade e não se pode saber com antecedência se trará algum dos efeitos da reforma ou se contradirá o próprio princípio em nome do qual a reforma é desejada. A reforma não é uma mudança de substância ou uma modificação primária do objeto, mas a direta aplicação do remédio à doença relatada. Assim que esta é removida, tudo fica bem. Ela se resume a isso e, se falha, a substância que suportou a operação, no pior dos casos, continua a mesma.[60]

O desafio, naturalmente, é saber a diferença entre o que deve ser preservado e o que precisa ser reformado, e Burke reconheceu perante os Comuns que não tinha certeza de tê-lo feito corretamente em suas propostas econômicas. Ele podia declarar com confiança somente que as baseara nas especificidades da situação, e não em uma teoria especulativa sobre como as residências reais deveriam funcionar.[61] E, acima de tudo, buscou a reforma estando consciente dos riscos de se alterar as instituições do Estado.[62] Mas ela era necessária para evitar o desafeto público e resgatar o bom nome e a reputação do Parlamento e da monarquia; assim, ele a iniciou não para inovar, mas bastante literalmente para re-formar e levar o regime de volta à saúde ao cuidar de sua doença particular.

A inovação total, argumenta ele, não é um meio para o progresso, mas antes reduz esses meios ao romper com o passado e regressar aos inícios. Ela perturba uma ordem política de longa data e torna as melhorias muito mais difíceis, pois "a boa ordem é a fundação de todas as boas coisas".[63] Em vez dela, os estadistas devem começar com o que têm.

Para ele, os ingleses há muito compreenderam esse ponto crucial. Os verdadeiros princípios ingleses — os verdadeiros princípios whigs — militam contra a inovação temerária e defendem a continuidade e a estabilidade. Mesmo quando eles próprios foram forçados a recorrer a uma espécie de revolução, os antigos whigs que eram seu modelo o fizeram com um olho na preservação. Burke descreve como conseguiram isso:

> Os princípios da conservação e da correção operaram intensamente durante os dois períodos críticos da Restauração e da Revolução, quando a Inglaterra se viu sem rei. Em ambos os períodos, a nação perdeu o elo de união com seu antigo edifício, mas eles não dissolveram toda a estrutura. Ao contrário, em ambos os casos, regeneraram a parte deficiente da antiga constituição por meio das partes que não estavam prejudicadas. Mantiveram essas partes antigas exatamente como eram, para que a parte recuperada pudesse se adequar a elas.[64]

A falha dos franceses em fazer o mesmo significava que sua revolução destruiria o velho, mas não construiria o novo.

A emergência da direita e da esquerda

Como compreendia os antigos whigs nesses termos, Burke reagiu com particular resistência e alarme à tentativa de alguns radicais de retratarem a Revolução Gloriosa de 1688 como uma espécie de prefácio da Revolução Francesa. A ideia de que os whigs de 1688 haviam transformado sua antiga monarquia em mero reinado eleito era central para o caso dos defensores ingleses da Revolução Francesa, e seu alarme com essa ideia foi tal que Burke escreveu *Reflexões*.

Assim, ele devota a abertura de *Reflexões* e grande parte de *An Appeal from the New to the Old Whigs* a uma resposta a esse argumento. De acordo com ele, os whigs de 1688, como defensores da antiga ordem inglesa, buscaram solucionar uma severa crise de legitimidade encontrando meios de preservar a estrutura do regime e a linha de sucessão, a despeito do terrível comportamento do monarca, em vez de recomeçar sobre novos princípios. A revolução de 1688 foi uma exceção necessária, mas os whigs daquela época se asseguraram de que não se tornaria a regra. Decididamente não foi "um viveiro para revoluções futuras".[65] Aliás, argumenta ele em *Appeal*, 1688 foi "uma revolução não realizada, mas evitada".[66]

Burke achava que os debates de sua própria época não tinham semelhança real com os de 1688, e a noção simplista de que os whigs deveriam ser favoráveis à revolução e que estar contra os radicais franceses transformava alguém em tory era uma distorção do significado da crise. Nos anos iniciais da revolução, muitos de seus colegas whigs discordaram e o acusaram de trair os princípios do partido. Inicialmente, ele ignorou tais acusações, mas, com o tempo, concluiu que suas próprias diferenças com seus copartidários continham uma importante lição sobre o que a Revolução Francesa significava para os políticos da Grã-Bretanha. O debate inglês sobre a revolução era, em certo sentido, um debate entre whigs. Ou ao menos estava separado do debate entre poder parlamentar e real — há muito compreendido como distinção entre whigs e tories. A revolução acarretara uma profunda transformação do cenário político e criara dois novos partidos, divididos em torno de uma nova questão.

Em *Letters on a Regicide Peace*, ele argumenta que simplesmente já não fazia sentido falar em whigs e tories nos termos de outrora. "Esses partidos, que com suas dissensões tão frequentemente distraíram o reino, com sua união o salvaram e com sua colisão e mútua resistência preservaram a variedade e a unidade da constituição, estão (ou acredito estarem) quase extintos pelo crescimento de novos partidos, que têm suas raízes nas presentes circunstâncias dos tempos." E quais são esses novos partidos? Um deles é composto por homens que "consideram a conservação da antiga ordem das coisas na Inglaterra necessária para preservar a ordem em outros lugares e respeitam a geral conservação da ordem em outros países como reciprocamente necessária para preservar o mesmo estado de coisas nestas ilhas". Oposto a esse partido da conservação, há "o outro partido, que exige grandes mudanças aqui e está tão feliz em vê-las em outros lugares, e que chamo de jacobino".[67]

Na esteira da Revolução Francesa, sugere ele, whigs e tories foram substituídos por um partido da conservação e um partido jacobino. A questão entre eles já não é sobre as prerrogativas do rei *versus* as do Parlamento, mas sobre as prerrogativas do regime existente *versus* um republicanismo revolucionário que as extinguiria. Em outras palavras, a questão que passou a definir a política inglesa foi a questão da revolução e da reforma.

Nesse ponto, ele e Paine concordam amplamente. Embora Burke cite Paine longamente como principal exemplo dos argumentos republicanos que atribui aos whigs radicais, Paine jamais reivindicou o manto whig. Longe de tentar se apropriar da autoridade de 1688, como fizeram muitos radicais ingleses, ele menospreza a Revolução Gloriosa, "exaltada para além de seu valor". E até mesmo debocha abertamente dos antigos whigs que a levaram a cabo. "A humanidade dificilmente acreditará que um país que se autodenomina livre mandou buscar na Holanda um homem e o vestiu com as roupas do poder a fim de temê-lo, além de lhe dar quase 1 milhão de libras esterlinas por ano para se submeter, a si mesmo e a sua posteridade, como vassalo, para sempre."[68] A influência e o apelo da Revolução Gloriosa "já estão se dissipando, eclipsados pelo crescente orbe da razão e pelas luminosas revoluções nos Estados Unidos e na França. Em menos de um século irá, assim como as obras do sr. Burke, 'para o cofre familiar de todos os Capuletos'".[69] Quanto a William e Mary, muito venerados pelos defensores dos direitos de 1688, "sempre me pareceram detestáveis, um buscando destruir o próprio tio; a outra, o pai; a fim de se apossarem do poder".[70]

Ele comprova o argumento de Burke de que a Revolução Francesa, propriamente compreendida, não busca defender os princípios whigs de 1688, vendo-os como extremamente inadequados para a tarefa de corrigir regimes injustos. Alterar um regime fundamentalmente injusto a fim de preservá-lo lhe parecia tanto ilegítimo quanto inútil. Nenhum governo tem "o direito de alterar a si mesmo, no todo ou em parte", de modo que a reforma sem recurso à condição original ou a uma convenção nacional só pode ser inadequada ou ilícita.[71] Na verdade, a reforma parcial não lhe parece melhor que melhoria nenhuma. "Quando uma coisa está originalmente errada, as emendas não a tornam certa e frequentemente causam tantos danos quanto ela."[72] Em uma sociedade mal fundada, os princípios da injustiça se tornam "muito profundamente enraizados para serem removidos e os estábulos de Augias dos parasitas e saqueadores ficam tão abominavelmente sujos que nada os limpará, senão uma completa e universal revolução".[73] Tais revoluções universais são os únicos modos efetivos de reforma, e ele desconsidera totalmente a distinção que Burke insiste existir entre revolução e reforma: "Reformas ou revoluções, chame-as como quiser."[74]

Por suas próprias razões, portanto, Paine conclui, assim como Burke, que a familiar divisão política da Grã-Bretanha perdeu sua saliência e foi substituída por uma nova questão. "Não se trata de saber se este ou aquele partido deve ou não participar, ou se whig ou tory, [câmara] alta ou baixa, deve prevalecer, mas se o homem deve herdar seus direitos e se a civilização universal deve ter lugar. Se os frutos de seu trabalho devem ser gozados por ele ou consumidos pelo esbanjamento dos governos. Se o roubo deve ser banido das cortes e a miséria dos países."[75]

Essa nova questão pressionava a Europa com grande urgência e representava uma transformação política. Na visão de Paine, o avanço da razão e da ciência transformara sua época em um momento de profundo desafio, diferente de qualquer momento anterior, e dera o tom para um futuro muito mais brilhante: uma era de reforma — com o que queria dizer uma era de revoluções, como explica nas palavras finais do primeiro volume de *Os direitos do homem*:

> Pelo que agora vemos, nenhuma reforma no mundo político deve ser considerada improvável. É uma era de revoluções, na qual tudo deve ser esperado. A intriga das cortes, pela qual o sistema de guerra é mantido, pode provocar uma confederação das nações para aboli-la, e um Congresso Europeu para patrocinar o progresso do livre governo e promover a civilização entre as nações é um evento ainda mais próximo em probabilidade do que foram certa vez as revoluções e a aliança entre a França e os Estados Unidos.[76]

"O ferro está esquentando em toda a Europa", escreve ele no segundo volume. "Os alemães insultados e os espanhóis, russos e poloneses escravizados estão começando a pensar. A presente era, por isso, merece ser chamada de era da razão e a presente geração parecerá, ao futuro, o Adão de um novo mundo."[77] Ele argumenta que o período será lembrado como um momento de transformação. "A farsa da monarquia e da aristocracia, em todos os países, está seguindo aquela do cavalheirismo, e o sr. Burke já está se vestindo para o funeral. Que sigam em silêncio para a tumba de todas as tolices e que os enlutados sejam confortados."[78]

Mas, na opinião de Burke, sua época diferia do passado não porque alguma nova verdade fora descoberta ou um grande avanço conquistado, mas simplesmente porque os excessos e corrupções da própria revolução haviam distorcido e transformado a política inglesa: "O presente momento difere de qualquer outro apenas pelas circunstâncias do que está sendo feito na França."[79] As realidades básicas da natureza humana e da política em nada mudaram, com exceção do fato de que precisavam confrontar uma força política que buscava ignorá-las ou solapá-las. E, em particular, ignorar as obrigações do presente para com o passado e, portanto, para com o futuro.

Nesse sentido, as ideias divergentes de Burke e Paine sobre revolução e reforma — que ambos sugeriram estar se tornando a discordância definidora da política europeia — podem ser compreendidas como uma discordância sobre a relação do presente com o passado e sobre a obrigação de cada geração de manter e melhorar o que lhe foi dado e deve ser repassado aos que se seguirão. A disputa sobre a mudança política se refere às relações entre as gerações na política. A objeção de Burke à revolução total se baseia em seu horror à perspectiva de abandonar tudo que foi arduamente conseguido em séculos de lentas e incrementais melhorias e mudanças. Ele vê isso como traição da confiança das gerações passadas e da obrigação para com as gerações futuras. Paine, por sua vez, objeta a tal vagarosa mudança porque, em sua opinião, ela fortalece o despotismo e é causada mais pelo desejo de sustentar a iniquidade que pelo desejo de enfrentar a injustiça.

Burke acredita que a natureza e a natureza humana se fazem conhecer na política por meio da longa experiência, que os seres humanos nascem em uma rede de obrigações e que os problemas sociais que enfrentamos não se prestam à fria análise científica. Por todas essas razões, defende que as melhorias políticas devem ser conseguidas por intermédio de reformas cumulativas — pela construção sobre o sucesso para corrigir o fracasso e pela contenção dos efeitos da inovação dentro de um contexto mais amplo de continuidade.

Já Paine acredita que a natureza se revela na forma de princípios abstratos descobertos pela análise racional, que os seres humanos têm o direito de escolher livremente seu governo, que o governo, por sua vez, existe para proteger suas outras escolhas e que a razão pode ajudar as pessoas a verem para além das superstições que, por muito tempo, mantiveram regimes injustos. Por todas essas razões, defende que as melhorias políticas devem ser conseguidas pela revolução total — pela eliminação dos fardos acumulados do passado e pelo recomeço integral e adequado.

Suas várias discordâncias, portanto, apontam repetidamente para um confronto sobre a autoridade do passado e as prerrogativas do presente na vida política. Será para esse profundo e incomum terreno de disputa que nos voltaremos agora.

7

As gerações e os vivos

Qual a relação adequada entre as gerações em uma sociedade? Apenas porque a geração de nossos pais fazia algo de certa maneira, precisamos fazer o mesmo ou podemos pôr de lado suas práticas e abrir nosso próprio caminho? Devemos a nossos filhos a preservação das instituições sociais e políticas que herdamos, a fim de que possam viver como vivemos, ou devemos a eles a liberdade de escolherem seu próprio caminho? É possível entender nossa vida civil em termos de consentimento e liberdade de escolha se ela envolve uma ordem política que herdamos ao nascer e de cuja escolha não participamos? A sociedade que herdamos e nosso lugar nessa sociedade possuem qualquer autoridade legítima sobre o modo como vivemos nossas vidas?

Como já começamos a ver, o debate Burke–Paine tem muito a nos dizer sobre como e por que devemos pensar nessas difíceis questões. O dilema das gerações em uma sociedade liberal se agiganta em seu pensamento político e está presente, logo abaixo da superfície, em muitas das disputas que os dividem. Eles abordam o assunto frequentemente e em uma ampla variedade de contextos; desse modo, mais que apenas outro ponto de disputa, ele forma uma espécie de corrente unificadora entre os temas que discutiram.

Paine busca entender o homem separadamente de seu contexto social, ao passo que Burke acha que ele é incompreensível longe das circunstâncias em que nasceu e que foram criadas pelas gerações anteriores. Ele descreve um todo social densamente estratificado que define o lugar de cada um de seus membros, enquanto Paine pensa que cada pessoa nasce com o mesmo direito de moldar seu destino. A política da razão defendida por Paine pede recurso direto aos princípios em face de práticas antigas, mas pouco razoáveis. A prescrição defendida por Burke é baseada na continuidade geracional. Esse argumento o leva a preferir as reformas graduais para preservar o que nos chegou do passado, ao contrário de Paine, que busca um rompimento revolucionário como única maneira de escapar do pesado fardo de uma antiga injustiça.

A questão das gerações ocorre tão frequentemente em suas discussões porque o debate entre eles é sobre o liberalismo iluminista, cuja subjacente visão de mundo inevitavelmente suscita o problema das gerações. O liberalismo iluminista enfatiza o governo por consentimento, o individualismo e a igualdade social, todos fatores em tensão com alguns fatos bastante flagrantes da condição humana: nascemos em uma sociedade já existente e entramos nessa sociedade sem consentir e possuindo conexões sociais, e não como indivíduos isolados. Essas conexões nos ajudam a definir nosso lugar na sociedade e, por isso, muitas vezes criam barreiras à igualdade.

Esses fatos sugerem ou que, em aspectos muito importantes, o liberalismo iluminista é inviável na prática, dadas as relações entre as gerações, ou que essas relações devem ser transformadas para torná-lo possível. Como trataram da questão no momento em que o liberalismo iluminista se tornava uma questão prática, Burke e Paine foram incomumente atentos a esses problemas e abordaram as relações geracionais como uma questão genuinamente prática e aberta.

O eterno agora de Paine

A visão da vida política de Thomas Paine aponta para uma política de eternidade. Os direitos de um indivíduo e seu lugar na sociedade não devem ter nenhuma relação com o que precedeu seu nascimento. Cada pessoa, em cada geração, possui a mesma relação com a sociedade que cada uma das pessoas de todas as outras gerações, de modo que as ações políticas, decisões, regras e realizações das gerações passadas não limitam ou definem o presente. Em vez disso, ele é definido em relação direta com os princípios originais, que são tão claros e verdadeiros hoje quanto eram no início da história humana. São igualmente verdadeiros tanto para as diferentes gerações quanto para os diferentes indivíduos. Desse modo, insiste, "cada geração é igual em direitos às gerações que a precederam, pela mesma regra que dita que cada indivíduo nasce com os mesmos direitos de seus contemporâneos".[1]

Essa igualdade entre as gerações não significa, todavia, que as gerações passadas e a presente possuem o mesmo direito aos julgamentos políticos do presente. O passado teve sua chance e, agora, a geração presente deve ter a sua, como terão, algum dia, as gerações futuras. "Cada era e geração deve ser tão livre para agir por si mesma em todos os casos quanto as que a precederam."[2] Nesse sentido, o movimento das gerações é menos cumulativo e mais repetitivo. "Todos os homens nascem iguais e com os mesmos direitos naturais, como se a posteridade tivesse se dado por criação e não geração", argumenta, "com a última sendo apenas a maneira pela qual a primeira é levada adiante. Consequentemente, cada criança nascida neste mundo deve ser considerada como tendo derivado sua existência de Deus. O mundo é tão novo para ela quanto era para o primeiro homem, e seus direitos naturais neste mundo são da mesma natureza."[3]

Esse desejo por uma conexão direta com os princípios originais pode tornar difícil lidar com as consequências da passagem das gerações — na verdade, com o próprio fato de que as pessoas nascem. O consentimento exige que cada geração veja o mundo como completamente aberto diante de si, em vez de tomar como dado o que existia quando chegou. Os homens livres devem ser capazes de viver livremente no presente, e não podem fazê-lo se são obrigados a obedecer aos ditames de seus predecessores. Paine explicita esse ponto em essencialmente todos os seus textos políticos — antes, durante e depois da Revolução Francesa —, mas talvez o tenha feito mais intensamente em *Dissertation on First Principles in Government*, de 1795. "O tempo, com relação aos princípios, é um eterno AGORA: não opera sobre eles e em nada altera sua natureza ou suas qualidades. O que temos nós com mil anos? Nossa vida é apenas uma pequena porção de tempo e, se achamos alguma coisa errada na existência assim que começamos a viver, esse é o momento do tempo em que ela começa para nós e nosso direito de resistir a ela é o mesmo que seria se não existisse antes disso."[4]

Essa extraordinária noção de um agora eterno esclarece poderosamente seu entendimento do tempo na vida política. A sua é uma política do presente. Como afirma em *Os direitos do homem*, "são os vivos, e não os mortos, que precisam ser acomodados" na vida política.[5] Paine, é claro, não nega as gerações, mas sim a autoridade das práticas acumuladas do passado. De fato, ele toma o constante movimento das nações através das gerações como um argumento a favor do eterno agora na política:

> Uma nação, embora exista continuamente, também está continuamente em estado de renovação e sucessão. Jamais está estacionária. Todos os dias, produz novos nascimentos, leva os menores de idade à maturidade e retira os idosos do palco. Nesse contínuo fluxo de gerações, nenhuma é superior, em termos de autoridade, a qualquer outra. Se pudéssemos conceber uma ideia de superioridade em qualquer uma delas, em que ponto do tempo, em que século do mundo a fixaríamos? A que causa a atribuiríamos? Com que evidência a provaríamos? Por quais critérios a identificaríamos?[6]

Precisamente porque a vida não é eterna, ele insiste que a política deve ser atemporal — pois por que o passado seria inerentemente melhor ou pior que o presente ou o futuro? E precisamente porque acredita no progresso, em um movimento da vida política na direção de um melhor entendimento dos princípios eternos da justiça, argumenta que esse progresso aponta para uma política de princípios permanentes na qual a verdade, e não o hábito, reina suprema. Assim, entende a monarquia e a aristocracia hereditárias como injustas imposições não apenas à liberdade do indivíduo, como também do passado sobre o presente.

Ele insiste particularmente nesse ponto em sua resposta à afirmação de Burke de que havia uma aliança permanente entre o povo inglês e a monarquia. Em *Reflexões sobre a revolução na França*, em um esforço para refutar a alegação de Richard Price de que a Revolução Gloriosa criara o direito de escolher o monarca, Burke nota que o Parlamento de 1688 jurara a William e Mary que "humilde e fielmente nos submetemos, a nossos herdeiros e a nossa posteridade, para sempre". Paine cita essa passagem na abertura de *Os direitos do homem* e acusa Burke de argumentar que essa submissão de uma geração particular de legisladores seria inexoravelmente vinculatória para todos os futuros ingleses.[7] "O Parlamento inglês de 1688 fez certa coisa que, para si mesmo e seus eleitores, tinha o direito de fazer", mas não pelas gerações subsequentes.[8]

> Jamais existiu, jamais existirá e jamais poderá existir qualquer Parlamento, homem ou geração de homens, em qualquer país, que tenha o direito ou o poder de vincular e controlar a posteridade até "o fim dos tempos" ou comandar, para sempre, como o mundo deve ser governado ou quem deve governá-lo. A vaidade e a presunção de governar da sepultura são a mais ridícula e insolente de todas as tiranias. O homem não exerce propriedade sobre o homem, nem qualquer geração exerce propriedade sobre as gerações que se seguem [...] Cada geração é, e deve ser, competente para todos os propósitos que sua ocasião exigir.[9]

A profunda conexão entre o individualismo de Paine e sua rejeição da autoridade do passado é poderosamente evidente nessa passagem. Ele pensa nas diferentes gerações como essencialmente distintas e desconectadas — não como extensões umas das outras. De fato, ele sugere que nós, que estamos vivos hoje, as pessoas que certa vez habitaram o mundo e as pessoas que o habitarão no futuro não somos o mesmo povo em nenhum sentido político significativo. "Sempre se deve admitir que cada nação, *durante certo tempo*, tem o direito de se governar como bem entender, mas o governo por sucessão hereditária é um governo para outra raça de pessoas, e não para si mesmo."[10]

O governo hereditário é sempre imposto e nunca escolhido porque só se torna hereditário na segunda geração, e essa geração não escolhe seus governantes. Se os seres humanos vivessem para sempre, poderia haver algo como uma monarquia legítima, mas, como não vivem, cada regime hereditário se torna tirânico por definição após a primeira geração.[11]

A geração seguinte é forçada a ser governada pelo descendente da pessoa escolhida para governar a geração anterior. A força substitui a escolha e, assim, o regime deixa de ser legítimo. "O Parlamento de 1688 poderia muito bem ter aprovado uma lei que o autorizasse a viver para sempre, já que aprovou uma que impunha sua autoridade para sempre."[12]

O direito de governar é uma questão de consentimento, idealmente conquistado por demonstrações de virtude ou mérito. "Sempre que estivermos planejando para a posteridade", escreve em *Senso comum*, "devemos lembrar que a virtude não é hereditária."[13] E, como a virtude não é hereditária, o poder político tampouco pode sê-lo. Por essa razão, nenhum homem pode reivindicar a autoridade de governar devido à sua ligação com aqueles que governaram no passado.

Aliás, o individualismo de Paine e seu resultante igualitarismo o levam a sugerir que nada essencialmente relevante é hereditário, e ele minimiza a importância dos elos entre as gerações na sociedade em geral. Os seres humanos deveriam ser governados por suas próprias escolhas e ações, e não pelas de outrem, e as relações sociais que herdamos ao chegar ao mundo não deveriam ser um fator decisivo na trajetória de nossas vidas.

Pela mesma razão, os arranjos e práticas políticas do passado não possuem autoridade inerente sobre o presente ou o futuro simplesmente por estarem em ação há muito tempo. Escrevendo sobre a constituição inglesa, observa:

> Ao falar desse assunto (ou qualquer outro) apenas no âmbito dos princípios, a antiguidade e o precedente deixam de ter autoridade e os erros das cabeças grisalhas perdem seus efeitos. A razoabilidade e a propriedade das coisas devem ser examinadas abstraindo-se os usos e costumes e, desse ponto de vista, o direito que se transforma em prática atualmente é tanto um direito, e tão antigo em princípio e teoria, quanto se tivesse a habitual sanção de mil eras. Os princípios não possuem conexão com o tempo, nem os caracteres com os nomes.[14]

Os caminhos justos e corretos não precisam da bênção de antigos costumes para serem adotados — em uma política afinada com os princípios adequados e guiada pela razão, serão adotados por seus próprios méritos: "O que é digno de seguir será seguido por seu valor, e nisso reside sua segurança, e não em quaisquer condições com as quais possa estar sobrecarregado."[15]

Em um regime cuja premissa é a herança, não há garantia de que o melhor caminho será seguido, não apenas porque os costumes podem ser cegos, mas também porque a natureza pode ser bastante aleatória em sua distribuição de talentos e o filho de um hábil monarca pode facilmente ser um tolo. O fluxo de gerações dispersa os talentos naturais e a marcha do tempo significa que mesmo o líder mais hábil eventualmente precisa deixar o palco. Um sistema político de sucesso deve ser capaz de lidar com ambos os problemas, ao mesmo tempo que se mantém fiel a ideais atemporais e trata igualmente cada indivíduo e geração. Para Paine, a chave para tal sistema é um caráter republicano, cuja essência é o fato de que qualquer pessoa capacitada, de qualquer parte da sociedade, pode ascender ao poder eleito se provar seu valor. Somente a república pode evitar que as gerações esmaguem umas às outras e que a perda de um líder hábil arruíne o Estado. "Do mesmo modo que a república das letras promove as melhores produções literárias ao dar aos gênios uma chance justa e universal, o sistema representativo de governo é calculado para produzir as mais sábias leis, coletando sabedoria onde ela pode ser encontrada."[16]

A república é uma espécie de solução para o ciclo das gerações na política. Ao colocar em prática as premissas liberais, cria um Estado no qual as hipóteses do liberalismo iluminista se aplicam e, ao reformular o relacionamento tradicional entre as gerações, assegura que todos possuam direitos de consentimento e igualdade, a despeito de terem nascido em uma sociedade preexistente. Também oferece uma solução prática para as sérias deficiências práticas da ordem herdada. Uma monarquia não apenas é uma injusta imposição do passado, como é constantemente interrompida pelos nascimentos e mortes e pelas deficiências da juventude e da idade. "Para tornar a monarquia consistente com o governo, o próximo na sucessão não deveria nascer criança, mas já homem formado, e um homem como Salomão. É ridículo que as nações tenham de esperar e o governo ser interrompido até que meninos se tornem homens."[17] Uma república evita esse problema. "Ela coloca o governo em estado de constante maturidade. Jamais, como observado, é jovem ou velha. Não está sujeita à menoridade nem à senilidade. Jamais está no berço ou usando bengala."[18]

Uma parte crucial de seu entusiasmo pelo liberalismo tem a ver com esse caráter da república: sua habilidade de oferecer uma saída à devastação do tempo, uma permanência negada a qualquer instituição que siga o ciclo da vida e, ao mesmo tempo, uma legitimidade ausente em qualquer instituição que negue a igualdade de todas as gerações. "É da natureza dos homens morrer e eles continuarão a morrer enquanto continuarem a nascer", mas a política não precisa ser moldada ou debilitada por esse fato.[19] As problemáticas consequências políticas da mortalidade humana são superadas por um regime de escolha e consentimento.

Nesse sentido, a política liberal moderna, como Paine a vê, é parte e parcela de um projeto mais amplo para superar as limitações impostas à humanidade por sua condição natural, especialmente o nascimento e a morte. O liberalismo iluminista tanto requer quanto (por meio do republicanismo) torna possível um estado de constante maturidade — um eterno agora. Ele evita os efeitos — e, portanto, nega a importância — da passagem das gerações e dos elos entre elas. Como observado anteriormente, Paine nega expressamente que esses elos exerçam qualquer autoridade, mesmo quando as leis se estendem pelas gerações: "Uma lei não revogada continua em exercício não porque não pode ser revogada, mas porque não o foi, e a não revogação passa por consentimento."[20]

Nada importante passa de uma geração para outra. Em *Agrarian Justice*, ele argumenta que o imposto sobre a herança é o meio mais justo de obter fundos governamentais para o sistema de bem-estar que tem em mente, porque, no momento da herança — o nexo das gerações —, não ocorre nenhuma transação que mereça proteção.[21] Os elos entre as gerações, portanto, não podem servir de fundação para instituições políticas ou mesmo para a propriedade. Em vez disso, a política deve focar no presente, não nos mortos ou naqueles ainda por nascer. "Aqueles que deixaram o mundo e aqueles que ainda não chegaram a ele estão tão afastados uns dos outros quanto a maior distância que a imaginação moral pode conceber. Que possíveis obrigações, portanto, podem existir entre eles?"[22] Como é impossível legislar em benefício daqueles que ainda não podem ou já deixaram de poder exercer o consentimento, os legisladores devem focar naqueles que podem.

Paine não ignora as necessidades das futuras gerações, mas argumenta que sua maior necessidade será a mesma da presente geração: liberdade, de acordo com seus direitos naturais. Ele raramente fala de herança em sentido positivo, mas somente negativo, ou seja, como obrigação que não devemos impor a nossos descendentes. O presente deve viver de maneira a não criar obrigações para o futuro.

As instituições políticas duram mais que uma geração, é claro, mas devem ser projetadas para requerer contínuo consentimento. E a legislação aprovada por uma geração não deve sobrecarregar excessivamente a seguinte — sempre que possível, cada era deve legislar somente para si mesma. "Como as gerações do mundo estão a cada dia tanto começando quanto expirando, quando qualquer ato público dessa natureza é realizado, ele naturalmente supõe a era da geração que está começando, e o tempo contido entre a maioridade e o fim da vida natural é a extensão de tempo que tem o direito de durar e que deve ser de uns trinta anos, pois, embora muitos possam morrer antes, outros viverão além, e o tempo médio será igualmente justo para todas as gerações."[23] Para além desses cerca de trinta anos, uma lei já não exerce efeito primariamente sobre aqueles que a promulgaram e, portanto, deve ser revogada.[24]

Exigir que todas as leis expirem após uma geração também ajudaria a evitar a sufocante confusão da constituição inglesa. "Os ingleses, por quererem uma regulação geral dessa natureza, possuem grande número de leis obsoletas que, embora fora de uso e esquecidas, ainda estão em vigor e ocasionalmente são empregadas para propósitos particulares."[25] Ao estabelecer limites de tempo para a legislação, os legisladores sábios permitiriam que cada era governasse a si mesma e, na verdade, fortaleceriam as leis que merecessem perdurar (ao fazer com que fossem reafirmadas), ao mesmo tempo eliminando sistematicamente as que não merecessem. Não há sentido em legislar como se a razão dos legisladores pudesse discernir os desejos e necessidades de todas as gerações futuras, para sempre. "O termo 'para sempre' é um absurdo sem efeito. A era seguinte pensará por si mesma, pela mesma regra de direito que seguimos, e não admitirá que nenhuma autoridade assumida por nós interfira em seu sistema. Nosso para sempre termina onde começa o dela."[26]

Assim, essencialmente nada se estende de modo legítimo pelas gerações. Como acredita que os direitos e liberdades do indivíduo estão no âmago da vida política, ele argumenta que a herança positiva é quase inteiramente opressiva. O que devemos ao futuro e temos de exigir do passado é liberdade. A política, nesse sentido, existe para benefício do presente. Ela permite que os cidadãos atuais legislem por si mesmos, livres de imposições de seus ancestrais, e permitirá que os futuros cidadãos façam o mesmo. Esse individualismo temporal está no cerne do liberalismo de Paine.

A eterna ordem de Burke

Começando com uma premissa muito diferente, Edmund Burke chega a uma visão inteiramente diversa das relações adequadas entre as gerações. Seu próprio entendimento da política coloca em seu âmago não a liberdade natural abstrata, mas a herança concreta, e enfatiza a obrigação sobre a escolha. Ele acredita que o que devemos ao futuro, acima de tudo, é não a liberdade, mas a sabedoria e as obras acumuladas do passado: a tarefa de cada geração é preservar e, sempre que necessário e possível, aprimorar o que recebeu de seus predecessores, com o objetivo de passar o benefício a seus sucessores. Cada geração deve viver sabendo que seu próprio tempo é transitório — mais ou menos o oposto do eterno agora.

Como observado, Burke vê a sociedade como um relacionamento não apenas entre os vivos, mas também entre os vivos, os mortos e os que ainda nascerão.[27] A sociedade existe não para facilitar a escolha individual, mas para responder às necessidades das pessoas e, para isso, precisa se apoiar na sabedoria do passado e ser guiada pelo imperativo de manter essa sabedoria disponível para as gerações futuras, suplementada pelas lições aprendidas pela geração atual. "Testemunho pelos que partem e pelas gerações futuras, entre os quais nos situamos, como um elo na grande corrente da eterna ordem", disse ele à Câmara dos Lordes durante o julgamento de impeachment de Hastings.[28]

Grande parte de sua obra foi construída a partir dessa noção de que o presente é transitório e mais bem entendido como um elo em uma corrente, e seu foco nessa questão se torna especialmente pronunciado nos anos da Revolução Francesa. Ele acredita que a geração presente tem profundas obrigações tanto com o passado quanto com o futuro e que essas obrigações lhe oferecem um importante benefício ao impor limites cruciais a seu alcance e suas ambições. A sociedade só pode florescer dentro de tais limites e, desse modo, com um senso de si mesma como ligada ao passado e ao futuro. Sem esses limites, todas as lições da história seriam negadas ao presente e ao futuro, e "a autossuficiência e a arrogância, companhias certeiras de todos que nunca conheceram uma sabedoria maior que a sua, usurpariam o tribunal".[29]

Ele nega expressamente que possamos atender às necessidades do futuro rejeitando as lições e realizações do passado. Para ele, o acesso a essas lições e realizações é uma das necessidades mais cruciais do futuro e a visão centrada no presente dos revolucionários envolve a traição tanto do futuro quanto do passado: "Pessoas que nunca olharam para seus ancestrais não olharão para sua posteridade."[30] Uma sociedade ordenada e livre deve olhar para ambos:

> Um dos primeiros e mais importantes princípios aos quais a comunidade e as leis se consagram é evitar que seus proprietários temporários e inquilinos vitalícios, sem ligar para o que receberam de seus ancestrais ou para o que devem à posteridade, ajam como se fossem seus mestres totalitários; que achem que está entre seus direitos cortar os vínculos com ou desperdiçar sua herança, destruindo a seu bel-prazer todo o tecido original de sua sociedade e correndo o risco de deixar aos que virão depois uma ruína no lugar de uma habitação; e que ensinem a esses sucessores tão pouco respeito por seus dispositivos quanto eles mesmos tiveram pelos de seus antepassados.[31]

A fim de construir algo que possa durar, devemos respeitar o que foi construído no passado e chegou até nós.

A ideia de herança, para Burke, explica a passagem não apenas de propriedades e títulos, mas de direitos e obrigações, que Paine assume derivarem diretamente do indivíduo, mas que Burke acredita serem função de nossas relações com o passado. Ele salienta que, como os homens nascem na sociedade civil sem seu próprio consentimento, seus direitos nessa sociedade são uma função não de sua concordância com certos arranjos, mas daquilo que herdaram de seus antepassados, que trabalharam para defender esses direitos, assim como os membros dessa nova geração devem fazer por si mesmos e sua posteridade. Ao defender as realizações acumuladas do passado, contudo, ele defende não apenas as relações sociais e a liberdade ordenada, mas também precisamente o tipo de propriedades e privilégios herdados a que Paine se opõe. Burke argumenta que as famílias nobres da Grã-Bretanha são essenciais para a estabilidade e o sucesso da nação e fornecem uma fonte de força que uma república totalmente democrática jamais poderia obter. Em uma extraordinária carta ao duque de Richmond, enviada em 1772, escreve:

> Vocês, das grandes famílias e dos fundos e fortunas hereditários, não são iguais àqueles como eu, que, qualquer que seja a velocidade de nosso crescimento e por mais que lisonjeemos a nós mesmos dizendo que, embora nos arrastemos pelo solo, temos o sabor e o formato de deliciosos melões, somos apenas plantas anuais que perecem ao fim da temporada e não deixam traços. Vocês, se forem o que devem ser, são para mim como grandes carvalhos que fornecem sombra a todo o país e perpetuam seus benefícios de geração em geração.[32]

Embora não seja cego ao lado sombrio da aristocracia, ele rejeita a afirmação de Paine de que nada de muita importância ocorre na junção das gerações. Ele argumenta que a força e a estabilidade tornadas possíveis pela aristocracia valem seu custo — e que, de qualquer modo, não existe nenhuma alternativa plausível como meio de perpetuação.

Ele também discorda expressamente da ideia de que a república permite instituições cujo alcance vai além do tempo de vida dos indivíduos. As instituições republicanas jamais estão seguras porque não aceitam nenhuma autoridade com exceção da atual. "Eles afirmam muito sistematicamente que todas as coisas que fornecem perpetuidade são daninhas e, portanto, estão em uma guerra interminável com todas as instituições", escreve sobre os revolucionários.[33] Ninguém pode planejar com segurança em uma república, porque as regras podem mudar a qualquer momento, de acordo com o desejo voluntarioso da maioria do momento. Somente as instituições que atravessam gerações e as grandes famílias aristocráticas oferecem uma solução real ao desafio de estabelecer arranjos que sobrevivam a seus fundadores. "Essa nobreza forma a corrente que conecta as eras de uma nação, que, de outro modo (com o sr. Paine), em breve seriam ensinadas que nenhuma geração pode vincular outra."[34] Enquanto os indivíduos vêm e vão, a comunidade é mais permanente. Precisamente por causa dessa diferença, as leis e práticas que percorrem gerações são essenciais, para que a sociedade como um todo possa persistir como um corpo que, "em construção jurídica, jamais morre e, de fato, jamais perde todos os seus membros, de uma única vez, para a morte".[35] Ou, como diz em *Reflexões*:

> Nosso sistema político é colocado em justa correspondência e simetria com a ordem do mundo e com o modo de existência decretado a um corpo permanente, mas composto de partes transitórias. Pela disposição de uma estupenda sabedoria que molda a grande e misteriosa incorporação da raça humana, o todo, em qualquer determinado momento, jamais é velho, de meia-idade ou jovem, mas em condição de imutável constância, movendo-se pelos variados tenores de perpétua decadência, queda, renovação e progresso.[36]

Burke e Paine, assim, empregam uma linguagem muito similar — a linguagem de um regime sempre em seu auge — para defender opiniões completamente opostas sobre as relações entre as gerações no desenho das instituições políticas. Para Burke, não é separando as gerações, mas as unindo, que asseguramos que a sociedade não será debilitada pela mortalidade humana. A sociedade floresce não ao libertar cada geração das que a precederam e a sucederão, para que faça recurso direto aos princípios permanentes, mas ao uni-las para que formem um corpo permanente. Se "toda a cadeia e continuidade da comunidade forem rompidas e nenhuma geração puder se ligar a outra, os homens se tornarão pouco melhores que moscas de verão".[37]

A comunidade, como obra de muitas gerações que deve durar por muitas mais, requer um caráter explicitamente intergeracional. Ela existe não em um eterno agora, mas antes como produto de um processo longo e ainda em andamento — um processo no qual o tempo desempenha papel de grande importância e, portanto, do qual as gerações devem participar em conjunto. "Onde os grandes interesses da humanidade estão envolvidos por meio de uma longa sucessão de gerações, essa sucessão deve ser admitida nos conselhos que os afetarão tão profundamente. Se a justiça requer isso, o próprio trabalho requer a ajuda de mais mentes que uma única era pode fornecer."[38]

Thomas Paine, como vimos, acredita que essa visão subordina os interesses do presente e do futuro aos do passado, pois nega a todas as gerações, com exceção da primeira, o pleno autogoverno. Mas Burke argumenta que, longe de sacrificar o presente e o futuro, ela impede que ambos sejam privados de sua herança. São os revolucionários que pretendem sacrificar os interesses do presente (ao submeter a presente geração à instabilidade e aos perigos da própria revolução) e arriscam a herança do futuro em uma aposta. "Nos arranjos políticos, os homens não têm o direito de desconsiderarem totalmente o bem-estar da presente geração. Talvez a única responsabilidade moral com qualquer certeza em nossas mãos seja o cuidado com nosso próprio tempo. Quanto ao futuro, devemos tratá-lo como um protegido. Não devemos tentar o aumento de sua fortuna colocando em risco seu capital."[39]

Esse capital, a que tanto o presente quanto o futuro têm direito, consiste no acúmulo de conhecimentos e práticas dos antepassados. Os radicais buscam "privar o homem do benefício da sabedoria acumulada da humanidade e torná-lo um discípulo cego de sua própria presunção particular".[40] Assim, ele se vê como defensor do presente, não do passado, e vê os revolucionários como ameaça à felicidade presente e à ordem futura. "Nossa primeira responsabilidade é a felicidade de nosso próprio tempo."[41]

Mesmo que seus planos tenham alguma chance de sucesso, o tratamento que os revolucionários dão à geração presente é, portanto, uma negligência para com o principal dever de um estadista. E, é claro, exatamente por essa razão, ele acha que falharão: como não compreendem o verdadeiro caráter da sociedade humana, dirigirão seus esforços aos fins errados. Ao rejeitar as realizações acumuladas do passado, rejeitam toda uma abordagem da vida política e da natureza do homem e da sociedade. Seus outros erros — em sua opinião, erros sobre a natureza humana e a justiça, as obrigações humanas e a liberdade, a razão humana e o conhecimento, e a mudança política e a reforma — descrevem a mesma visão subjacente e dela resultam.

A política do mundo dado

Qualquer um explorando as opiniões de Burke e Paine encontrará repetidamente, como fizemos, a questão do contexto — tanto social quanto geracional. Vezes sem conta, Paine defende as prerrogativas do indivíduo e escarnece de tudo que coíbe sua liberdade de ação. Vezes sem conta, Burke insiste que nenhum homem é uma ilha e que nenhum indivíduo existe separadamente da sociedade.

Assim, dois conjuntos de preocupações — aquelas relacionadas ao indivíduo e à comunidade e aquelas relacionadas ao presente e ao passado — são temas constantes de seus pensamentos políticos. Paine acredita que os seres humanos são mais bem compreendidos separadamente da comunidade e do passado, como indivíduos completos e suficientes, possuidores de direitos naturais, cujas interações são funções de suas escolhas e ações individuais. Tanto a tradição quanto a sociedade devem ser colocadas de lado ao contemplarmos questões de ações e princípios políticos, porque ambas são consequência da política, e não sua fonte. Burke acredita que os seres humanos são mais bem compreendidos em seus contextos históricos e sociais, como membros de suas comunidades, com obrigações uns para com os outros e destinatários de uma valiosa herança do passado — uma herança que estão encarregados de melhorar e passar adiante.

Mas, ao revisarmos as particularidades do debate exposto nos capítulos anteriores, esses dois conjuntos de preocupações — sobre tradição e comunidade — parecem ruir e se tornar um só. Tanto para Burke quanto para Paine, o argumento sobre tradição e passado abrange a disputa sobre comunidade. É o mundo dado — as condições nas quais nascemos, sem escolhermos — que, aos olhos de Burke, torna inadequada a teoria do individualismo. Como as gerações humanas não são independentes umas das outras, os indivíduos tampouco o são. Os fatos do nascimento e da morte e as instituições sociais construídas em torno deles ligam inexoravelmente indivíduos, famílias e comunidades, e pretender que seja de outro modo (que dirá romper essas ligações) seria desastroso para a vida política.

Para Paine, contudo, a teoria do individualismo se apoia em um estratagema explicativo (o "estado natural") que toma a primeira geração humana como modelo — uma geração para a qual não havia passado. Aplicar uma teoria baseada nessa premissa é negar a autoridade e a importância das gerações humanas e, portanto, da tradição — e Paine não hesita em deixar isso claro. A independência dos indivíduos em relação a seus vizinhos é função da independência das gerações em relação a suas predecessoras; a independência da primeira geração é a essência da teoria do liberalismo iluminista, que também aplica seus princípios atemporais a todas as gerações subsequentes.

Assim, aparentemente, um crucial tema comum nos amplos e variados debates entre eles é a disputa sobre o status do passado na vida política. E ambos são excepcionalmente explícitos sobre seu significado e tratam a questão de maneira incomumente franca. A repulsa de Paine pelo governo herdado é o centro de sua filosofia política, pois ele o vê como essencialmente oposto à natureza, à escolha, à razão e à justiça. Ele quer ignorar a história e a tradição em nome da natureza, e, desse modo, ignorar as obrigações a fim de criar escolhas, ir além da sabedoria recebida para chegar à razão pura e passar das meras reformas cumulativas para a revolução total. Burke, por sua vez, diz que o modelo de herança é o modelo da natureza, o modo apropriado de compreender e cumprir nossas obrigações, a essência da prescrição e a chave para a reforma.

Ambos são estudiosos da mudança política e, em certo sentido, todos os temas abordados neste livro são aspectos de sua disputa sobre ela: seu objetivo, caráter, meios e fins. Mas as visões de Burke e Paine sobre o assunto claramente se baseiam em uma profunda discordância sobre a natureza e o significado das relações entre as gerações. Para Paine, a disjunção entre os princípios permanentes da política e as realidades herdadas da vida social e política exige uma transformação revolucionária — um rompimento com o passado para alinhar o real ao ideal tornado conhecido pela razão. Para Burke, as formas desenvolvidas da vida política são uma valiosa herança e oferecem tanto os meios quanto os fins para a mudança. Quando surgem problemas, a sociedade pode empregar suas instituições políticas para resolvê-los, pois elas se desenvolveram lentamente através do tempo e servem a esse propósito. Mas, quando um problema é grande demais para ser solucionado por elas e, portanto, ameaça sua sobrevivência, os estadistas devem reformá-las em um esforço para fortalecê-las e preservá-las, a fim de que sejam passadas às futuras gerações, que as empregarão do mesmo modo. Esses arranjos pedem uma mudança gradual em resposta a problemas e necessidades pontuais, informada por um profundo respeito pela ordem dada — pois, para Burke, o real é o único modo confiável de compreender o ideal.

Aqui encontramos o verdadeiro cerne do debate Burke–Paine e, a partir dele, podemos começar a apreciar como suas diferenças ajudaram a moldar as nossas. Eles discordavam sobre se alguns aspectos básicos da condição humana, especialmente sobre se o fato de que todos nascemos e morremos, deveriam modelar decisivamente as sociedades humanas. A posição assertiva, confiante, racionalista, tecnocrática e progressista de Paine defendia que, por meio do tipo certo de arranjo político, o homem pode superar os limites impostos por esses fatos, remodelar o mundo de acordo com suas preferências e mesmo pôr fim aos longos flagelos da injustiça, da guerra e do sofrimento. A posição grata, protetora, cautelosa, moralista, gradualista e reformista de Burke defendia que o homem só pode melhorar suas circunstâncias caso compreenda seus próprios limites, construa sobre as realizações dos que vieram antes a fim de reparar seus erros e perceba que algumas das mais profundas misérias e vícios humanos são funções permanentes de nossa natureza — e pretender de outro modo só os torna piores.

Ambas são atitudes modernas e liberais, mas eles discordam justamente sobre o que significam modernidade e liberalismo. De fato, foi essa discordância que passou a definir o liberalismo moderno.

Conclusão

Edmund Burke e Thomas Paine sabiam que as inflamadas controvérsias que haviam moldado suas vidas públicas não terminariam com suas mortes. Na verdade, ambos se preocuparam com o fato de que poderiam não descansar em paz, literalmente.

Ao adoecer em 1797, Burke expressou o temor de que, se os franceses radicais e seus aliados na Grã-Bretanha conseguissem espalhar a revolução pelo canal, exumariam seu corpo de seu lugar de repouso para transformar em exemplo seu mais constante oponente. Ele deu instruções para ser enterrado em uma cova anônima, separada da do filho e do local reservado à esposa, para que seu destino não fosse o deles. No fim, família e amigos decidiram seguir a orientação de seu testamento, em vez desse febril pedido no leito de morte, e ele foi enterrado ao lado do filho, em uma sepultura com o nome da família em um cemitério de Beaconsfield, onde sua esposa se uniu a ele quinze anos depois.[1]

Paine também temeu pelo destino de seus restos mortais e raciocinou que seus inimigos (motivados por seus textos contra as religiões bíblicas) seriam detidos apenas pela santidade de um cemitério cristão. Assim, o deísta adamantino (se não ateísta) ironicamente buscou a última proteção na religião dos pais, deixando esta solicitação em seu testamento: "Não sei se a sociedade quacre admitirá o enterro de uma pessoa que não pertence a seus quadros em seu cemitério, mas, se o fizer ou me admitir, preferiria ser enterrado lá; meu pai professou essa fé e eu fui parcialmente criado nela. Mas, se isso não for consistente com suas regras, desejo ser enterrado em minha própria fazenda, em New Rochelle."[2]

Os quacres negaram e Paine foi enterrado em sua fazenda. Seus temores se mostraram mais fundamentados que os de Burke, mas não pelas razões que ele esperava. Dez anos depois de sua morte, seus restos mortais foram sub-repticiamente removidos de sua sepultura em New Rochelle por William Cobbett, um radical inglês que queria levar o corpo para a Grã-Bretanha e erigir um glorioso memorial para seu herói. Mas as opiniões antimonárquicas de Paine não haviam sido esquecidas na Grã-Bretanha e o governo se recusou a permitir a construção do monumento. A iniciativa de Cobbett foi um fiasco e o transformou em piada nacional. Ainda pior, os restos mortais de Paine foram perdidos. Sua disposição final permanece desconhecida até hoje.

As excepcionais preocupações de Burke e Paine com seus legados não deveriam nos surpreender. Eles estavam certos ao assumir que seus nomes e palavras, se não seus restos mortais, não descansariam em paz, mas continuariam a desempenhar papel-chave no grande debate que ajudaram a iniciar. Durante os séculos XIX e XX, chegando ao XXI, ambos foram frequentemente citados por movimentos políticos. Vários líderes radicais de todo o mundo — do agitador abolicionista americano John Brown ao libertador uruguaio José Gervasio Artigas e incontáveis outros — reivindicaram o legado de Thomas Paine, assim como fizeram os principais movimentos trabalhistas e progressistas anglo-americanos. Movimentos culturais e políticos conservadores — dos poetas românticos aos tories reformistas e ao movimento conservador que emergiu nos Estados Unidos em meados do último século — reivindicaram o nome e as ideias de Edmund Burke.

Ironicamente, nosso entendimento do debate Burke–Paine na verdade sofreu com a persistente atenção política dada a ambos. Os revolucionários que adotaram Paine muitas vezes infundiram em sua memória histórica sensibilidades socialistas que lhe teriam parecido bastante estranhas. E grande número de comentários (e mesmo estudos acadêmicos) sobre a obra de Burke, particularmente no último século, parecem ter querido torná-lo (ainda) mais conservador do que era, ignorando no processo importantes qualidades de seu pensamento.

Houve uma modesta amenização dessa tendência em ambos os casos, mesmo que às vezes isso tenha ocorrido por meio de distorções iguais e opostas: o papel de Paine na Revolução Americana, por exemplo, atraiu a atenção de alguns conservadores americanos que enfatizaram os elementos de sua visão de mundo com que concordavam. Ninguém menos que o grande ícone da direita americana, Ronald Reagan, aceitou a nomeação do Partido Republicano para a presidência, em 1980, lembrando a seus apoiadores a insistência de Paine na transformação das instituições governamentais falhas. A ênfase de Burke no gradualismo, por sua vez, foi evocada por alguns liberais contemporâneos preocupados em resistir a transformações dramáticas no Estado de bem-estar social. Ninguém menos que o ícone da esquerda americana, Barack Obama, supostamente se descreveu como seguidor de Burke, disposto a evitar mudanças súbitas.[3]

Mas não é nesses usos e abusos dos nomes e reputações dos dois que podemos encontrar o duradouro legado de seu debate. Ao considerar os argumentos como os enunciaram, e não como seus vários partidários ao longo de dois séculos tentaram usá-los, podemos ver que suas visões de mundo ainda descrevem duas amplas e fundamentais disposições em relação à vida política e à mudança em nossa era liberal.

A tensão entre essas duas disposições se resume a algumas questões muito básicas: nossa sociedade deve ser capaz de responder às demandas de inflexíveis e abstratos compromissos com ideais como a igualdade social ou aos padrões de suas próprias e concretas tradições e bases políticas? O relacionamento dos cidadãos com a sociedade deve ser definido acima de tudo pelo direito de livre escolha do indivíduo ou por uma rede de obrigações e convenções não inteiramente de sua escolha? Os grandes problemas públicos são resolvidos mais satisfatoriamente por meio de instituições criadas para aplicar o conhecimento técnico explícito dos especialistas ou por meio daquelas que canalizam o conhecimento social implícito da comunidade? Devemos ver as falhas de nossa sociedade como um grande problema a ser resolvido pela transformação compreensiva ou como um conjunto de imperfeições pontuais que devem ser eliminadas por meio da construção sobre o que funciona toleravelmente bem para corrigir o que não funciona? Que autoridade o caráter do mundo dado deve exercer sobre nosso senso do que gostaríamos de ser?

Essas questões se constroem umas sobre as outras e, em passos sutis, se transformam em maneiras bastante distintas de pensar a política. Cada pessoa olha para seu país e vê uma mistura de coisas boas e más. Mas quais nos atingem mais poderosamente? Ao confrontar a sociedade, ficamos antes gratos pelo que funciona bem e motivados a reforçar e construir a partir daí ou ultrajados com o que funciona mal e motivados a destruir e transformar?

Nossas respostas tendem a modelar o modo como pensamos sobre questões políticas particulares. Queremos consertar nosso sistema de saúde empregando painéis de especialistas munidos dos últimos dados sobre efetividade para gerenciar o sistema a partir do centro ou fornecendo incentivos econômicos para canalizar o conhecimento e as preferências do consumidor e resolver alguns dos problemas pontuais do sistema? Queremos aliviar a pobreza por meio de grandes programas nacionais que usam dólares públicos para suplementar a renda dos pobres ou por meio de esforços para aprimorar a infraestrutura das instituições locais da sociedade civil e ajudar os pobres a obterem as habilidades e os hábitos necessários para progredir? Queremos os problemas resolvidos por meios mais amplos e abrangentes ou pelos menos intrusivos e mais dirigidos? As respostas a essas perguntas geralmente seguem um padrão. E dependem não só de nossa opinião sobre o Estado em nossa sociedade particular em dado momento, mas também de nossas avaliações sobre quanto conhecimento e poder social os reformadores realmente possuem, e de que tipo.

Por fim, dependem igualmente de uma noção implícita sobre o que nossa ordem política — o liberalismo moderno — realmente é. É um conjunto de princípios descobertos pelos filósofos do Iluminismo e que deveriam ser colocados em prática para que nossa sociedade se pareça cada vez mais com a mistura ideal de igualitarismo e liberdade daqueles filósofos? Ou é uma cultura viva, construída sobre incontáveis gerações de tentativa e erro social, de modo que, na época do Iluminismo, especialmente na Grã-Bretanha, a sociedade assumiu uma forma que permitiu essa mistura excepcional de igualitarismo e liberdade? Em outras palavras, o liberalismo é uma descoberta teórica a ser levada a efeito ou uma realização prática a ser fortalecida e aperfeiçoada? Essas duas possiblidades sugerem dois tipos bastante diferentes de política liberal: uma de vigoroso progresso em direção a um objetivo ideal e outra de preservação e aperfeiçoamento de uma preciosa herança. Dito de outro modo, sugerem um liberalismo progressista e um liberalismo conservador.

Com muita frequência, os dois partidos de nosso debate político ainda respondem a essas descrições gerais. Mas, é claro, não de maneira perfeita ou consistente. Burke e Paine nos oferecem uma janela para o nascimento da direita e da esquerda, mas ver o nascimento de uma ideia não é ver seu estado desenvolvido. O modo como a direita e a esquerda mudaram em relação às visões expostas por eles é no mínimo tão interessante quanto o modo como suas visões persistiram. Este livro só arranha a superfície dessa complexa evolução, mas mesmo essas amplas linhas podem nos ajudar a ver como Burke e Paine permanecem profundamente relevantes, tanto como instrutivos pontos de origem quanto como úteis corretivos para a direita e a esquerda de hoje.

O objetivo utópico fundamental no âmago do pensamento de Paine — o objetivo de liberar o indivíduo das obrigações impostas a ele por seu tempo, seu lugar e suas relações com os outros — permanece essencial para a esquerda americana. Mas o fracasso dos princípios liberais iluministas e das instituições construídas a partir deles em realizar essa ousada ambição e, consequentemente, o fracasso da esperança de Paine de erradicar o preconceito, a pobreza e a guerra parecem forçá-la a uma escolha entre as teorias de direitos naturais que ele achou que ofereceriam os meios para atingir esse objetivo e o próprio objetivo. Com o tempo, o objetivo utópico ganhou preferência, e uma visão do Estado como provedor direto das necessidades básicas e amplamente livre das restrições do liberalismo iluminista de Paine surgiu para defendê-lo.

Podemos começar a discernir as raízes iniciais desse modo de pensar nos textos revolucionários tardios do próprio Paine, que propõem um Estado de bem-estar primordial. Mas esse modo de pensar avançou bastante em relação às opiniões de Paine, pois, com o tempo, alguns progressistas americanos, influenciados pelo pensamento social-democrata europeu, passaram a acreditar em um assertivo governo nacional. Eles achavam que tal governo poderia fornecer alguns benefícios materiais, bem como remover algumas das instituições sociais e cívicas que se colocavam entre o indivíduo e o Estado (instituições que, como Paine, eles consideravam portadoras de atraso e preconceito). Dessa maneira, o governo poderia livrar as pessoas simultaneamente da necessidade material e das obrigações morais diretas para com aqueles imediatamente em seu entorno. Tal governo tornaria as pessoas mais iguais e livres entre si e, assim, mais capazes de exercer suas escolhas individuais.

A esquerda atual exibe claramente essa combinação entre coletivismo material e individualismo moral. Inicialmente, o papel que concede ao governo e seus elos com o pensamento social europeu podem sugerir que sua atitude se inclina na direção do comunitarismo. Mas sua forma americana é, na verdade, uma forma radical de individualismo, movida por praticamente a mesma paixão por justiça de Paine e pelo mesmo desejo de libertar as pessoas dos grilhões da tradição, da religião e das expectativas morais ou sociais dos outros.

Por outro lado, o profundo comprometimento com a continuidade geracional e com as instituições de conhecimento social implícito que encontramos no âmago do pensamento de Burke permanece essencial para a direita americana. Mas, como o próprio Burke notou, sociedades diferentes formam instituições de maneiras diferentes, e os americanos, em particular, sempre foram, em um grau excepcional, "homens de caráter e espírito livres".[4] Isso, além do simples fato de que os conservadores americanos mantêm uma tradição política iniciada com uma revolução (mesmo que não tenha sido uma revolução tão radical quanto queria Paine), há muito fez com que a direita americana se mostrasse mais inclinada que Burke a recorrer à teoria e a apelar ao individualismo. Essas duas tendências estão conectadas: a teoria americana de pensamento político mais frequente e prontamente à mão para os conservadores de hoje é uma adaptação das mesmas teorias de direitos naturais defendidas por Paine, Jefferson e os outros fundadores liberais iluministas dos Estados Unidos, mas que a esquerda eventualmente abandonou. A tradição do liberalismo conservador — o gradual acúmulo de práticas e instituições de liberdade e ordem que Burke celebrou como sendo a constituição inglesa e que, em muitos aspectos importantes, a Revolução Americana buscou preservar (e não rejeitar) de seu lado do Atlântico — muito raramente foi articulada em termos americanos. Por essa razão, não é muitas vezes ouvida nos lábios dos conservadores de hoje.

E, contudo, esse mesmo liberalismo conservador é muito frequentemente a visão que perseguem na prática. É a visão que os conservadores avançam quando defendem instituições sociais tradicionais e a família, tentam tornar nossa cultura mais hospitaleira para as crianças e reclamam das tentativas de formar um governo de especialistas técnicos. É a visão que apoiam quando insistem em uma aliança com as formas constitucionais de nossos fundadores, avisam sobre os perigos de sobrecarregar nossos filhos com dívidas para financiar nosso próprio consumo ou insistem que o escopo e a ambição de nosso governo o tornam insustentável.

A esquerda de hoje, portanto, partilha grande parte das disposições básicas de Paine, mas busca libertar o indivíduo de maneira bem menos quixotesca e mais tecnocrática que a dele, sem sua fundamentação nos princípios e direitos naturais. Assim, os liberais atuais são deixados filosoficamente à deriva e abertos demais à fria lógica do utilitarismo — poderiam aprender com a insistência de Paine nos limites do poder e do papel do governo. A direita de hoje, enquanto isso, partilha grande parte das disposições básicas de Burke, mas busca proteger nossa herança cultural de maneira menos aristocrática e (naturalmente, sendo americanos) mais populista que a dele, sem sua ênfase na comunidade e nos sentimentos. Os conservadores atuais são retoricamente estridentes e abertos demais ao canto de sereia do hiperindividualismo e geralmente carecem de uma teoria não radical sobre a sociedade liberal. Poderiam se beneficiar com a adoção do foco de Burke no caráter social do homem, de seu gradualismo e de sua inovadora alternativa liberal ao radicalismo iluminista. Ambos os lados de nossa política exibem, na prática, profundas continuidades com seus precursores intelectuais, a despeito de mal estarem conscientes dessas conexões, e fariam bem em compreendê-las melhor. Cada grupo poderia aliviar ligeiramente seus excessos ao considerar o debate Burke–Paine.

Uma característica peculiar de alguns proeminentes debates políticos contemporâneos pode tornar essa continuidade histórica da divisão entre esquerda e direita particularmente difícil de ver e, assim, merece algumas palavras adicionais. Quando o grande debate econômico do último século perdeu influência sobre nossa política com a queda do comunismo e o esmorecimento das ideias socialistas, a vida política americana passou a ser definida pelo Estado de bem-estar social-democrata e suas crescentes dificuldades. Os progressistas atuais, assim, estão muitas vezes engajados em uma luta para preservar um conjunto de programas públicos de subvenção que seus predecessores construíram no século passado (frequentemente empregando argumentos que, na causa da preservação, soam claramente burkeanos). Enquanto isso, os conservadores atuais buscam transformar algumas instituições governamentais fundamentais (frequentemente recorrendo a argumentos dos princípios liberais clássicos que evocam Paine). A retórica de alguns dos principais debates domésticos às vezes parece uma imagem espelhada do debate original entre esquerda e direita.

Mas isso é uma espécie de argumento de segunda ordem sobre mudança política — um debate sobre a reforma de um conjunto de instituições de bem-estar social que, em si, pretende avançar certa visão de mudança. Essa visão é um arquétipo progressista que Paine certamente teria reconhecido: um ideal igualitário de justiça, defendido por meio da aplicação de habilidades técnicas no que se relaciona à sociedade, dentro de um contexto liberal. Opondo-se a ele está um ideal mais conservador que Burke teria achado familiar: a defesa da resolução dos problemas sociais por meio de instituições desenvolvidas (como a família, a sociedade civil, os grupos religiosos e os mercados) que, tacitamente, contêm e transmitem o conhecimento implícito dentro de um contexto liberal. É outro exemplo do padrão geral de divisão ideológica que traçamos até a era de Burke e Paine.

Por mais que tenham evoluído em dois séculos, os dois lados de nossa política ainda expressam repetidas vezes as disposições subjacentes básicas — em relação a progresso e tradição, escolha e obrigação, habilidade técnica e ceticismo cosmopolita — evidentes em Paine e Burke. Em suas características mais marcantes, cada um de nossos partidos se encaixa claramente no perfil que emerge de nosso estudo do grande debate da era das revoluções.

Pode ser estranho pensar que, apenas algumas camadas abaixo de nossos borbulhantes e contenciosos debates, ainda se escondem tais profundas questões de filosofia política. Mas, como tanto as vidas quanto os argumentos de Burke e Paine ajudaram a nos mostrar, os eventos políticos sempre estão ligados às ideias políticas, e a consciência dessas ligações pode lançar uma luz brilhante sobre os eventos e sobre as ideias. A filosofia move a história, especialmente em períodos de profunda mudança social. E nosso tempo, como o de Burke e Paine, com certeza é um desses períodos.

Eles concordavam que a política está sempre em fluxo e que o desafio do estadista é governar a mudança para benefício da sociedade. As questões práticas que os dividiram e modelaram suas variadas explorações teóricas e argumentos começaram com essa realidade básica. Mas para que fins, e por que meios, as pessoas devem alterar seus arranjos políticos e culturais? O debate entre Burke e Paine pode não fornecer uma resposta final, mas oferece um compromisso incomumente intenso e sério com uma questão que ainda precisamos confrontar.

Em nossos argumentos políticos cotidianos, ouvimos ecos de um debate mais profundo que facilmente tomamos por remanescentes do argumento entre capitalismo e socialismo ou por débeis precursores de um há muito previsto conflito final entre o tradicionalismo religioso e o cosmopolitismo secular. Mas é mais provável que esses ecos sejam, de fato, lembranças da discordância definidora da ordem política do liberalismo moderno. Essa discordância ganhou uma voz inicial e extraordinariamente clara com Edmund Burke e Thomas Paine e se torna muito mais fácil de compreender quando prestamos atenção ao que eles têm para nos ensinar.

Agradecimentos

Este livro demorou a surgir e me deixou com uma imensa dívida para com as muitas pessoas cujo apoio, orientação, boa vontade e (em grande medida) paciência o tornaram possível.

Começo com o Comitê de Pensamento Social da Universidade de Chicago, onde encontrei, para minha surpresa, professores e estudantes envolvidos em uma genuína busca por compreensão e comprometidos com um tipo de vida acadêmica que, se não tivesse testemunhado por mim mesmo, eu poderia facilmente ter imaginado ser coisa do passado. Devo um agradecimento especial a Ralph Lerner, cujo espírito generoso, entusiasmo, incrível conhecimento e constante bom humor ajudaram a transformar este livro em uma obra de alegria. Nathan Tarcov foi um modelo de profundo e devotado engajamento com os textos. E Leon Kass, que foi o primeiro leitor deste livro, tem sido muito mais que um professor, mas um mentor e modelo — tanto profissional quanto pessoal. Minha dívida para com ele é maior do que posso esperar pagar.

Embora minha pesquisa tenha começado em Chicago, este livro foi escrito quase inteiramente em Washington, onde contraí dívidas com muitos outros acadêmicos e amigos. Alan Levine, da Universidade Americana, e Patrick Deneen (então da Universidade de Georgetown e agora da Universidade de Notre Dame) foram particularmente prestativos. E

Adam Keiper, nisso e em tantas outras coisas, foi mais que inestimável — pois, entre seus incontáveis talentos, é um magnífico editor. Ainda mais importante, é um valioso amigo.

Desde 2007, tenho o privilégio de pendurar meu chapéu no Centro de Ética e Políticas Públicas, em Washington, e muito de meu trabalho neste livro foi feito lá. É uma ilha de amizade e compromisso intelectual em uma cidade onde ambos estão muito frequentemente ausentes e, por isso, sou grato a seu presidente, Ed Whelan, e a meus colegas. Desde 2009, também tenho a sorte de atuar como editor da revista *National Affairs*, e meu maravilhoso time de colegas transformou essa função em uma alegria — meus agradecimentos a todos eles. Nem este livro nem meus outros trabalhos nos anos recentes teriam sido possíveis sem o generoso apoio, encorajamento e orientação de Roger Hertog, pelo que sou profundamente grato.

Também sou grato a uma variedade de colegas, conselheiros e amigos que leram partes ou todo o manuscrito e ofereceram sua sabedoria e orientação. Eles incluem, especialmente, Adam White, George Weigel, Hillel Ofek, Michael Aronson, Scott Galupo, Peter Wehner, meu irmão Yariv Levin e (o falecido) Daniel Bell. Também tive o privilégio de manter uma série de conversas sobre Thomas Paine com o falecido Christopher Hitchens no que seria seu último ano de vida, conversas que moldaram profundamente meu modo de pensar sobre Paine e suas ambições.

Em qualquer projeto como este, inevitavelmente acumulam-se dívidas para com os bibliotecários, que se tornaram ainda mais importantes na era da internet. Para mim, esse foi especialmente o caso com os textos de Thomas Paine, que ainda clamam por uma coleção acadêmica fidedigna. Os bibliotecários da Biblioteca Regenstein, da Universidade de Chicago, a coleção de manuscritos da Biblioteca do Congresso, a Biblioteca Britânica e a biblioteca da Sociedade Filosófica Americana, na Filadélfia, ofereceram uma ajuda inestimável, em alguns casos de maneira remota, sob circunstâncias que não podem ter sido convenientes para eles. E, é claro, estou muito endividado com os muitos acadêmicos citados na bibliografia e no texto, por suas obras e, em alguns casos, pelas conversas e orientações pessoais.

Na Basic Books, fui muito afortunado por trabalhar com Tim Bartlett — um experiente e talentoso editor que compreendeu precisamente o que era meu manuscrito, o que este livro deveria ser, e como transformar o primeiro no segundo. Kaitlyn Zafonte conseguiu manter tanto Tim quanto a mim mesmo (e, aparentemente, muito mais que isso) na linha; Collin Tracy e Patty Boyd demonstraram o tipo de cuidado meticuloso que todo escritor espera em um time de produção e edição; e Nicole Caputo fez com que o produto final tivesse excelente aparência. Sou muito grato a todos eles.

Minha maior dívida, contudo, é sempre para com minha família. Sou grato a meus pais por mais do que jamais poderia dizer. Sou grato a meus filhos, Maya e Sam, pela grande alegria que trazem a nossas vidas.

Mas, acima de tudo, sou grato a e por minha maravilhosa esposa, Cecelia, que é a personificação da "graça de viver" que temos o privilégio de aproveitar, embora jamais possamos verdadeiramente merecer. Com exceção de uma inexplicável falha de julgamento durante a escolha de um cônjuge, ela sempre me pareceu perfeita. Dedico este livro a ela, com amor, pois foi com ela que aprendi o que amor e dedicação realmente significam.

Notas

Introdução

1. Copeland, *Our Eminent Friend Edmund Burke*, 148.
2. Como se verá, uma vez que o próprio termo *liberal* foi uma questão de significativa contenda entre Burke e Paine, ele usualmente é modificado ao surgir neste livro. *Liberalismo iluminista* se refere às ideias políticas (retiradas especialmente de John Locke, mas redefinidas e, às vezes, alteradas por alguns de seus sucessores intelectuais) no âmago do pensamento de muitos whigs ingleses. Com algumas importantes diferenças, o termo também se refere aos ideais de muitos revolucionários nos Estados Unidos e na França — especialmente o governo com consentimento dos governados e os direitos naturais subjacentes à associação política. *Liberalismo radical* descreve variantes mais extremas da mesma abordagem política, que insistiam em uma forma totalmente republicana de governo e cogitavam derrubar a monarquia. *Liberal clássico*, usado apenas uma vez, descreve uma variante mais moderada (e tardia) do liberalismo, grandemente influenciada pela reação inglesa à Revolução Francesa e por Edmund Burke. Na conclusão, também usei *liberalismo conservador* para descrever um elemento do pensamento político de Edmund Burke — que via o liberalismo como uma realização prática da tradição legal e política inglesa, e não como uma descoberta de princípios contra a qual aquela tradição (e outras) deveria ser mensurada. Essas definições são refinadas nos capítulos finais, mas os termos, é claro, são necessariamente abreviados e, portanto, um pouco anacrônicos (de

fato, embora a palavra *liberal* fosse comumente usada na época de Burke e Paine, o termo *liberalismo* só surgiu na segunda década do século XIX). Mesmo assim, os termos são usados aqui com os mesmos sentidos que usualmente recebem nos estudos modernos sobre aquele período.

3. Edmund Burke, *The Writings and Speeches of Edmund Burke*, ed. Paul Langford (Oxford: Oxford University Press, 1981–) (daqui para frente citado como Burke, *Writings*), 8: 293. Essa coleção, uma vez completa, incluirá todos os discursos e textos disponíveis de Burke, com exceção de sua correspondência pessoal. Dois volumes cruciais da coleção ainda aguardam publicação, de modo que um número significativo de textos, especialmente do início dos anos 1790, será citado de outras coleções e assim mencionado.
4. Burke, *On Empire, Liberty, and Reform: Speeches and Letters of Edmund Burke*, 11.
5. Edmund Burke, *The Correspondence of Edmund Burke*, ed. Thomas Copeland (Chicago: University of Chicago Press, 1967) (daqui para frente citado como Burke, *Correspondence*), 6: 303. Essa coleção inclui toda a correspondência pessoal disponível de Burke.
6. Thomas Paine, *Life and Writings of Thomas Paine*, ed. Daniel Wheeler (Nova York: Vincent Parke & Company, 1915) (daqui para frente citado como Paine, *Writings*), 5: 18n. Essa coleção de dez volumes inclui todas as publicações de Paine e grande parte de sua correspondência pessoal. A menos que se afirme o contrário, todas as referências a seus textos foram retiradas dessa coleção. Em alguns poucos casos, citei cartas pessoais que estão disponíveis somente em outras, e de outro modo menos completas, coleções.
7. Jefferson, *The Political Writings of Thomas Jefferson*, 207.
8. Essa carta a John Inskeep, prefeito da Filadélfia, está incluída em Paine, *The Complete Writings of Thomas Paine*, 2: 1480, mas não em Paine, *Life and Writings of Thomas Paine*, que foi usada para a maioria das outras citações.
9. Burke, *Writings*, 9: 31.

1. Duas vidas na arena

1. Burke, *Correspondence*, 5: 412.
2. Paine, *Writings*, 4: xv
3. Um recente trabalho de investigação feito pelo historiador F. P. Lock sugere que Burke pode ter nascido em janeiro de 1730 (Lock, *Edmund Burke*, 1: 16–17). De fato, a data (e especialmente o ano) de seu nascimento tem sido objeto de

uma longa disputa acadêmica que data no mínimo do ensaio de 1937 de Dixon Wecter, "Burke's Birthday" [O nascimento de Burke] (embora, com menos probidade acadêmica, date na verdade de seus primeiros biógrafos), com plausíveis alegações de que ocorreu entre 1728 e 1730. A análise realizada por Lock em 1998 é atraente, mas dificilmente conclusiva, sobretudo porque a hipótese de 1729 é suportada por relatos contemporâneos a Burke. Não tendo nenhuma nova evidência nessa controvérsia, simplesmente segui a substancial maioria de acadêmicos modernos que situam seu nascimento em janeiro de 1729.

4. Morley, *Burke*, 24–25.
5. Burke, *Writings*, 1: 221.
6. Walpole, *Horace Walpole's Correspondence*, 9: 380.
7. Burke, *Writings*, 8: 206.
8. Burke, *Writings*, 3: 483.
9. Ibid., 64–70.
10. Burke, *Writings*, 2: 196.
11. Ibid., 252.
12. Ibid., 458. Como veremos com mais detalhes no capítulo 2, isso, contudo, não significa que Burke rejeitava todas as aplicações da teoria à política.
13. Paine, *Writings*, 5: 32–33.
14. Robbins, "The Lifelong Education of Thomas Paine", 135–142.
15. Citado em Nelson, *Thomas Paine*, 44.
16. Franklin, *The Works of Benjamin Franklin*, 361.
17. Paine, *Writings*, 2: 113–118.
18. Ibid., 196.
19. Paine frequentemente usa o termo *republicano*, que define bastante cuidadosamente na segunda parte de *Os direitos do homem*, como discutido em um capítulo posterior. Meu uso segue fielmente sua definição (que também espelha o entendimento de Burke). Assim, *republicano* não se refere a um sistema específico de governo, mas a uma abordagem de governo. Essa abordagem começa com a rejeição total da monarquia hereditária e então busca estabelecer, sobre princípios racionais de utilidade, um sistema de governo que seja maximamente responsável perante o povo.
20. Paine, *Writings*, 2: 75.
21. Evidentemente, os números exatos de vendas e leitores nesse período são impossíveis de obter. Kaye, *Thomas Paine*, 56–57, afirma que aparentemente cerca de 150 mil cópias do panfleto foram distribuídas por impressores e

editores — um número imenso para a época. Conway, *The Life of Thomas Paine*, 25, relata um número similar, retirado de várias fontes contemporâneas ao fato. O próprio Paine, com sua modéstia habitual, declara em *Os direitos do homem* que *Senso comum* foi um evento literário inteiramente sem precedentes e que "o sucesso que conheceu foi maior que qualquer outro desde a invenção da impressão" (Paine, *Writings*, 5: 18n). O seu, é claro, é um relato pouco confiável.

22. Washington, *The Writings of George Washington*, 3: 347.
23. Paine, *Writings*, 3: 1.
24. Paine, *Writings*, 4: 220.
25. Burke, *Writings*, 3: 305–306.
26. O primeiro biógrafo de Burke, Robert Bisset, afirma claramente que tal encontro ocorreu, mas Thomas Copeland, após estudar as evidências, argumenta que parece improvável que tenha ocorrido e que os dois homens se encontraram pela primeira vez somente em 1788 (Copeland, *Our Eminent Friend Edmund Burke*, 155–156). Biógrafos subsequentes concordaram com a opinião de Copeland, embora reconheçam não ter como provar conclusivamente o fato.
27. Burke, *Correspondence*, 5: 415.
28. Citado em Copeland, *Our Eminent Friend Edmund Burke*, 160.
29. Edmund Burke, "An Appeal from the New to the Old Whigs", em *Further Reflections on the Revolution in France*, ed. Daniel Ritchie (Indianápolis: Liberty Fund, 1992) (daqui para frente citado como Burke, *Appeal*), 136n. Usei a coleção Ritchie para citar *Appeal*, pois o volume da coleção Oxford que incluirá o ensaio ainda não foi publicado.
30. Paine, *Writings*, 5: 106–107.
31. Burke, *Correspondence*, 6: 1.
32. Fox fez esse comentário em uma carta de 30 de julho de 1789. Ela é citada e discutida em Evans, *Debating the Revolution*, 12.
33. Burke, *Correspondence*, 6: 10.
34. Ibid., 30.
35. Ibid., 70.
36. Ibid.
37. MacCoby (ed.). *The English Radical Tradition*, 54.
38. Price, *The Correspondence of Richard Price*, 260.

39. Burke, *Writings*, 8: 59.
40. Edmund Burke, *The Writings and Speeches of Edmund Burke* (Boston: Little, Brown & Co., 1901) (daqui para frente citado como Burke, *Writings and Speeches*), 3: 221. (Um texto parcial desse discurso, que o próprio Burke não estabeleceu, mas foi publicado nos registros parlamentares, está disponível nessa versão mais antiga de seus textos e discursos, mas não na edição acadêmica contemporânea usada para a maioria das referências.)
41. Burke, *Correspondence*, 6: 46.
42. Burke, *Writings*, 8: 116.
43. Ibid., 108.
44. Ibid., 136.
45. Ibid., 293.
46. Fennessy, *Burke, Paine and the Rights of Man*, 1.
47. Para detalhes sobre sua circulação, ver o meticulosamente pesquisado estudo de W. B. Todd, "The Bibliographical History of Burke's *Reflections on the Revolution in France*", 100–108.
48. Paine, *Writings*, 4: 69.
49. Ibid., 104.
50. Ibid., 143.
51. Paine, *Writings*, 2: 90.
52. Paine, *Writings*, 4: 200.
53. Ibid., 201.
54. O próprio Paine, em carta a John Hall, alegou que o livro vendeu mais de 56 mil exemplares, mas não oferece nenhuma prova e os acadêmicos geralmente expressam sérias dúvidas sobre esse número (Paine, *The Complete Writings of Thomas Paine*, 2: 1.321–1.322). De qualquer modo, o livro de Paine claramente vendeu muito mais exemplares que o de Burke (Conway, *The Life of Thomas Paine*, 343).
55. Jefferson, *The Papers of Thomas Jefferson*, 20: 304.
56. Ibid., 17: 671.
57. David Bromwich, "Burke and the Argument from Human Nature", em Crowe (ed.). *An Imaginative Whig*, 54–55.

58. Paine, *Writings*, 5: 97.
59. O episódio foi habilmente discutido em Nelson, *Thomas Paine*, 228.
60. Burke, *Writings*, 9: 326-327.
61. Paine, *Writings*, 6: 3.
62. Ibid., 275.

2. Natureza e história

1. Paine, *Writings*, 2: 1.
2. Paine, *Writings*, 4: 52.
3. Como era prática comum na época de Burke e Paine e seria difícil evitar o termo ao discutir seus pensamentos, usarei o singular masculino "homem" ao me referir aos seres humanos em geral.
4. Paine, *Writings*, 4: 53.
5. Ibid., 266.
6. Ibid., 54.
7. Paine, *Writings*, 8: 294-295.
8. Paine, *Writings*, 4: 227.
9. Claeys, *Thomas Paine*, 94, argumenta que essa ênfase na distinção entre sociedade e governo e as implicações antiestadistas dessa distinção estão entre as contribuições mais significativas de Paine ao pensamento político.
10. Paine, *Writings*, 4: 226.
11. Ibid., 221.
12. Paine, *Writings*, 2: 90.
13. Paine, *Writings*, 4: 255-256.
14. Ibid., 197.
15. Ibid., 240.
16. Ibid., 291. Paine também usa uma formulação idêntica mais tarde, no mesmo capítulo de *Os direitos do homem* (Ibid., 305).
17. Paine, *Writings*, 2: 5-6.
18. Ibid., 237-238.
19. Ibid., 265.
20. Ibid., 4.
21. Paine, *Writings*, 4: 193-194.
22. Paine, *Writings*, 2: 79.
23. Ibid., 20-21.

24. Burke, *Writings*, 8: 213. Similarmente, Burke escreve em 1790, em uma carta a Thomas Mercer, que durante o curso dos séculos "aquilo que pode ser errado no início é consagrado pelo tempo e se torna legal" (Burke, *Correspondence*, 6: 95).
25. Burke, *Writings*, 6: 316–317.
26. Há, é claro, outras exceções a essa regra, incluindo especialmente Maquiavel em suas descrições de Roma em *Discursos sobre a primeira década de Tito Lívio*.
27. Burke, *Writings*, 8: 331.
28. Paine, *Writings*, 4: 150.
29. Burke, *Writings*, 8: 112.
30. Ibid.
31. Burke, *Correspondence*, 6: 48.
32. Burke, *Appeal*, 168–169.
33. Bromwich, "Burke and the Argument from Human Nature", em Crowe (ed.). *An Imaginative Whig*, 48.
34. Burke, *Appeal*, 179 (ênfase no original).
35. Ibid., 163–164.
36. Burke, *Writings*, 8: 206.
37. Ibid., 111.
38. Ibid., 112.
39. Ibid., 189.
40. Ibid., 115.
41. Burke, *Writings*, 1: 198.
42. Burke, *Writings*, 2: 196.
43. Ver especialmente a inflexível rejeição de Burke do sentimentalismo de Rousseau em sua *Letter to a Member of the National Assembly*, de 1791 (Burke, *Writings*, 8: 312–317).
44. Burke, *Writings and Speeches*, 11: 237.
45. Burke, *Writings*, 8: 128.
46. Burke, *Writings*, 2: 252.
47. "Character of Mr. Burke", em Hazlitt, *The Collected Works of William Hazlitt*, 7: 306.
48. Burke, *Writings*, 8: 101, e 3: 396.
49. Burke, *Writings*, 8: 131 (ênfase no original).
50. Ibid., 133.

51. Ibid., 137.
52. Esse caso é bem delineado em Fennessy, *Burke, Paine, and the Rights of Man*, 121–123.
53. Burke, *Writings*, 8: 128.
54. Ibid.
55. Ibid., 126–127.
56. Burke, *Correspondence*, 6: 86–87.
57. Paine, *Writings*, 4: 24.
58. Burke, *Writings*, 8: 128.
59. Ibid., 84.
60. Burke, *Writings*, 9: 188.
61. Ibid.
62. Burke, *Appeal*, 87–88.
63. Burke, *Writings*, 9: 634.

3. Justiça e ordem

1. Paine, *Writings*, 4: 26.
2. Burke deixa isso mais claro em uma carta a seu amigo Phillip Francis, em 1791 (Burke, *Correspondence*, 6: 90–91).
3. Burke, *Appeal*, 89.
4. Paine, *Writings*, 4: 40.
5. O termo "conservador procedimental" é usado especialmente em Hampsher-Monk, *The Political Philosophy of Edmund Burke*.
6. Charles Vaughan, um dos maiores leitores de Burke no século XX, argumenta que ele "ficou lado a lado com Hume e Bentham em seu ataque às ideias abstratas de direitos e sua constante referência de tudo à conveniência" (Vaughan, *Studies in the History of Political Philosophy Before and After Rousseau*, 2: 19). John Morley, talvez o melhor biógrafo de Burke no século XIX, chamava-se de "burkeano e benthamita", em bases similares (Morley, *Recollections*, 1: 232–233). A maioria dos intérpretes de Burke no século XX considera que ele minimizou dramaticamente a importância do padrão moral na política. O burkeanismo, nesse sentido, é considerado antes uma *disposição* que uma teoria política e, majoritariamente, uma disposição sobre a mudança que, como disse Hampsher-Monk, *The Political Philosophy of Edmund Burke*, 28, recentemente, "afirma não se identificar com nenhum ideal".

7. Mansfield, *Statesmanship and Party Government*, 245.
8. Burke, *Writings*, 9: 455.
9. Burke, *Appeal*, 176–177.
10. Burke, *Writings*, 9: 456.
11. Essa escola de estudiosos de Burke foi exemplificada por Peter Stanlis e seu importante livro de 1958 *Edmund Burke and the Natural Law*.
12. Ibid., 84.
13. "Se fosse pedir uma recompensa", escreveu Burke ao refletir sobre sua carreira em seu último ano de vida, "seria pelos serviços nos quais, durante quatorze anos e sem pausa, mostrei o maior empenho e tive o menor sucesso. Falo das questões da Índia; são as questões nas quais mais me valorizo, por sua importância, por meu trabalho, meu julgamento e minha constância e perseverança no objetivo" (Burke, *Writings*, 9: 159).
14. Burke, *Writings*, 6: 459.
15. Burke, *Writings*, 9: 572.
16. Burke, *Correspondence*, 4: 416.
17. Burke, *Writings*, 9: 463.
18. Burke, *Writings*, 8: 145.
19. Ibid.
20. Ibid., 142–143.
21. Ibid., 146.
22. Ibid., 290.
23. Ibid., 148.
24. Ibid., 142. Em vários períodos de sua carreira, especialmente no início dos anos 1770 e novamente no despertar da Revolução Francesa, Burke foi excepcionalmente hostil a todas as formas de ateísmo, empregando um tom e uma veemência raramente encontrados mesmo em seus textos mais passionais sobre outros assuntos. "O mais horrível e cruel golpe que pode ser dado contra a sociedade civil é o ateísmo", argumenta ele em seu *Speech on the Relief of Protestant Dissenters* [Discurso pelo auxílio aos protestantes dissidentes], em 1773. "São pessoas contra as quais se deve atirar a lança da lei; homens a quem, vestidos de todos os terrores do governo, diria 'Vocês não nos transformarão em brutos' [...] os infiéis são proscritos da constituição não deste país, mas da raça humana. Nunca, nunca, nunca devem ser apoiados e nunca tolerados. Sob seu ataque sistemático, vejo alguns dos sustentáculos do bom governo começarem

a falhar e vejo propagados princípios que não deixarão à religião nem mesmo a tolerância. Vejo a mim mesmo afundar todos os dias sob os ataques dessa gente perniciosa" (Burke, *Writings*, 2: 88).

25. "As instituições estão imbuídas de superstição em seu próprio princípio e a nutrem por uma permanente e constante influência", escreveu Burke sobre os padres católicos franceses. "Não pretendo disputar isso, mas é algo que não deve impedi-los de derivar da própria superstição quaisquer recursos que possam ser usados para vantagem pública" (Burke, *Writings*, 8: 207–208).
26. Ibid., 151.
27. Burke, *Appeal*, 199.
28. Burke, *Writings*, 6: 350.
29. Burke, *Writings*, 8: 213.
30. "Não podemos mudar a natureza das coisas ou do homem, mas devemos agir sobre ela da melhor maneira que pudermos" (Burke, *Correspondence*, 6: 392).
31. Burke, *Correspondence*, 2: 281–282. Ele defende um argumento quase idêntico em Burke, *Writings*, 9: 269.
32. Burke, *Writings*, 2: 282.
33. Burke, *Writings*, 3: 120.
34. Burke, *Writings*, 2: 196.
35. Burke, *Writings*, 8: 220.
36. Burke, *Correspondence*, 6: 48.
37. Burke, *Writings*, 8: 205.
38. Burke, *Writings*, 5: 382.
39. Burke, *Correspondence*, 3: 403.
40. Burke, *Writings*, 8: 100.
41. Ibid.
42. Ibid., 88.
43. Ibid., 101.
44. Ibid., 103. Ou, como diz mais cedo em *Reflexões*, "Não hesito em dizer que a estrada para a eminência e o poder, partindo de uma condição obscura, não deve ser fácil ou corriqueira demais. Se o raro mérito é a mais rara de todas as coisas, então deve passar por algum tipo de provação. O templo da honra deve ser ocupado pela eminência. Se for aberto pela virtude, convém lembrar, também, que a virtude só é testada pela dificuldade e pela luta [...] Tudo deve ser acessível — mas não indiferentemente a todos os homens" (Ibid., 101).

45. Ibid., 95.
46. Burke, *Appeal*, 198.
47. Stanlis, *Edmund Burke and the Natural Law*, 186.
48. Burke, *Appeal*, 168.
49. "Homens qualificados da maneira que acabei de descrever formam na natureza, enquanto ela opera a modificação da sociedade, a parte de liderança, orientação e governo. São a alma do corpo, sem a qual o homem não existe. Assim, não dar mais importância, na ordem social, a tal descrição de homens que a tantas outras unidades é uma terrível usurpação" (Burke, *Appeal*, 168–169).
50. Burke, *Writings*, 8: 100–101.
51. Ibid., 233.
52. Ibid., 97.
53. Ibid., 174.
54. Ibid., 259.
55. Ibid., 128.
56. David Bromwich, em Crowe (ed.). *An Imaginative Whig*, 46, observa as várias alusões de Burke à "natural igualdade de toda a humanidade" e sugere que "Burke deve ter querido dizer, acima de tudo, igualdade perante a lei". Mas, no contexto em que essas referências surgem, especialmente o contexto das ações de Hastings na Índia, essa explicação parece implausível. Burke parece antes se referir a uma igualdade geral de natureza material, o que para ele, contudo, não implica igualdade política ou social.
57. Burke, *Correspondence*, 3: 403.
58. Burke, *Writings*, 8: 110.
59. Ibid., 127.
60. Ibid., 87.
61. Paine, *Writings*, 2: 50.
62. Ibid., 19.
63. Ibid., 12.
64. Ibid., 195.
65. Paine, *Writings*, 9: 243.
66. Paine, *Writings*, 4: 234.
67. Ibid., 297–298.
68. Ibid., 247.

69. "É certo que a propriedade sempre será desigual", escreve Paine em *Dissertation on First Principles in Government*, de 1795. "A diligência, a superioridade de talentos, a capacidade de gerenciamento, a extrema frugalidade, oportunidades afortunadas, ou o oposto, ou os meios para essas coisas, sempre produzirão esse efeito, sem recorrer aos duros e desagradáveis nomes da avareza e da opressão" (Paine, *Writings*, 9: 262).

4. Escolha e obrigação

1. Paine, *The Complete Writings of Thomas Paine*, 2: 1.298–1.299.
2. Paine, *Writings*, 4: 59.
3. Ibid., 59–60.
4. Ibid., 62.
5. Ibid.
6. Ibid., 12.
7. Paine, *Writings*, 9: 260.
8. Ibid., 161.
9. Burke, *Writings*, 8: 66.
10. Ibid.
11. Ibid., 73.
12. Burke, *Writings and Speeches*, 7: 93.
13. Burke, *Writings*, 8: 81 (ênfase no original).
14. Burke, *Writings*, 3: 315.
15. Burke, *Writings*, 8: 174.
16. Ibid. Burke está descrevendo o argumento de Aristóteles em *A política*, 1319a.–1320a. [numeração Bekker].
17. Burke, *Writings*, 8: 174.
18. Burke, *Appeal*, 157.
19. Ibid., 157–158.
20. Ibid., 162.
21. Ibid., 160.
22. Ibid., 161.
23. Burke, *Writings*, 8: 316.
24. Burke, *Writings and Speeches*, 7: 95.
25. Morley, *Burke*, 239.
26. Burke, *Writings*, 8: 244.

27. Paine, *Writings*, 4: 56.
28. Burke, *Appeal*, 159-160.
29. Burke, *Writings*, 8: 229.
30. Ibid., 147.
31. Burke, *Appeal*, 114.
32. Ibid., 163.
33. Paine, *Writings*, 4: 52.
34. Burke, *Writings*, 8: 109.
35. Ibid., 109—110.
36. Ibid., 110—111.
37. Ibid., 110.
38. Burke, *Writings*, 3: 69.
39. Paine, *Writings*, 4: 148-149.
40. Burke, *Writings*, 8: 290-291.
41. Burke, *Correspondence*, 6: 42.
42. Burke, *Writings*, 3: 59.
43. Burke, *Writings*, 8: 332.
44. Ibid., 291.
45. Burke, *Writings*, 3: 318.
46. Ibid., 59.
47. Fennessy, *Burke, Paine and the Rights of Man*, 38.
48. Paine, *Writings*, 5: 32-33. Sentimentos quase idênticos são expressos em Paine, *Writings*, 8: 269, e 3: 191.
49. Paine, *Writings*, 4: 239.
50. Burke, *Writings*, 8: 97.
51. Ibid., 129.
52. Burke, *Appeal*, 161.
53. Paine, *Writings*, 5: 6.
54. Paine, *Writings*, 8: 240.
55. Burke, *Writings*, 9: 137.
56. Ibid., 180.
57. Burke, *Writings*, 8: 209.
58. Burke, *Writings*, 9: 145.
59. West, *Adam Smith*, 201.
60. Paine, *Writings*, 4: 71.
61. Ibid., 227-228.

62. Paine, *Writings*, 9: 84.
63. Paine, *Writings*, 5: 15.
64. Ibid., 57-58.
65. Ibid., 58.
66. Paine, *Writings*, 10: 11-12.
67. Ibid., 16-17.
68. Ibid., 25-26.
69. Ibid., 28.

5. Razão e prescrição

1. Burke, *Appeal*, 147-148.
2. Burke, *Writings*, 2: 196.
3. Burke, *Writings and Speeches*, 7: 97.
4. Ibid., 41.
5. Burke, *Writings*, 3: 317.
6. Ibid., 157.
7. Burke, *Writings*, 2: 282.
8. Burke, *Correspondence*, 2: 372-373.
9. Burke, *Writings*, 1: 228.
10. Burke, *Writings and Speeches*, 7: 41.
11. Burke, *Writings*, 8: 58.
12. Burke, *Writings*, 3: 313.
13. Burke, *Writings*, 8: 326. Observe, contudo, que em seus textos sobre os Estados Unidos, a Índia e a França, Burke sempre trabalhou de sua mesa e jamais viajou para a cena da ação. Paine, por sua vez, embora certamente valorizasse mais os princípios abstratos da justiça, escreveu sobre os Estados Unidos da Filadélfia e sobre a Revolução Francesa do coração da ação, em Paris. Quase sem exceção, escreveu sobre eventos dos quais participou.
14. Ibid., 231-232.
15. Ibid., 232.
16. Ibid., 193.
17. Burke, *Correspondence*, 6: 46.
18. Burke, *Writings*, 8: 165.
19. Burke, *Writings*, 2: 188.
20. Burke, *Writings*, 1: 207.

21. Burke, *Writings*, 3: 589.
22. Burke, *A Note-Book of Edmund Burke*, 68.
23. Burke, *Writings*, 8: 138.
24. Burke, *Appeal*, 199.
25. Burke, *Writings*, 8: 138.
26. Burke, *Appeal*, 192–193.
27. Burke, *Writings*, 8: 217.
28. Burke, *Writings*, 3: 69.
29. Burke, *Writings*, 8: 217.
30. Paine, *Writings*, 3: 10.
31. Burke, *Writings*, 3: 163.
32. Burke, *Writings*, 2: 317.
33. Ibid., 318.
34. Ibid., 315.
35. Ibid., 320; e Burke, *Correspondence*, 4: 79.
36. Burke, *Appeal*, 197.
37. Ibid., 196.
38. Burke, *Writings*, 3: 139.
39. Burke, *Writings and Speeches*, 7: 104.
40. Burke, *Writings*, 8: 86.
41. Burke, *Writings and Speeches*, 7: 104.
42. Burke, *Writings*, 8: 137.
43. Ibid., 83.
44. Burke, *Correspondence*, 6: 158.
45. Burke, *Writings*, 2: 456.
46. Burke, *Writings*, 8: 138.
47. Burke, *Correspondence*, 4: 295.
48. Burke, *Writings*, 8: 150.
49. Burke, *Writings*, 3: 492.
50. Burke, *Writings*, 8: 72.
51. Perto do fim da vida, Burke descreveu essa preservação como sua principal preocupação. Em seu último ano no Parlamento, em uma época na qual estava persuadido de que os radicais destruiriam a constituição inglesa, escreveu a Lorde Loughborough: "Estou doente com a política e daria qualquer coisa para me enterrar em uma quieta obscuridade, até que os jacobinos dela me retirassem, com outros muito melhores. Contudo, minhas

opiniões são muito singulares, meus princípios muito fixos e meu tempo de serviço político e existência natural muito curto. Com essas coisas diante dos olhos, tenho somente uma ideia, à qual quero servir enquanto viver e puder servir, que é a ideia de preservar a ordem das coisas em que nasci" (Burke, *Correspondence*, 7: 518–519).

52. Burke, *Writings*, 8: 83–84.
53. Ibid., 82.
54. Burke, *Writings*, 2: 194.
55. Burke, *Correspondence*, 7: 521–522.
56. Burke, *Appeal*, 91.
57. Burke, *Writings*, 2: 175.
58. Burke, *Appeal*, 163.
59. Burke, *Writings and Speeches*, 7: 14.
60. É claro que o próprio Burke argumenta frequentemente sobre a prescrição — um paradoxo do qual às vezes parecia consciente, mas que não podia evitar ou resolver.
61. Burke, *Writings*, 3: 319.
62. Burke, *Writings*, 8: 142.
63. Burke, *Appeal*, 190–191.
64. Burke, *Writings*, 8: 214.
65. Burke, *Correspondence*, 3: 355.
66. Paine, *Writings*, 4: 306.
67. Paine, *Writings*, 5: 45.
68. Ibid., 1.
69. Paine, *The Complete Writings of Thomas Paine*, 2: 1.480.
70. Paine, *Writings*, 4: 199–200.
71. Ibid., 263.
72. Ibid., 188.
73. Ibid., 263.
74. Ibid., 234.
75. Ibid., 156.
76. Ibid., 21–22. Aqui, Paine, de modo pouco característico (e, portanto, muito possivelmente intencional), distorce a citação. Na passagem relevante de *Reflexões sobre a revolução na França*, Burke argumenta contra o julgamento abstrato do governo: "Falando de modo abstrato, o governo, assim como a liberdade, é bom; contudo, poderia eu, agindo de acordo com o bom-senso,

dez anos atrás ter felicitado a França por seu governo (pois então ela tinha um governo), sem perguntar sobre a natureza desse governo ou como era administrado? Posso agora congratular a mesma nação por sua liberdade? Como a liberdade abstrata pode ser classificada entre as bênçãos da humanidade, devo seriamente felicitar um louco, que escapou da contenção protetora e da total escuridão de sua cela, pela restauração de seu gozo da luz e da liberdade?" (Burke, *Writings*, 8: 58). Em outras palavras, Burke faz uma pergunta retórica para a qual claramente pretende uma resposta negativa, mas Paine apresenta a observação (tendo alterado a gramática e removido o ponto de interrogação) como se fosse uma afirmação. É extraordinário que, na literatura sobre *Os direitos do homem*, de Paine, e sobre o debate Burke–Paine, essa distorção raramente seja notada.

77. Paine, *Writings*, 4: 17.
78. Paine, *Writings*, 5: 211–212.
79. Paine, *Writings*, 9: 248.
80. Paine, *Writings*, 4: 291.
81. Paine, *Writings*, 2: 235. Embora geralmente evite as citações, em vários trechos de seus textos Paine cita e se refere de modo aprovador a Locke, Montesquieu, Rousseau, Grotius, Adam Smith e outros.
82. Paine, *Writings*, 6: 267.
83. Ibid., 268.
84. Ibid., 2.
85. Ibid., 10.
86. Ibid., 265.
87. Ibid., 273 e 277.
88. Ibid., 47.
89. Ibid., 3.
90. Paine, *Writings*, 4: 189–190.
91. Burke, *Writings*, 8: 110.
92. Paine, *Writings*, 4: 147.
93. Paine, *Writings*, 5: 103n.
94. Paine, *Writings*, 4: 244–245.
95. Ibid., 276.
96. Ibid., 215–216.
97. Paine, *Writings*, 5: 107.
98. Paine, *Writings*, 8: 240.

99. Paine, *Writings*, 4: 286.
100. Ibid., 286–287.
101. Paine, *Writings*, 10: 275–276.
102. Paine, *Writings*, 8: 371.
103. Paine, *Writings*, 4: 164.
104. Ibid., 164–165.
105. Ibid., 234.
106. Ibid., 103.
107. Ibid., 150–151.
108. Ibid., 63–64.
109. Paine, *Writings*, 2: 5–6.
110. Burke, *Writings*, 8: 112.
111. Paine, *Writings*, 4: 244.
112. Burke, *Writings and Speeches*, 7: 133.
113. Burke, *Writings*, 8: 293.
114. Paine, *Writings*, 4: 258.
115. Paine, *Writings*, 9: 273.
116. Paine, *Writings*, 2: 52.
117. Paine, *Writings*, 4: 293.
118. Ibid., 80–81.
119. Ibid., 260.
120. Ibid., 245.
121. Ibid., 83.
122. Ibid., 214.
123. Paine, *Writings*, 5: 2–3.
124. Ibid., 97–98.
125. Paine, *Writings*, 9: 270–271.
126. Ibid., 272.
127. Paine, *Writings*, 4: 306.
128. Ibid.
129. Paine, *Writings*, 5: 92–93.
130. Paine, *Writings*, 4: 220.
131. Paine, *Writings*, 2: xx.
132. Paine, *Writings*, 8: 195.
133. Ibid., 269.
134. Paine, *Writings*, 5: 232–233.

135. Ibid., 233.
136. Ibid., 234.
137. Burke, *Writings*, 3: 126–127.
138. Burke, *Writings*, 2: 428.
139. Burke, *Writings*, 3: 135.
140. Burke, *Writings*, 2: 194.
141. Ibid., 428.
142. Ibid., 428 e 461.
143. Ibid., 111.
144. Burke, *Appeal*, 106–108.

6. Revolução e reforma

1. Citado em Foner, *Tom Paine and Revolutionary America*, 270.
2. Ibid., 236–237.
3. Ibid., 19–20.
4. Ibid., 46.
5. Paine, *Writings*, 4: 212.
6. Paine, *Writings*, 9: 276.
7. Paine, *Writings*, 4: 66.
8. Ibid., 232.
9. Ibid., 241.
10. Ibid., 200.
11. Paine, *The Complete Writings of Thomas Paine*, 2: 281.
12. Paine, *Writings*, 3: 146.
13. Paine, *Writings*, 5: 100–101.
14. Paine, *Writings*, 4: 249.
15. Paine, *Writings*, 5: 46.
16. Paine, *Writings*, 2: 90.
17. Ibid., 224.
18. Paine, *Writings*, 9: 271–272.
19. Paine, *Writings*, 10: 173–174.
20. Burke, *Correspondence*, 6: 70.
21. Paine, *Writings*, 4: 3.
22. Burke, *Writings*, 9: 277.
23. Ibid., 174.

24. Ibid., 253.
25. Ibid., 264.
26. Ibid., 267.
27. Burke, *Writings*, 8: 136.
28. Mais notoriamente em *Reflexões*; ver especialmente Ibid., 89.
29. Ibid., 175–176.
30. Ibid., 292.
31. Burke, *Appeal*, 89.
32. Burke, *Writings*, 8: 173.
33. Ibid., 114.
34. Ibid., 218.
35. Ibid., 81.
36. Ibid., 245.
37. Burke, *Appeal*, 195–196.
38. Ibid., 83.
39. Burke, *Writings*, 8: 230.
40. Burke, *Correspondence*, 7: 388.
41. Em certo ponto de *Letters on a Regicide Peace*, Burke define o jacobinismo (um termo que usa frequentemente em seus textos franceses) indicando essa prática: "O jacobinismo é a revolta dos talentos empreendedores de um país contra sua propriedade" (Burke, *Writings*, 9: 241).
42. Ibid., 291.
43. Burke, *Writings*, 8: 115.
44. Burke, *Appeal*, 89.
45. Burke, *Writings*, 8: 129.
46. Ibid., 266.
47. Burke, *Writings*, 9: 288.
48. Burke, *Writings*, 8: 190.
49. Burke, *Appeal*, 196.
50. Burke, *Writings*, 8: 188.
51. Burke, *Writings*, 9: 173–174.
52. Ibid., 386. Essa passagem tem sido objeto de muita controvérsia acadêmica. Alguns leitores (seguindo especialmente Matthew Arnold) a veem como autocrítica de Burke, argumentando que, essencialmente, ele defende uma causa que sabe estar perdida. Outros a veem como um toque de clarim, clamando por resistência contra a revolução, a fim

de que ela não se estabeleça firmemente demais na política europeia, e um aviso aos inclinados a pensar que, se a revolução fracassar, suas falhas evidentes necessariamente persuadirão as pessoas de seus erros essenciais e, assim, nenhum grande esforço é necessário para combatê--la. Concordo em grande parte com a última opinião, pois o contexto do ensaio sugere fortemente que Burke defende que a batalha contra a revolução deve ser vencida no nível das ideias, pois, uma vez que elas tenham se instalado, nenhuma falha prática persuadirá seus seguidores de sua falsidade. Mas a observação certamente contém um melancólico reflexo da dificuldade de sua própria causa (Ver também Leo Strauss, *Natural Right and History*, 318).

53. Burke, *Writings*, 8: 180 (ênfase no original).
54. Ibid., 72.
55. Ibid., 216.
56. Ibid., 206.
57. Ibid., 72.
58. Burke, *Writings*, 9: 287.
59. Burke, *Writings*, 3: 492.
60. Burke, *Writings*, 9: 154–155.
61. Ibid., 545.
62. Ibid., 483.
63. Burke, *Writings*, 8: 290.
64. Ibid., 72.
65. Ibid., 77.
66. Burke, *Appeal*, 136n.
67. Burke, *Writings*, 9: 326–327.
68. Paine, *Writings*, 4: 101.
69. Ibid.
70. Paine, *Writings*, 5: 43n.
71. Ibid., 245.
72. Paine, *Writings*, 4: 77.
73. Ibid., 17.
74. Paine, *Writings*, 5: 103.
75. Ibid., 15.
76. Paine, *Writings*, 4: 201.

77. Paine, *Writings*, 5: 99.
78. Ibid., 92.
79. Burke, *Writings*, 8: 105.

7. As gerações e os vivos

1. Paine, *Writings*, 4: 54.
2. Ibid., 7.
3. Ibid., 55.
4. Paine, *Writings*, 9: 248.
5. Paine, *Writings*, 4: 8.
6. Paine, *Writings*, 9: 251.
7. De fato, Burke parece estar argumentando apenas que o Parlamento de 1688 não fez o oposto, ou seja, não decretou que o povo *não* devia lealdade à família real e tinha o direito permanente de eleger seu próprio monarca (Burke, *Writings*, 8: 70).
8. Paine, *Writings*, 4: 6.
9. Ibid., 7–8.
10. Ibid.
11. Paine, *Writings*, 9: 255.
12. Ibid., 13.
13. Paine, *Writings*, 2: 74.
14. Paine, *Writings*, 5: 212.
15. Paine, *Writings*, 4: 306.
16. Ibid., 248.
17. Ibid., 259.
18. Ibid., 257–258.
19. Ibid., 12.
20. Ibid.
21. Paine, *Writings*, 10: 17–18.
22. Paine, *Writings*, 4: 9.
23. Paine, *Writings*, 8: 342.
24. Ibid., 342–343. Três anos após a proposta de Paine citada aqui, em 6 de setembro de 1789, Thomas Jefferson fez uma sugestão parecida, em bases similares, em carta a James Madison. A carta continha cálculos atuariais que estabeleciam a extensão de uma geração em dezenove anos e, assim,

propunha leis ainda mais curtas que as sugeridas por Paine. "A Terra pertence sempre à geração dos vivos", escreveu Jefferson, e "uma geração é para a outra como uma nação independente para outra" (Jefferson, *Writings*, 959).

25. Paine, *Writings*, 8: 343.
26. Ibid., 345.
27. Burke, *Writings*, 3: 147.
28. Burke, *Writings*, 7: 692.
29. Burke, *Writings*, 8: 146.
30. Ibid., 83.
31. Ibid., 145.
32. Burke, *Correspondence*, 2: 377.
33. Burke, *Writings*, 8: 138–139.
34. Burke, *Writings*, 9: 183.
35. Burke, *Appeal*, 133–134.
36. Burke, *Writings*, 8: 84.
37. Ibid., 145.
38. Ibid., 217–218.
39. Burke, *Appeal*, 90–91.
40. Ibid., 197.
41. Burke, *Correspondence*, 6: 109.

Conclusão

1. Lambert, *Edmund Burke of Beaconsfield*, 168–169, oferece um conciso sumário dos fatos que cercaram a solicitação (que foi registrada por escrito por vários dos envolvidos).
2. Paine, *Writings*, 10: 369.
3. A autodescrição de Obama foi relatada pelo colunista do *New York Times* David Brooks em Gabriel Sherman, "The Courtship", *The New Republic*, 31 de agosto de 2009.
4. Burke, *Writings*, 2: 194.

Bibliografia

Aldridge, Alfred. *Man of Reason: The Life of Thomas Paine*. Londres: Cresset Press, 1960.

______. *Thomas Paine's American Ideology*. Wilmington: University of Delaware Press, 1984.

Ayer, A. J. *Thomas Paine*. Nova York: Atheneum, 1988.

Ayling, Stanley. *Edmund Burke: His Life and Opinions*. Nova York: St. Martin's Press, 1988.

Baumann, Arthur. *Burke: The Founder of Conservatism*. Londres: Eyre and Spottiswoode, 1929.

Berthold, S. M. *Thomas Paine: America's First Liberal*. Boston: Meador Publishing Company, 1938.

Best, Mary. *Thomas Paine: Prophet and Martyr of Democracy*. Nova York: Harcourt, Brace and Co., 1927.

Bisset, Robert. *Life of Edmund Burke*. 2 vols. Londres: G. Cawthorn, 1800.

Blakemore, Steven. *Intertextual War: Edmund Burke and the French Revolution in the Writings of Mary Wollstonecraft, Thomas Paine, and James Mackintosh*. Madison, NJ: Fairleigh Dickinson University Press, 1997.

Bogus, Carl. "Rescuing Burke." *Missouri Law Review* 72, n. 2 (primavera de 2007): 387–476.

Bolingbroke, Viscount Henry. *The Philosophical Writings of the Late Henry St. John, Viscount of Bolingbroke*. Londres: David Mallet, 1754.

Boswell, James. *The Hypochondriack*. Editado por Margery Bailey. Palo Alto, CA: Stanford University Press, 1928.

Brooke, John. *The Chatham Administration*. Londres: MacMillan & Co., 1956.

Browne, Ray. *The Burke-Paine Controversy: Texts and Criticism*. Nova York: Harcourt, Brace and Co., 1963.

Browne, Stephen. *Edmund Burke and the Discourse of Virtue*. Tuscaloosa: University of Alabama Press, 1993.

Burke, Edmund. *The Correspondence of Edmund Burke*. 10 vols. Editado por Thomas Copeland. Chicago: University of Chicago Press, 1958–1978.

______. *Further Reflections on the Revolution in France*. Editado por Daniel Ritchie. Indianápolis: Liberty Fund, 1992.

______. *A Note-Book of Edmund Burke*. Editado por H. V. F. Somerset. Cambridge: Cambridge University Press, 1957.

______. *On Empire, Liberty, and Reform: Speeches and Letters of Edmund Burke*. Editado por David Bromwich. New Haven, CT: Yale University Press, 2000.

______. *Reflections on the Revolution in France*. Editado por Frank M. Turner. New Haven, CT: Yale University Press, 2004.

______. *Selected Letters of Edmund Burke*. Editado por Harvey Mansfield. Chicago: University of Chicago Press, 1984.

______. *A Vindication of Natural Society*. Editado por Frank Pagano. Indianápolis: Liberty Fund, 1982.

______. *The Writings and Speeches of Edmund Burke*. 12 vols. Boston: Little, Brown, & Co., 1901.

______. *The Writings and Speeches of Edmund Burke*. Editado por Paul Langford. 9 vols. Oxford: Oxford University Press, 1991–.

Bury, J. B. *The Idea of Progress*. Nova York: Kessinger, 2004.

Butler, Marilyn (ed.). *Burke, Paine, Godwin and the Revolution Controversy*. Cambridge: Cambridge University Press, 1984.

Butterfield, Herbert. *George III and the Historians*. Londres: Collins, 1957.

Cameron, David. *The Social Thought of Rousseau and Burke: A Comparative Study*. Londres: Weidenfeld and Nicolson, 1973.

Canavan, Francis. *Edmund Burke: Prescription and Providence*. Durham, NC: Carolina Academic Press, 1987.

______. *The Political Economy of Edmund Burke*. Nova York: Fordham University Press, 1995.

______. *The Political Reason of Edmund Burke*. Durham, NC: Duke University Press, 1960.

______. "The Relevance of the Burke-Paine Controversy to American Political Thought." *Review of Politics* 49, n. 2 (primavera de 1987): 163–176.

Carnes, Mark. *Rousseau, Burke, and the Revolution in France*. Nova York: Pearson Longman, 2005.

Chalmers, George. *The Life of Thomas Pain, the Author of Rights of Man: With a Defense of his Writings*. Londres: John Stockdale, 1791 (na coleção da Biblioteca do Congresso, Washington, DC).

Chapman, Gerald. *Edmund Burke: The Practical Imagination*. Cambridge, MA: Harvard University Press, 1967.

Churchill, Winston. *Thoughts and Adventures*. Londres: Butterworth, 1932.

Claeys, Gregory. *The French Revolution Debate in Britain*. Londres: Palgrave Macmillan, 2007.

______. *Thomas Paine: Social and Political Thought*. Boston: Unwin Hyman, 1989.

Cobban, Alfred. *Edmund Burke and the Revolt Against the Eighteenth Century: A Study of the Political and Social Thinking of Burke, Wordsworth, Coleridge, and Southey*. Nova York: Barnes & Noble, 1960.

Cone, Carl. *Burke and the Nature of Politics*. 2 vols. Lexington: University of Kentucky Press, 1954.

______. *The English Jacobins*. Nova York: Scribner, 1968.

Conniff, James. *The Useful Cobbler: Edmund Burke and the Politics of Progress*. Albany: SUNY Press, 1994.

Conway, Moncure. *The Life of Thomas Paine*. Nova York: B. Blom, 1970.

Copeland, Thomas. *Our Eminent Friend Edmund Burke: Six Essays*. New Haven, CT: Yale University Press, 1949.

______. "The Reputation of Edmund Burke." *Journal of British Studies* 1, n. 2 (1962): 78–90.

Courtney, Ceceil. *Montesquieu and Burke*. Oxford: Blackwell, 1963.

Creel, George. *Tom Paine: Liberty Bell*. Nova York: Sears Publishing Company, 1932.

Crowe, Ian (ed.). *Edmund Burke: His Life and Legacy*. Dublin: Four Courts Press, 1997.

______. *An Imaginative Whig: Reassessing the Life and Thought of Edmund Burke*. Columbia: University of Missouri Press, 2005.

Del Vecchio, Thomas. *Tom Paine: American*. Nova York: Whittier Books, 1956.

Descartes, Rene. *Discourse on Method*. Traduzido por Richard Kennington. Newburyport, MA: Focus Publishing, 2007.

Dishman, Robert (ed.). *Burke and Paine on Revolution and the Rights of Man*. Nova York: Charles Scribner's Sons, 1971.

Dreyer, Frederick. *Burke's Politics: A Study in Whig Orthodoxy*. Waterloo: Wilfrid Laurier University Press, 1979.

Dyck, Ian (ed.). *Citizen of the World: Essays on Thomas Paine*. Nova York: St. Martin's Press, 1988.

Edwards, Samuel. *Rebel! A Biography of Tom Paine*. Nova York: Praeger, 1974.

Elder, Dominic. *The Common Man Philosophy of Thomas Paine*. Notre Dame, IN: Notre Dame Press, 1951.

Evans, Christopher. *Debating the Revolution: Britain in the 1790s*. Londres: I.B. Tauris & Co., 2006.

Fasel, George. *Edmund Burke*. Boston: Twayne Publishers, 1983.

Fennessy, R. R. *Burke, Paine, and the Rights of Man: A Difference of Political Opinion*. Haia: M. Nijhoff, 1963.

Fidler, David; Welsh, Jennifer (ed.). *Empire and Community: Edmund Burke's Writings and Speeches on International Relations*. Boulder, CO: Westview Press, 2001.

Foner, Eric. *Tom Paine and Revolutionary America*. Nova York: Oxford University Press, 2005.

Ford, Karen (ed.). *Property, Welfare, and Freedom in the Thought of Thomas Paine*. Lewiston, NY: Edwin Mellen Press, 2001.

______. "Can a Democracy Bind Itself in Perpetuity: Paine, the Bank Crisis and the Concept of Economic Freedom." *Proceedings of the American Philosophical Society* 142, n. 4 (1998): 557–577.

Franklin, Benjamin. *The Works of Benjamin Franklin*. Editado por John Bigelow. Nova York: Putnam's Sons, 1904.

Freeman, Michael. *Edmund Burke and the Critique of Political Radicalism*. Chicago: University of Chicago Press, 1980.

Frohnen, Bruce. *Virtue and the Promise of Conservatism: The Legacy of Burke and Tocqueville*. Lawrence: University of Kansas Press, 1993.

Fruchtman, Jack. *Thomas Paine and the Religion of Nature*. Baltimore: Johns Hopkins University Press, 1993.

Godwin, William. *Memoirs of Mary Wollstonecraft*. Nova York: Haskel House, 1927.

Halevy, Elie. *The Growth of Philosophic Radicalism*. Nova York: Beacon Press, 1966.

Hampsher-Monk, Iain. *The Political Philosophy of Edmund Burke*. Nova York: Longman, 1987.

Hawke, David. *Paine*. Nova York: Harper and Rowe, 1974.

Hazlitt, William. *The Collected Works of William Hazlitt*. Editado por A. R. Waller e Arnold Glover. Londres: J.M. Dent, 1902.

Herzog, Don. "Puzzling Through Burke." *Political Theory* 19, n. 3 (agosto de 1991): 336–363.

Hitchens, Christopher. *Thomas Paine's Rights of Man: A Biography*. Boston: Atlantic Monthly Press, 2007.

Hobbes, Thomas. *Leviathan*. Editado por Michael Oakeshott. Nova York: Simon & Schuster, 1997.

Hoffman, Steven; Levack, Paul (ed.). *Burke's Politics*. Nova York: Knopf, 1949.

Insole, Christopher. "Two Conceptions of Liberalism: Theology, Creation, and Politics in the Thought of Immanuel Kant and Edmund Burke." *Journal of Religious Ethics* 36, n. 3 (2008): 447–489.

Jefferson, Thomas. *The Papers of Thomas Jefferson*. 42 vols. Editado por Julian Boyd. Princeton, NJ: Princeton University Press, 1950.

______. *The Political Writings of Thomas Jefferson*. Chapel Hill: University of North Carolina Press, 1993.

______. *Writings*. Nova York: Library of America, 1984.

Kant, Immanuel. *First Introduction to the Critique of Judgment*. Nova York: Bobbs-Merril, 1965.

Kaye, Harvey. *Thomas Paine: Firebrand of the Revolution*. Oxford: Oxford University Press, 2000.

Keane, John. *Tom Paine: A Political Life*. Nova York: Grove Press, 2003.

Kirk, Russell. *The Conservative Mind*. Chicago: Regnery, 1953.

______. *Edmund Burke: A Genius Reconsidered*. New Rochelle, NY: Arlington House, 1967.

Kramnick, Isaac. *Edmund Burke*. Englewood Cliffs, NJ: Prentice-Hall, 1974.

______. *The Rage of Edmund Burke: Portrait of an Ambivalent Conservative*. Nova York: Basic Books, 1977.

Lambert, Elizabeth. *Edmund Burke of Beaconsfield*. Newark: University of Delaware Press, 2003.

Leffmann, Henry. *The Real Thomas Paine: A Philosopher Misunderstood*. Filadélfia: University of Pennsylvania, 1922.

Lock, F. P. *Edmund Burke*. 2 vols. Oxford: Oxford University Press, 1998 e 2006.

Locke, John. *Second Treatise of Government*. Editado por C. B. Macpherson. Nova York: Hackett, 1980.

MacCoby, Simon (ed.). *The English Radical Tradition*. Nova York: Kessinger, 2006.

MacCunn, John. *The Political Philosophy of Burke*. Nova York: Russell & Russell, 1965.

Macpherson, C. B. *Burke*. Oxford: Oxford University Press, 1980.

Mansfield, Harvey. "Burke and Machiavelli on Principles in Politics." Capítulo 3 de *Machiavelli's Virtue*. Chicago: University of Chicago Press, 1996.

______. *Statesmanship and Party Government: A Study of Burke and Bolingbroke*. Chicago: University of Chicago Press: 1965.

McCue, Jim. *Edmund Burke and Our Present Discontents*. Londres: Claridge Press, 1997.

Meng, John. "The Constitutional Theories of Thomas Paine." *Review of Politics* 8, n. 3 (julho de 1946): 283–306.

Morley, John. *Burke*. Nova York: Harper and Brothers, 1887.

______. *Recollections*. 10 vols. Nova York: Macmillan, 1917.

Murphey, Dwight. *Burkean Conservatism and Classical Liberalism*. Wichita, KS: New Liberal Library, 1979.

Namier, Lewis. *The Structure and Politics of the Accession of George III*. Londres: MacMillan & Co., 1929.

Nelson, Craig. *Thomas Paine: Enlightenment, Revolution, and the Birth of Modern Nations*. Nova York: Viking, 2006.

Newman, Bertram. *Edmund Burke*. Londres: G. Bell & Sons, 1927.

O'Brien, Conor C. *The Great Melody*. Londres: Minerva, 1993.

O'Gorman, Frank. *Edmund Burke*. Bloomington: Indiana University Press, 1973.

Osborn, Annie. *Rousseau and Burke: A Study of the Idea of Liberty in Eighteenth Century Political Thought*. Nova York: Russell & Russell, 1964.

Paine, Thomas. *The Complete Writings of Thomas Paine*. 2 vols. Editado por Philip Foner. Nova York: Citadel Press, 1945.

______. *Essential Writings of Thomas Paine*. Nova York: Signet Classics, 2003.

______. *Life and Writings of Thomas Paine*. 10 vols. Editado por Daniel Wheeler. Nova York: Vincent Parke and Co., 1915.

______. *Paine: Political Writings*. Editado por Bruce Kuklick. Cambridge: Cambridge University Press, 2000.

Pappin, Joseph. *The Metaphysics of Edmund Burke*. Nova York: Fordham University Press, 1993.

Parkin, Charles. *The Moral Basis of Burke's Political Thought*. Cambridge: Cambridge University Press, 1956.

Philip, Mark. *Thomas Paine*. Oxford: Oxford University Press, 2007.

Price, Richard. *The Correspondence of Richard Price*. Editado por Bernard Peach. Durham, NC: Duke University Press, 1991.

Purdy, Strother. "A Note on the Burke-Paine Controversy." *American Literature* 39, n. 3 (novembro de 1967): 373–375.

Ritchie, Daniel (ed.). *Edmund Burke: Appraisals and Applications*. New Brunswick, NJ: Transaction Publishers, 1990.

Robbins, Caroline. "The Lifelong Education of Thomas Paine: Some Reflections upon His Acquaintance Among Books." *Proceedings of the American Philosophical Society* 127, n. 3 (1983): 135–142.

Rogers, Samuel. *Recollections of the Table Talk of Samuel Rogers*. Londres: Edward Moxon, 1856.

Rothbard, Murray. "A Note on Burke's *A Vindication of Natural Society*." *Journal of the History of Ideas 19* (junho de 1958): 114–118.

Sloan, Herbert. *Principle and Interest: Thomas Jefferson and the Problem of Debt*. Charlottesville: University of Virginia Press, 2001.

Stanlis, Peter. *Edmund Burke and the Natural Law*. Ann Arbor: University of Michigan Press, 1958.

______. *The Relevance of Edmund Burke*. Nova York: P. J. Kennedy, 1964.

______. (ed.). *Edmund Burke, the Enlightenment, and the Modern World*. Detroit: University of Detroit Press, 1967.

Strauss, Leo. *Natural Right and History*. Chicago: University of Chicago Press, 1953.

Strauss, Leo; Cropsey, Joseph (ed.). *History of Political Philosophy*. 3ª ed. Chicago: University of Chicago Press, 1987.

Taylor-Wilkins, Burleigh. *The Problem of Burke's Political Philosophy*. Oxford: Clarendon Press, 1967.

Todd, W. B. "The Bibliographical History of Burke's *Reflections on the Revolution in France*." *Library* 6 (1951): 100–108.

Turner, John. "Burke, Paine, and the Nature of Language." *Yearbook of English Studies* 19 (1989): 36–53.

Vaughan, Charles. *Studies in the History of Political Philosophy Before and After Rousseau*. 2 vols. Nova York: Russell & Russell, 1925.

Vickers, Vikki. *Thomas Paine and the American Revolution*. Nova York: Routledge, 2006.

Walpole, Horace. *Horace Walpole's Correspondence*. 48 vols. Editado por W. S. Lewis. New Haven, CT: Yale University Press, 1937.

Washington, George. *The Writings of George Washington*. Editado por Jared Sparks. Boston: Little, Brown & Co., 1855.

Welsh, Cheryl. *Edmund Burke and International Relations*. Nova York: St. Martin's Press, 1995.

Wecter, Dixon. "Burke's Birthday." *Notes and Queries* 172 (1937): 441.

West, E. G. *Adam Smith*. Nova York: Arlington House, 1969.

Williams, Gwyn. *Artisans and Sans-Culottes: Popular Movements in France and Britain During the French Revolution*. Nova York: Norton, 1969.

Williamson, Audrey. *Thomas Paine: His Life, Work, and Times*. Londres: Allen and Unwin, 1973.

Woll, Walter. *Thomas Paine: Motives for Rebellion*. Nova York: P. Lang, 1992.

Índice

Este livro foi composto na tipologia Minion Pro
Regular, em corpo 11,5/16, e impresso em
papel off-white no Sistema Cameron da
Divisão Gráfica da Distribuidora Record.